DE
L'INTELLIGENCE

PAR H. TAINE

DE L'ACADÉMIE FRANÇAISE

TOME PREMIER

SIXIÈME ÉDITION

PARIS
LIBRAIRIE HACHETTE ET Cⁱᵉ
79, BOULEVARD SAINT-GERMAIN, 79

1892

Librairie HACHETTE et Cie, boulevard Saint-Germain, 79, à Paris.

BIBLIOTHÈQUE VARIÉE, FORMAT IN-16
3 FR. 50 LE VOLUME

ÉTUDES SUR LES LITTÉRATURES ANCIENNES

BERGER (A.) : *Histoire de l'éloquence latine, depuis l'origine de Rome jusqu'à Cicéron*, publiée par M. V. Cucheval. 2 vol.
Ouvrage couronné par l'Académie française.

BOISSIER, de l'Académie française : *Cicéron et ses amis*; 8° édition. 1 vol.
— *La religion romaine, d'Auguste aux Antonins*; 3° édition. 2 vol.
— *Promenades archéologiques : Rome et Pompéi*; 3° édition. 1 vol.
— *Nouvelles promenades archéologiques : Horace et Virgile*. 1 vol.
— *L'opposition sous les Césars*; 2° édit. 1 vol.

BRÉDIF (L.), recteur de l'académie de Besançon : *L'éloquence politique en Grèce : Démosthène*; 2° édition. 1 vol.

DESCHANEL (E.), professeur au Collège de France : *Etudes sur Aristophane*; 2° édition. 1 vol.

GIRARD (J.), de l'Institut : *Etudes sur l'éloquence attique*; 2° édition. 1 vol.
— *Le sentiment religieux en Grèce d'Homère à Eschyle*; 3° édition. 1 vol.
Ouvrage couronné par l'Académie française.
— *Etudes sur la poésie grecque*. 1 vol.
— *Essai sur Thucydide*, 1 vol.
Ouvrage couronné par l'Académie française.

MARTHA (C.), de l'Institut : *Les moralistes sous l'empire romain*; 5° édition. 1 vol.
Ouvrage couronné par l'Académie française.
— *Le poème de Lucrèce*; 4° édition. 1 vol.
Ouvrage couronné par l'Académie française.
— *Etudes morales sur l'antiquité*; 2° édit. 1 vol.
— *La délicatesse dans l'art*. 1 vol.

NISARD, de l'Académie française : *Etudes de mœurs et de critique sur les poètes latins de la décadence*; 5° édition. 2 vol.

NOURRISSON (J.), de l'Institut : *Les Pères de l'Eglise latine, leur vie, leurs écrits, leur temps*. 2 vol.

PATIN : *Etudes sur les tragiques grecs*; 6° édition. Trois parties qui se vendent séparément :
Etudes sur Eschyle. 1 vol.
Etudes sur Sophocle. 1 vol.
Etudes sur Euripide. 2 vol.
— *Etudes sur la poésie latine*; 3° édition. 2 vol.

TAINE (H.), de l'Académie française : *Essai sur Tite-Live*; 5° édition. 1 vol.
Ouvrage couronné par l'Académie française.

Coulommiers. — Imp. PAUL Brodard.

DE
L'INTELLIGENCE

I

OUVRAGES DU MÊME AUTEUR
PUBLIÉS PAR LA LIBRAIRIE HACHETTE ET Cie

LES ORIGINES DE LA FRANCE CONTEMPORAINE

1re partie. — L'ANCIEN RÉGIME; 16e édit. 1 vol.	7 fr. 50
2e partie. — LA RÉVOLUTION; 16e éd. 3 vol. Chaq. vol.	7 fr. 50
3e partie. — LE RÉGIME MODERNE; 4e édit. Tome I.	7 fr. 50
HISTOIRE DE LA LITTÉRATURE ANGLAISE; 7e édit. 5 vol. in-16.	17 fr. 50
ESSAI SUR TITE LIVE; 5e édit. 1 vol. in-16	3 fr. 50
LA FONTAINE ET SES FABLES; 12e édit. 1 vol. in-16.	3 fr. 50
VOYAGE AUX PYRÉNÉES; 12e édit. 1 vol. in-16	3 fr. 50
Le même avec gravures. 1 vol. in-16.	4 fr. »
Le même illustré. 1 vol. grand in-8.	10 fr. »
LES PHILOSOPHES CLASSIQUES DU XIXe SIÈCLE EN FRANCE; 6e édit. 1 vol. in-16.	3 fr. 50
ESSAIS DE CRITIQUE ET D'HISTOIRE; 5e édit. 1 vol. in-16.	3 fr. 50
NOUVEAUX ESSAIS DE CRITIQUE ET D'HISTOIRE; 5e édit. 1 vol. in-16.	3 fr. 50
NOTES SUR PARIS, par Fréd. Th. GRAINDORGE; 10e édit. 1 vol. in-16	3 fr. 50
VOYAGE EN ITALIE; 6e édit. 2 vol. in-16.	7 fr. »
Le même avec gravures. 2 vol. in-16.	8 fr. »
NOTES SUR L'ANGLETERRE; 9e édit. 1 vol. in-16.	3 fr. 50
Le même avec gravures. 1 vol. in-16.	4 fr. »
UN SÉJOUR EN FRANCE DE 1792 A 1795; 3e édit. 1 vol. in-16	3 fr. 50
PHILOSOPHIE DE L'ART; 5e édit. 2 vol. in-16.	7 fr. »
DE L'INTELLIGENCE; 6e édit. 2 vol. in-16	7 fr. »
DU SUFFRAGE UNIVERSEL ET DE LA MANIÈRE DE VOTER. Brochure in-16.	0 fr. 50

Coulommiers. — Imp. Paul BRODARD.

DE
L'INTELLIGENCE

PAR H. TAINE
DE L'ACADÉMIE FRANÇAISE

TOME PREMIER

SIXIÈME ÉDITION

PARIS
LIBRAIRIE HACHETTE ET Cie
79, BOULEVARD SAINT-GERMAIN, 79

1892

Droits de traduction et de reproduction réservés.

L'ouvrage auquel on a le plus réfléchi doit être honoré par le nom de l'ami qu'on a le plus respecté. Je dédie ce livre à la mémoire de FRANZ WOEPKE, orientaliste et mathématicien, mort à Paris au mois de mars 1864.

H. TAINE

PRÉFACE

Si je ne me trompe, on entend aujourd'hui par intelligence ce qu'on entendait autrefois par entendement ou intellect, à savoir la faculté de connaître ; du moins, j'ai pris le mot dans ce sens.

En tout cas, il s'agit ici de nos connaissances, et non d'autre chose. Les mots *faculté, capacité, pouvoir*, qui ont joué un si grand rôle en psychologie, ne sont, comme on le verra, que des noms commodes au moyen desquels nous mettons ensemble, dans un compartiment distinct, tous les faits d'une espèce distincte ; ces noms désignent un caractère commun aux faits qu'on a logés sous la même étiquette ; ils ne désignent pas une essence mystérieuse et profonde, qui dure et se cache sous le flux des faits passagers. C'est pourquoi je n'ai traité que des connaissances, et, si je me suis occupé des facultés, c'est pour montrer qu'en soi, et à titre d'entités distinctes, elles ne sont pas.

Une pareille précaution est fort utile. Par elle, la

psychologie devient une science de faits; car ce sont des faits que nos connaissances; on peut parler avec précision et détails d'une sensation, d'une idée, d'un souvenir, d'une prévision, aussi bien que d'une vibration, d'un mouvement physique ; dans l'un comme dans l'autre cas, c'est un fait qui surgit; on peut le reproduire, l'observer, le décrire; il a ses précédents, ses accompagnements, ses suites. De tout petits faits bien choisis, importants, significatifs, amplement circonstanciés et minutieusement notés, voilà aujourd'hui la matière de toute science; chacun d'eux est un spécimen instructif, une tête de ligne, un exemplaire saillant, un type net auquel se ramène toute une file de cas analogues; notre grande affaire est de savoir quels sont ses éléments, comment ils naissent, en quelles façons et à quelles conditions ils se combinent, et quels sont les effets constants des combinaisons ainsi formées.

Telle est la méthode qu'on a tâché de suivre dans cet ouvrage. Dans la première partie, on a dégagé les éléments de la connaissance ; de réduction en réduction, on est arrivé aux plus simples, puis de là aux changements physiologiques qui sont la condition de leur naissance. Dans la seconde partie, on a d'abord décrit le mécanisme et l'effet général de leur assemblage, puis, appliquant la loi trouvée, on a examiné les éléments, la formation, la certitude et la portée de nos principales sortes de connaissances, depuis celle des choses individuelles jusqu'à celle des choses générales, depuis les perceptions, prévi-

sions et souvenirs les plus particuliers jusqu'aux jugements et axiomes les plus universels.

Dans cette recherche, la conscience, qui est notre
principal instrument, ne suffit pas à l'état ordinaire ;
elle ne suffit pas plus dans les recherches de psychologie que l'œil nu dans les recherches d'optique. Car
sa portée n'est pas grande ; ses illusions sont nombreuses et invincibles ; il faut toujours se défier d'elle,
contrôler et corriger ses témoignages, presque partout l'aider, lui présenter les objets sous un éclairage
plus vif, les grossir, fabriquer à son usage une sorte
de microscope ou de télescope, à tout le moins dis-
poser les alentours de l'objet, lui donner par des
oppositions le relief indispensable, ou trouver à
côté de lui des indices de sa présence, indices plus
visibles que lui et qui témoignent indirectement de
ce qu'il est.

En cela consiste la principale difficulté de l'analyse.
— Pour ce qui est des pures idées et de leur rapport
avec les noms, le principal secours a été fourni par
les noms de nombre et, en général, par les notations
de l'arithmétique et de l'algèbre ; on a pu ainsi retrouver une grande vérité devinée par Condillac et qui
depuis cent ans demeurait abattue, ensevelie et comme
morte, faute de preuves suffisantes. — Pour ce qui
est des images, de leur effacement, de leur renaissance, de leurs réducteurs antagonistes, le grossissement requis s'est rencontré dans les cas singuliers et
extrêmes observés par les physiologistes et par les
médecins, dans les rêves, dans le somnambulisme et

l'hypnotisme, dans les illusions et les hallucinations maladives. — Pour ce qui est des sensations, les spécimens significatifs ont été donnés par les sensations de la vue et surtout par celles de l'ouïe ; grâce à ces documents et grâce aux récentes découvertes des physiciens et des physiologistes, on a pu construire ou esquisser toute la théorie des sensations élémentaires, avancer au delà des bornes ordinaires jusqu'aux limites du monde moral, indiquer les fonctions des principales parties de l'encéphale, concevoir la liaison des changements moléculaires nerveux et de la pensée. — D'autres cas anormaux, empruntés également aux aliénistes et aux physiologistes, ont permis d'expliquer le procédé général d'illusion et de rectification dont les stades successifs constituent nos diverses sortes de connaissances. — Cela fait, pour comprendre la connaissance que nous avons des corps et de nous-mêmes, on a trouvé des indications précieuses dans les analyses profondes et serrées de Bain, Herbert Spencer et Stuart Mill, dans les illusions des amputés, dans toutes les illusions des sens, dans l'éducation de l'œil chez les aveugles-nés auxquels une opération rend la vue, dans les altérations singulières auxquelles, pendant le sommeil, l'hypnotisme et la folie, est sujette l'idée du moi. — On a pu alors entrer dans l'examen des idées et des propositions générales qui composent les sciences proprement dites, profiter des fines et exactes recherches de Stuart Mill sur l'induction, établir contre Kant et Stuart Mill une théorie nouvelle des propositions nécessaires, étudier sur une série d'exemples ce qu'on nomme la raison explicative d'une loi, et aboutir à des vues d'ensemble sur la science et la nature, en s'arrêtant devant le problème métaphysique qui est le premier et le dernier de tous.

Dans cette longue série de recherches, j'ai indiqué avec un soin scrupuleux les théories que j'empruntais à autrui. Il y en a trois principales : la première, très-féconde, esquissée et affirmée par Condillac, mais sans développements ni preuves suffisantes, pose que toutes nos idées générales se réduisent à des signes; la seconde, sur l'induction scientifique, appartient à Stuart Mill [1]; la troisième, sur la perception de l'étendue, appartient à Bain; j'ai cité leurs textes tout au long. Autant que j'en puis juger, le reste est nouveau, méthodes et conclusions. Il faut donc que le lecteur veuille bien examiner et vérifier lui-même les théories présentées ici sur les illusions naturelles de la conscience, sur les signes et la substitution, sur les images et leurs réducteurs, sur les sensations totales et élémentaires, sur les formes rudimentaires de la sensation, sur l'échelonnement des centres sensitifs, sur les lobes cérébraux considérés comme répétiteurs et multiplicateurs, sur le mécanisme cérébral de la persistance, de l'association et de la réviviscence des images, sur la sensation et le mouvement moléculaire

---

1. Au lieu de fonder l'induction, comme Stuart Mill, sur une hypothèse simplement probable et applicable seulement dans notre groupe stellaire, on l'a rattachée à une axiome (tome II, ch. 3, § 3), ce qui change son caractère et conduit à une autre vue du monde.

des cellules considérés comme un seul événement à double aspect, sur les facultés, les forces et les substances considérées comme des illusions métaphysiques [1], sur le mécanisme général de la connaissance, sur la perception extérieure envisagée comme une hallucination véridique, sur la mémoire envisagée comme une illusion véridique, sur la conscience envisagée comme le second moment d'une illusion réprimée, sur la manière dont se forme la notion du moi, sur la construction et l'emploi des cadres préalables, sur la nature et la valeur des axiomes, sur les caractères et la position de l'intermédiaire explicatif, sur la valeur et la portée de l'axiome de raison explicative. — En de pareils sujets, une théorie, surtout lorsqu'elle est fort éloignée des doctrines régnantes, ne devient claire que par des exemples ; je les ai donnés nombreux et détaillés ; que le lecteur prenne la peine de les peser un à un ; peut-être alors ce qu'au premier regard il trouvait obscur et paradoxal lui semblera clair ou même prouvé.

Toute science aboutit à des vues d'ensemble, hasardeuses, si l'on veut, mais que pourtant on aurait tort de se refuser, car elles sont le couronnement du reste, et c'est pour monter à ce haut belvédère que, de géné-

---

[1]. Cette théorie avait déjà été énoncée dans la *Revue de l'instruction publique* (novembre 1855 ; juillet, août et septembre 1856), puis publiée dans les *Philosophes classiques au* XIXe *siècle en France* (1856), chapitres 3, 9 et 13, puis reprise et développée dans la préface de la 2e édition du même ouvrage (1860), enfin exposée et précisée une dernière fois dans une étude sur Stuart Mill (*Revue des Deux-Mondes*, mars 1861), qui a précédé les vues concordantes de Stuart Mill sur le même sujet.

ration en génération, on a bâti. La psychologie aussi a le sien, d'autant plus élevé qu'elle remonte à l'origine de nos connaissances et dépasse tout de suite le point de vue ordinaire, qui est bon seulement pour l'usage et la pratique. — Au sortir de ce point de vue, on s'aperçoit qu'il n'y a rien de réel dans le moi, sauf la file de ses événements; que ces événements, divers d'aspect, sont les mêmes en nature et se ramènent tous à la sensation; que la sensation elle-même, considérée du dehors et par ce moyen indirect qu'on appelle la perception extérieure, se réduit à un groupe de mouvements moléculaires. Un flux et un faisceau de sensations et d'impulsions[1], qui, vus par une autre face, sont aussi un flux et un faisceau de vibrations nerveuses, voilà l'esprit. Ce feu d'artifice, prodigieusement multiple et complexe, monte et se renouvelle incessamment par des myriades de fusées; mais nous n'en apercevons que la cime. Au-dessous et à côté des idées, images, sensations, impulsions éminentes dont nous avons conscience, il y en a des myriades et des millions qui jaillissent et se groupent en nous sans arriver jusqu'à nos regards, si bien que la plus grande partie de nous-mêmes reste hors de nos prises et que le moi visible est incomparablement plus petit que le moi obscur. Obscur ou

1. On ajoute ici l'*impulsion*, parce qu'elle est l'événement élémentaire dont les composés forment les émotions et la volonté, de même que la sensation est l'événement élémentaire dont les composés forment les idées et la connaissance. Nous prenons le mot *impulsion* au sens psychologique et non au sens mécanique.

visible, ce moi lui-même n'est qu'un chef de file, un centre supérieur au-dessous duquel s'échelonnent, dans les segments de la moelle et dans les ganglions nerveux, quantité d'autres centres subordonnés, théâtres de sensations et d'impulsions analogues mais rudimentaires, en sorte que l'homme total se présente comme une hiérarchie de centres de sensation et d'impulsion, ayant chacun leur initiative, leurs fonctions et leur domaine, sous le gouvernement d'un centre plus parfait qui reçoit d'eux les nouvelles locales, leur envoie les injonctions générales, et ne diffère d'eux que par son organisation plus complexe, son action plus étendue et son rang plus élevé.

Si maintenant, après l'esprit, nous considérons la nature, nous dépassons aussi, dès le premier pas, le point de vue de l'observation ordinaire. De même que la substance spirituelle est un fantôme créé par la conscience, de même la substance matérielle est un fantôme créé par les sens. Les corps n'étant que des mobiles moteurs, il n'y a rien de réel en eux que leurs mouvements; à cela se ramènent tous les événements physiques. Mais le mouvement, considéré directement en lui-même et non plus indirectement par la perception extérieure, se ramène à une suite continue de sensations infiniment simplifiées et réduites. Ainsi les événements physiques ne sont qu'une forme rudimentaire des événements moraux, et nous arrivons à concevoir le corps sur le modèle de l'esprit. L'un et l'autre sont un courant d'événements homogènes que la conscience appelle des sensations, que les sens appellent des mouvements, et qui, de leur nature, sont toujours en train de périr et de naître. A côté de la gerbe lumineuse qui est nous-mêmes, il en est d'autres analogues qui composent le monde corporel, différentes d'aspect, mais les mêmes en nature, et dont les jets étagés remplissent, avec la nôtre, l'immensité de l'espace et du temps. Une infinité de fusées, toutes de même espèce, qui, à divers degrés de complication et de hauteur, s'élancent et redescendent incessamment et éternellement dans la noirceur du vide, voilà les êtres physiques et moraux ; chacun d'eux n'est qu'une ligne d'événements dont rien ne dure que la forme, et l'on peut se représenter la nature comme une grande aurore boréale. Un écoulement universel, une succession intarissable de météores qui ne flamboient que pour s'éteindre et se rallumer et s'éteindre encore sans trêve ni fin, tels sont les caractères du monde ; du moins, tels sont les caractères du monde au premier moment de la contemplation, lorsqu'il se réfléchit dans le petit météore vivant qui est nous-mêmes, et que, pour concevoir les choses, nous n'avons que nos perceptions multiples indéfiniment ajoutées bout à bout. — Mais il nous reste un autre moyen de comprendre les choses, et, à ce second point de vue qui complète le premier, le monde prend un aspect différent. Par l'abstraction et le langage, nous isolons des formes persistantes, des lois fixes, c'est-à-dire des *couples d'universaux* soudés deux à deux, non par accident, mais par nature, et qui, en vertu de leur liaison stable, résument une multitude indéfinie de rencontres. Par le même procédé, au delà de ces premiers couples, nous en isolons d'autres, plus simples, qui, semblables à la formule d'une courbe, concentrent en une loi générale une multitude indéfinie de lois particulières. Nous traitons de même ces lois générales, jusqu'à ce qu'enfin la nature, considérée dans son fond subsistant, apparaisse à nos conjectures comme une pure loi abstraite qui, se développant en lois subordonnées, aboutit sur tous les points de l'étendue et de la durée à l'éclosion incessante des individus et au flux inépuisable des événements. Très-probablement, la nouvelle loi mécanique sur la conservation de la force est une dérivée peu distante de cette loi suprême ; car elle pose que tout effet engendre son équivalent, c'est-à-dire un autre effet capable de reproduire le premier sans addition ni perte, que la chute d'un poids engendre son équivalent, c'est-à-dire la quantité de chaleur nécessaire et suffisante pour faire remonter le poids jusqu'à la hauteur d'où il est tombé, que la quantité de chaleur dépensée pour élever un poids engendre son équivalent, c'est-à-dire l'ascension du poids jusqu'à la hauteur qu'il lui faut atteindre et qu'il lui suffit d'atteindre pour que sa chute régénère la quantité de chaleur dépensée. Ainsi, quand une force disparaît, elle est remplacée par une force égale. Plus précisément encore, si l'on considère la force en général et dans ses deux états, le premier dans lequel elle est en exercice et se dépense, par exemple lorsqu'elle fait remonter une masse pesante, le second dans lequel elle reste disponible et ne se dépense pas, par exemple lorsque la masse pesante est immobile au terme de sa course, on découvre que toutes les diminutions ou tous les accroissements que la force reçoit sous l'une de ces deux formes sont exactement compensés par les accroissements ou par les diminutions qu'elle reçoit en même temps sous l'autre forme, partant que la somme de la force disponible et de la force en exercice, en d'autres termes, l'énergie, comme on l'appelle aujourd'hui, est dans la nature une quantité constante. On saisit là quelque chose d'éternel; le fond immuable des êtres est atteint; on a touché la substance permanente. Nous ne la touchons que du doigt; mais il n'est pas défendu d'espérer qu'un jour nous pourrons étendre la main, et dès à présent, ce semble, nous pourrions l'étendre. — En effet, la loi découverte présuppose deux conditions. — En premier lieu, dans les derniers éléments mobiles, il faut qu'il y ait une autre force que celle de la masse multipliée par la vitesse, qui est une force en exercice; car, autrement, cette force se dépenserait plus ou moins complètement dans les chocs, sans que sa diminution, plus ou moins grande, fût compensée par un accroissement égal de la force disponible. Il y a donc dans les derniers éléments mobiles une ou plusieurs forces capables de devenir disponibles, attraction, répulsion, qui croissent à mesure que leur opposition fait décroître la force en exercice et qui la représentent tout entière sous forme de recette, après qu'elle a disparu sous forme de dépense. — En second lieu, si toute la force en exercice pouvait à la longue se convertir en force disponible, si la nature ou l'arrangement des derniers éléments mobiles étaient tels que la transformation des effets en effets équivalents, mais différents, dût un jour s'arrêter partout, cela serait déjà fait; or cela n'est pas fait. Il y a donc dans l'arrangement ou dans la nature des derniers éléments mobiles quelque particularité ou circonstance qui empêche l'équilibre universel et final de s'établir. Selon Herbert Spencer, pour l'empêcher de s'établir, il suffirait d'une différence initiale quelconque, inhérente ou adventice, aussi petite que l'on voudra, introduite ou innée dans les éléments d'ailleurs aussi homogènes que l'on voudra. En tout cas, quelle que soit la circonstance ou particularité, il en faut une. — Voilà donc deux conditions que doivent remplir les derniers éléments mobiles. Si la première n'était pas remplie, la plus haute loi mécanique serait fausse. Si la seconde n'était pas remplie, le branle que cette loi imprime aux choses et que nous constatons en fait serait arrêté aujourd'hui. Or, à ce titre, on peut considérer les deux conditions comme des moyens, et leur commun résultat comme un but, comme le but de la nature exprimé par une loi suprême. A cette loi se rattacheraient toutes les autres, soit comme conditions préalables, soit comme conséquences ultérieures, et ce but serait la persistance de l'énergie à travers la rénovation des effets.

Dans ces sortes de spéculations, il y a toujours une part notable de conjecture ; on est tenu, lorsqu'on y est conduit, d'indiquer à chaque pas le degré de certitude ou de probabilité, comme on note la valeur d'un chiffre par l'exposant qu'on lui adjoint. Le lecteur trouvera tous ces exposants à leur place. Au reste, la pure spéculation philosophique n'occupe guère ici que cinq ou six pages ; elle est une contemplation de voyageur, que l'on s'accorde pour quelques minutes lorsqu'on atteint un lieu élevé. Ce qui compose véritablement une science, ce sont des travaux de pionnier. — A cet égard, il reste beaucoup à faire en psychologie ; comme toutes les autres sciences expérimentales, elle ne peut avancer que par des monographies détaillées et précises. Voici celles qui, à mon sens, seraient les plus utiles, et réclament dès à présent l'attention des travailleurs.

Il faudrait noter chez des enfants et avec les plus menues circonstances la formation du langage, le passage du cri aux sons articulés, le passage des sons articulés dépourvus de sens aux sons articulés pourvus de sens, les erreurs et les singularités de leurs premiers mots et de leurs premières phrases. Je donne ici deux de ces monographies, mais il en faudrait cinquante.

Ajoutez-y de nouveaux recueils de rêves notés au moment du réveil par le dormeur, des récits de mangeurs d'opium plus détaillés que ceux de de Quincey, des hallucinations hypnagogiques observées par le patient lui-même, selon le procédé de M. Maury. Quelques matériaux de cette espèce ont été rassemblés, mais ils sont loin de combler la lacune.

Tout peintre, poëte. romancier d'une lucidité

exceptionnelle devrait être questionné et observé à fond par un ami psychologue. On apprendrait de lui la façon dont les figures se forment dans son esprit, sa manière de voir mentalement les objets imaginaires, l'ordre dans lequel ils lui apparaissent, si c'est par saccades involontaires ou grâce à un procédé constant, etc. Si Edgard Poe, Dickens, Balzac, Henri Heine, Horace Vernet, Victor Hugo, Doré, bien interrogés, avaient laissé de pareils mémoires, nous aurions là des renseignements du plus grand prix.

On possède beaucoup d'observations faites sur des personnes attaquées de maladies mentales; mais les autobiographies, les lettres écrites par ces personnes, les sténographies de leurs conversations ou de leurs discours, comme en a publié Leuret[1], sont en trop petit nombre. Pourtant ces documents sont les seuls qui nous permettent de saisir sur le vif les nuances de l'aliénation mentale, de l'interpréter, de nous la figurer avec précision. J'ai eu entre les mains le manuscrit d'une folle, ancienne maîtresse d'écriture, qui, par une sorte de tic intellectuel et de chassé-croisé mental, confondait habituellement son diplôme et son estomac, en sorte que, lorsqu'elle voulait parler de sa gastrite, sa phrase finissait par une mention de son diplôme, et que, lorsqu'elle voulait parler de sa profession, elle arrivait à décrire sa gastrite; nulle autre lésion; mais, à cet endroit, deux cordons intellectuels s'étaient noués, et, quand le

---

1. Leuret, *Fragments philosophiques*, 1 vol.

courant mental atteignait l'un, il entrait dans l'autre.
— Rien de plus curieux que ces sortes de faits ; ils éclairent tout le mécanisme de notre pensée. Les aliénistes n'ont qu'à rassembler les écrits de leurs malades ou à écrire sous leur dictée pour nous fournir là-dessus tout ce qui nous manque. Telle grosse question métaphysique y trouvera sa solution : par exemple, on verra, dans une note de cet ouvrage, quelles lumières la névropathie cérébro-cardiaque, décrite par le Dr Krishaber, jette sur la formation et sur les éléments de la notion du moi.

Le somnambulisme et l'hypnotisme sont aussi des carrières qu'on est bien loin d'avoir épuisées. On les exploite toujours en Angleterre ; mais presque partout, notamment en France, les charlatans les ont mises en discrédit ; elles attendent encore que des expérimentateurs attitrés et doués de l'esprit critique veuillent bien les fouiller. Des observations minutieuses et suivies jour par jour, comme celle de la cataleptique magnétisée involontairement par le docteur Puel, seraient du plus vif intérêt [1]. — Deux points surtout sont importants : l'un est la prépondérance du roman intérieur, suggéré ou spontané, qui se déroule dans le patient sans répression possible et avec le même ascendant qu'auraient des percep-

---

1. Mémoire sur la catalepsie, par le Dr Puel (prix Civrieux), observations sur Mme D.
Cas du sergent F., par le Dr Mesmet (*Union médicale*, 21 et 23 juillet 1874).
Cas de Felida X., par le Dr Azam (*Revue scientifique*, 20 mai 1876).

tions vraies ; l'autre est l'abolition isolée ou l'exaltation isolée d'un sens ou d'une faculté (sensation de la douleur, du son, sens tactile et musculaire, appréciation de la durée, talent de discourir, d'écrire en vers, de dessiner, et parfois divinations de diverses sortes dont nous ne pouvons encore fixer la limite). Plus un fait est bizarre, plus il est instructif. A cet égard, les manifestations *spirites* elles-mêmes nous mettent sur la voie des découvertes, en nous montrant la coexistence au même instant, dans le même individu, de deux pensées, de deux volontés, de deux actions distinctes, l'une dont il a conscience, l'autre dont il n'a pas conscience et qu'il attribue à des êtres invisibles. Le cerveau humain est alors un théâtre où se jouent à la fois plusieurs pièces différentes, sur plusieurs plans dont un seul est en lumière. Rien de plus digne d'étude que cette pluralité foncière du moi ; elle va bien plus loin qu'on ne l'imagine. J'ai vu une personne qui, en causant, en chantant, écrit, sans regarder son papier, des phrases suivies et même des pages entières, sans avoir conscience de ce qu'elle écrit. A mes yeux, sa sincérité est parfaite : or elle déclare qu'au bout de sa page elle n'a aucune idée de ce qu'elle a tracé sur le papier ; quand elle le lit, elle en est étonnée, parfois alarmée. L'écriture est autre que son écriture ordinaire. Le mouvement des doigts et du crayon est raide et semble automatique. L'écrit finit toujours par une signature, celle d'une personne morte, et porte l'empreinte de pensées intimes, d'un arrière-fond mental que l'auteur ne voudrait pas divulguer. — Certainement on constate ici un *dédoublement* du moi, la présence simultanée de deux séries d'idées parallèles et indépendantes, de deux centres d'action, ou, si l'on veut, de deux personnes morales juxtaposées dans le même cerveau, chacune à son œuvre et chacune à une œuvre différente, l'une sur la scène et l'autre dans la coulisse, la seconde aussi complète que la première, puisque, seule et hors des regards de l'autre, elle construit des idées suivies et aligne des phrases liées auxquelles l'autre n'a point de part. — En général, tout état singulier de l'intelligence doit être le sujet d'une monographie; car il faut voir l'horloge dérangée pour distinguer les contre-poids et les rouages que nous ne remarquons pas dans l'horloge qui va bien.

A côté de ces études qui sont les sources mêmes de la psychologie, il en est d'autres qui, appartenant aux sciences voisines, viennent néanmoins verser leur afflux dans son courant. La plus proche de ces sciences est la physiologie, surtout la physiologie du système nerveux. Entre autres renseignements, nous lui devons la distinction capitale de deux groupes de centres dans l'encéphale : le premier, qui comprend la protubérance annulaire, les pédoncules cérébraux et les ganglions de la base, notamment les couches optiques, et qui est le siége des « sensations brutes »; le second, qui comprend les lobes cérébraux proprement dits et où se fait « l'élaboration intellectuelle » de ces sensations. — A notre tour, nous pouvons lui fournir un renseignement non moins utile. En effet,

les recherches qui suivent montrent en quoi consiste
« l'élaboration intellectuelle ». Tout ce qui dans l'esprit dépasse « la sensation brute » se ramène à des
images, c'est-à-dire à des répétitions spontanées de la
sensation. L'office propre des lobes est cette répétition. Répétiteurs et multiplicateurs, ils contiennent
des myriades d'éléments similaires et mutuellement
excitables : c'est pourquoi la sensation brute, répétée
par l'un d'eux, se propage à travers les autres et peut,
ainsi qu'on le verra, ressusciter indéfiniment. — Sur
cet indice, le microscope un jour pourra chercher;
car la ressemblance des fonctions suppose la ressemblance des organes. Admettons que ces organes soient,
comme il est probable, les cellules de la substance
grise; en ce cas, dans les centres sensitifs comparés
à l'écorce cérébrale, et dans les diverses régions de
l'écorce cérébrale comparées entre elles, certaines
cellules ou certains groupes de cellules devront présenter le même type ; il y en aura peut-être un pour
celles de la vue, un autre pour celles de l'odorat, un
autre pour celles de l'ouïe ; toutes celles du même type
devront communiquer entre elles d'une façon particulière ; on reconnaîtra un centre sensitif et ses répétiteurs à leur similitude et à leurs connexions. Il est
déjà prouvé que les grosses cellules pyramidales ne
se rencontrent en grande abondance que dans les régions de l'écorce où les vivisections démontrent la
terminaison d'un courant intellectuel et le point de
départ d'un courant moteur : voilà une première
découverte ; probablement elle en amènera d'autres.

— Plusieurs savants, entre autres M. Luys et M. Meynert, poursuivent aujourd'hui ces recherches anatomiques au moyen de préparations délicates et de forts grossissements, et certainement ils ont raison : car la géographie de l'encéphale est encore dans l'enfance ; on en démêle à peu près les grandes lignes, deux ou trois massifs notables, l'arête du partage des eaux ; mais le réseau des routes, des sentiers et des stations, l'innombrable population remuante qui sans cesse y circule, y lutte et s'y groupe, tout ce détail, prodigieusement multiple et fin, échappe au physiologiste. L'œil extérieur n'atteint pas les mouvements moléculaires qui s'exécutent dans les fibres et les cellules de l'encéphale ; seul l'œil intérieur peut servir de guide ; il faut avoir recours à la psychologie pour démêler les sensations et les images dont ces mouvements sont l'aspect physique. Grâce à la correspondance exacte des deux phénomènes, tout ce que nous découvrons de l'un nous éclaire sur l'autre. Ici même, notre étude des sensations et des images nous a conduits à une hypothèse sur la structure, les connexions et le jeu intime des cellules cérébrales. De cette façon, après avoir profité de l'analyse physiologique, l'analyse mentale lui vient en aide, certaine que le flambeau qu'elle lui prête lui sera bientôt restitué plus brillant.

Deux autres sciences, la linguistique et l'histoire, viennent encore l'accroître de leurs découvertes. En effet, elles sont des applications de la psychologie, à peu près comme la météorologie est une application de la physique. Le physicien étudie à part dans son cabinet, sur de petits exemples choisis, les lois de la pesanteur, de la chaleur, la formation des vapeurs, leur congélation, leur liquéfaction. Le météorologiste étudie les mêmes choses, mais en grand, sur des cas plus compliqués, en se servant des lois physiques pour expliquer la formation des nuages, des glaciers, des fleuves et des vents. Telle est aussi la position du linguiste et de l'historien vis-à-vis du psychologue. C'est pourquoi ils ne peuvent manquer de s'entr'aider, soit que l'application mette sur la voie d'une théorie, soit que la théorie mette sur la voie d'une application. Par exemple, je ne crois pas qu'un historien puisse avoir une idée nette de l'Inde brahmanique et bouddhique, s'il n'a pas étudié au préalable l'extase, la catalepsie, l'hallucination et la folie raisonnante. De même, les lacunes que présente aujourd'hui la linguistique, surtout dans les questions d'origine, ne seront probablement comblées que lorsque les observateurs, ayant constaté par la psychologie la nature du langage, auront noté les plus menus détails de son acquisition par les petits enfants. D'autre part, pour bien interpréter cette acquisition, il faudra des linguistes, et nulle part un aliéniste ne trouvera de plus beaux cas que dans les écrits indiens. Bref, celui qui étudie l'homme et celui qui étudie les hommes, le psychologue et l'historien, séparés par les points de vue, ont néanmoins le même objet en vue ; c'est pourquoi chaque nouvel aperçu de l'un doit être compté à l'acquis de l'autre. — Cela est visible aujourd'hui, notamment dans l'histoire. On s'aperçoit que, pour comprendre les transformations que subit telle molécule humaine ou tel groupe de molécules humaines, il faut en faire la psychologie. Il faut faire celle du puritain pour comprendre la Révolution de 1649 en Angleterre, celle du jacobin pour comprendre la Révolution de 1789 en France. Carlyle a écrit celle de Cromwell, Sainte-Beuve celle du Port-Royal ; Stendhal a recommencé à vingt reprises celle de l'Italien ; M. Renan nous a donné celle du Sémite. Tout historien perspicace et philosophe travaille à celle d'un individu, d'un groupe, d'un siècle, d'un peuple ou d'une race ; les recherches des linguistes, des mythologues, des ethnographes n'ont pas d'autre but ; il s'agit toujours de décrire une âme humaine ou les traits communs à un groupe naturel d'âmes humaines ; et, ce que les historiens font sur le passé, les grands romanciers et dramatistes le font sur le présent. — J'ai contribué pendant quinze ans à ces psychologies particulières ; j'aborde aujourd'hui la psychologie générale. Pour l'embrasser tout entière, il faudrait à la théorie de l'intelligence ajouter la théorie de la volonté ; si je juge de l'œuvre que je n'ose encore entreprendre par l'œuvre que j'ai essayé d'accomplir, mes forces ne suffiront pas ; tout ce que je me hasarde à souhaiter, c'est que le lecteur accorde à celle-ci son indulgence, en considérant la difficulté du travail et la longueur de l'effort.

Cette quatrième édition diffère de la troisième par

plusieurs corrections et additions, notamment dans la 2ᵉ partie, liv. IV, ch. II, § 2, VI et VIII; ch. III, § 3, III; et dans cette préface.

PREMIÈRE PARTIE

LES ÉLÉMENTS DE LA CONNAISSANCE

LIVRE PREMIER

LES SIGNES

DE
L'INTELLIGENCE

CHAPITRE PREMIER

DES SIGNES EN GÉNÉRAL ET DE LA SUBSTITUTION

SOMMAIRE.

I. Divers exemples de signes. — Un signe est une expérience présente qui nous suggère l'idée d'une expérience possible.
II. Les noms sont une espèce de signes. — Exemples. — Noms d'individus. — Un nom d'individu est une sensation ou image des yeux ou des oreilles, qui évoque en nous un groupe d'images plus ou moins expresses.
III. Très-fréquemment, ce groupe n'est pas évoqué. — Exemples. — En ce cas, le nom devient le substitut du groupe.
IV. Autres exemples de la substitution. — En arithmétique. — En algèbre. — Nature et importance de la substitution.

I. Lorsque vous montez sur l'arc de triomphe de l'Étoile et que vous regardez au-dessous de vous du côté des Champs-Élysées, vous apercevez une multitude de taches noires ou diversement colorées qui se remuent sur la chaussée et sur les trottoirs. Vos yeux ne distinguent rien de plus. Mais vous savez que sous chacun de ces points sombres ou bigarrés il y a un corps vivant, des membres actifs, une savante économie d'organes, une tête pensante, conduite par quelque projet ou désir intérieur, bref une personne humaine. La présence des taches a indiqué la présence des personnes. La première a été le signe de la seconde.

Des associations de ce genre se rencontrent à chaque instant. — On lève la nuit les yeux vers le ciel étoilé, et l'on se dit que chacune de ces pointes brillantes est une masse monstrueuse semblable à notre soleil. — On marche dans les champs vers le soir en automne, on remarque des fumées bleues qui montent tranquillement dans les lointains, et à l'instant on imagine sous chacune d'elles le feu lent que les paysans ont allumé pour brûler les herbes sèches. — On ouvre un cahier de musique, et, pendant que le regard suit les ronds blancs ou noirs dont la portée est semée, l'ouïe écoute intérieurement le chant dont ils sont la marque. — Un cri aigu d'un certain timbre part d'une chambre voisine, et l'on se figure un visage d'enfant qui pleure parce que sans doute il s'est fait mal. — La plupart de nos jugements ordinaires se composent de liaisons semblables. Quand nous buvons, ou que nous marchons, ou que nous nous servons pour quelque effet de quelqu'un de nos membres, nous prévoyons, d'après un fait perçu, un fait que nous ne percevons pas encore; les animaux font de même : à la couleur et à l'odeur d'un objet, ils le mangent ou le laissent. — Dans tous ces cas, une expérience présente suggère l'idée d'une autre expérience possible; nous faisons la première et nous imaginons la seconde; l'aperception d'un événement, objet ou caractère éveille la conception d'un autre événement, objet ou caractère. En touchant le premier anneau du couple, nous nous figurons le deuxième, et le premier est le signe du second.

II. Dans cette grande famille des signes, il est une espèce dont les propriétés sont remarquables ; ce sont les *noms*.

Considérons d'abord les noms propres, qui sont plus aisés à étudier, parce qu'ils désignent une chose particulière et précise, par exemple les noms de Tuileries, lord Palmerston, Luxembourg, Notre-Dame, etc. Évidemment ils appartiennent à la famille qu'on vient de décrire, et chacun d'eux est le premier terme sensible, apparent d'un couple. Lorsque j'entends prononcer ce mot : lord Palmerston, ou que je lis les quatorze lettres qui le composent, il se forme en moi une image, celle du grand corps sec et solide, vêtu de noir, au sourire flegmatique, que j'ai vu au Parlement. De même, lorsque je lis ou j'entends ce mot Tuileries, j'imagine plus ou moins vaguement, en formes plus ou moins tronquées, un terrain plat, des parterres encadrés de grilles, des statues blanches, des têtes rondes de marronniers, la courbe et le panache d'un jet d'eau, et le reste. Telle courte et petite sensation entrée par les yeux ou l'oreille a la propriété d'éveiller en nous telle image, ou série d'images, plus ou moins expresse, et la liaison entre le premier et le second terme de ce couple est si précise qu'en cent millions de cas et pour deux millions d'hommes le premier terme amène toujours le second.

III. Maintenant, supposons qu'au lieu de m'appesantir sur ce mot Tuileries et d'évoquer les diverses images qui lui sont attachées, je lise rapidement la phrase que voici : « Il y a beaucoup de jardins publics à Paris, des petits et des grands, les uns étroits comme un salon, les autres larges comme un bois, le Jardin des Plantes, le Luxembourg, le bois de Boulogne, les Tuileries, les Champs-Élysées, les squares, sans compter les nouveaux parcs qu'on arrange, tous fort propres et bien soignés. » Je le demande au lecteur ordinaire qui vient de lire cette énumération avec la vitesse ordinaire : quand ses yeux couraient sur le mot Tuileries, a-t-il aperçu intérieurement comme tout à l'heure quelque fragment d'image, un pan de ciel bleu entre une colonnade d'arbres, un geste de statue, un vague lointain d'allée, un miroitement d'eau dans un bassin ? — Non certes ; ses yeux couraient trop vite ; il y a une différence notable entre l'opération précédente et l'opération présente. Dans la première, le signe éveillait des simulacres plus ou moins décolorés de la sensation, des résurrections plus ou moins affaiblies de l'expérience ; dans la seconde, le signe ne les éveillait pas. Dans l'une, les deux anneaux du couple apparaissent ; dans l'autre, le premier anneau seul apparaît. Entre les deux opérations sont une infinité d'états intermédiaires qui occupent tout l'intervalle ; ces états relient la demi-vision intense à la notation sèche, par une série de dégradations, d'effacements, de déperditions, qui peu à peu ne laissent subsister de l'image complète et puissante qu'un simple mot.

Ce mot ainsi réduit n'est point cependant un signe mort, qu'on ne comprend plus ; il est comme une souche dépouillée de tout son feuillage et de toutes ses branches, mais apte à les reproduire ; nous l'entendons au passage, et si prompt que soit ce passage ; il n'entre point en nous comme un inconnu, il ne nous choque pas comme un intrus ; dans sa longue association avec l'expérience de l'objet et avec l'image de l'objet, il a contracté des affinités et des répugnances ; il nous traverse avec ce cortége de répugnances et d'affinités ; pour peu que nous l'arrêtions, l'image qui lui correspond commence à se reformer ; elle l'accompagne à l'état naissant ; même sans qu'elle se reforme, il agit comme elle. Lisez cette phrase : « Londres, la capitale de l'Angleterre, renferme plusieurs beaux jardins, Hyde-Park, Regent's-Park et les Tuileries. » — Vous éprouvez une sorte de heurt et d'étonnement ; vous portez involontairement la main de deux côtés, vers Paris et bien loin vers une autre ville. L'image des Tuileries se réveille, celle de la Seine et de ses quais tout à côté, et vous vous sentez arrêté quand vous voulez transporter la première ailleurs. Mais avant qu'elle apparût, vous aviez éprouvé dans le mot lui-même une résistance. Cette résistance n'a fait que de se répéter plus forte quand l'image a reparu. — Prolongez et variez l'épreuve : vous trouverez dans le mot un système de tendances toutes correspondantes à celles de l'image, toutes acquises par lui dans son commerce avec l'expérience et l'image, mais à présent spontanées, et qui opèrent tantôt pour le rapprocher, tantôt pour l'écarter des autres mots ou groupes de mots, images ou groupes d'images, expériences ou groupes d'expériences. — De cette façon, le nom tout seul peut tenir lieu de l'image qu'il éveillait, et, par suite, de l'expérience qu'il rappelait ; il fait leur office et il est leur *substitut*.

IV. Dans ce cas, comme dans celui de tous les noms propres ordinaires, l'effacement de l'image qui fait le second membre du couple est graduel et involontaire. Cherchons un autre cas où la suppression soit subite et voulue ; le lecteur y verra l'opération plus nette et plus à nu.

J'ai un jardin enclos de haies, et on me vole mes fruits ; je me décide à l'entourer d'un mur, je prends ce que je trouve d'ouvriers dans le village, quatre par exemple, et je vois au bout d'un jour qu'ils m'ont fait ensemble douze mètres de mur. L'ouvrage va trop lentement, j'envoie chercher six autres ouvriers au village voisin, et je me demande de combien de mètres chaque nouvelle journée augmentera mon mur. Pour cela, je cesse de me figurer les ouvriers avec leur blouse et leur truelle, le mur avec ses pierres et son mortier. Je remplace mes premiers ouvriers par le chiffre quatre, leur premier travail par le chiffre douze, tous mes ouvriers ensemble par le chiffre dix, l'ouvrage inconnu qu'ils me feront par le signe X, et j'écris la proportion suivante

$$4 : 12 :: 10 : X = \frac{12 \times 10}{4} = 30.$$

A partir d'aujourd'hui, sauf accident ou ivrognerie, si les nouveaux ouvriers travaillent comme les anciens, si tous ensemble travaillent comme les premiers ont travaillé d'abord, mes dix ouvriers feront chaque jour trente mètres de mon mur. — Rien de plus commun qu'une pareille opération ; tous les calculs pratiques se font de même. On substitue aux objets réels qu'on imaginait d'abord des chiffres qui les remplacent partiellement ; ils les remplacent au seul point de vue qu'on avait besoin de considérer en eux, je veux dire au point de vue du nombre. Cela fait, on oublie les objets représentés ; ils reculent sur l'arrière-plan ; on ne considère plus que les chiffres, on les assemble, on les compare, on les transpose, on travaille sur eux à titre d'équivalents plus commodes, et le chiffre final auquel on arrive indique l'objet ou groupe d'objets auquel on veut arriver.

La substitution va plus loin, et les chiffres, substituts des choses, reçoivent eux-mêmes des substituts qui sont des lettres. Après avoir fait plusieurs opérations comme la précédente, je puis remarquer que, dans tous les cas semblables, la proportion s'écrit de la même façon, que toujours le premier chiffre remplace les premiers ouvriers, que toujours le second remplace leur ouvrage, que toujours le troisième remplace tous les ouvriers pris ensemble, que toujours le quatrième remplace l'ouvrage inconnu. Cette remarque me fait passer de l'arithmétique à l'algèbre. Dorénavant je remplace le premier chiffre par A, le second par B, le troisième par C, et j'écris la proportion suivante :

$$A : B :: C : X = \frac{B \times C}{A}.$$

Et je vois que dans tout cas semblable, pour savoir l'ouvrage total, il me suffira de multiplier le nombre des ouvriers réunis par le chiffre de l'ouvrage des premiers, puis de diviser le produit par le nombre de ces premiers.

Au lieu de ce cas si réduit, considérez le travail d'un algébriste qui écrit des équations sur un tableau pendant une heure. Il opère à côté des chiffres, et, par contre-coup, sur les chiffres, comme un arithméticien opère à côté des choses, et, par contre-coup, sur les choses. Il efface en lui les chiffres, comme l'autre efface en lui les choses. Tous deux alignent et combinent des séries de signes, et ces signes sont des *substituts*. — A la vérité, ils ne sont point, comme les noms propres, substitués à l'objet total qu'ils désignent, mais seulement à une portion ou à un point de vue de cet objet. La lettre algébrique ne remplace pas le chiffre arithmétique tout entier avec sa quantité précise, mais seulement sa fonction et son rôle dans l'équation où il doit entrer. Le chiffre arithmétique ne remplace point la chose entière avec toutes ses qualités et caractères, mais seulement sa quantité et son nombre. L'une et l'autre remplacent seulement quelque chose de l'objet imaginé, c'est-à-dire un fragment, un extrait ; le chiffre, un extrait plus complexe ; la lettre, un extrait moins complexe, c'est-à-dire un extrait du premier extrait. Mais la substitution, quoique partielle, n'est pas moins visible. Deux sciences complètes, infiniment fécondes, reposent sur elle et ne sont efficaces que par là. — Que le lecteur me pardonne de l'avoir arrêté sur des remarques si simples. Des *couples*, tels que le premier terme fasse apparaître aussitôt le second, et l'aptitude de ce premier terme à *remplacer* l'autre, en tout ou en partie, de façon à acquérir soit une province définie de ses propriétés, soit toutes ses propriétés réunies, voilà, selon moi, l'origine des opérations supérieures qui composent l'intelligence humaine ; on en va voir le détail.

CHAPITRE II

DES IDÉES GÉNÉRALES ET DE LA SUBSTITUTION SIMPLE

SOMMAIRE.

I. Noms propres et noms communs. — Importance des noms communs ou généraux. — Ils sont le premier terme d'un couple. — Le second terme de ce couple est un caractère général et abstrait.
II. Conséquences. — L'expérience de ce second terme est impossible. — Raisons de cette impossibilité. — Divers exemples. — Différence entre l'image vague suscitée par le nom et le caractère précis désigné par le nom. — Différence de l'image sensible et de l'idée pure.
III. Formation actuelle d'une idée générale. — Ce qui se dégage en nous, après que nous avons vu une série d'objets semblables, c'est une tendance finale dont l'effet est une métaphore, un son ou un geste expressif. — Exemples contemporains. — Exemples anciens. — Nos noms généraux sont des résidus de sons expressifs. — Il n'y a en nous, quand nous pensons une qualité générale, qu'une tendance à nommer et un nom. — Ce nom est le substitut d'une expérience impossible.
IV. Une idée générale n'est qu'un nom pourvu de deux caractères. — Premier caractère, la propriété d'être évoqué par la perception de tout individu de la classe. — Second caractère, la propriété d'évoquer en nous les images des individus de cette classe et de cette classe seulement. — Par ces deux propriétés, le nom général correspond exclusivement à la qualité générale et devient son représentant mental. — Utilité de cette substitution.
V. Formation des noms généraux chez les petits enfants. — La

faculté du langage a pour fondement les tendances consécutives qui survivent à l'expérience d'individus semblables et qui correspondent à ce qu'il y a de commun entre ces individus. — Exemples de ces tendances chez les enfants. — Sens particuliers qu'ils donnent aux noms que nous leur enseignons. — Originalité et variété de leur invention. — Leurs tendances à nommer finissent par coïncider avec les nôtres. — Acquisition du langage. — Différence de l'intelligence humaine et de l'intelligence animale.

VI. Passage des noms abstraits aux noms collectifs. — Le nom qui désignait une qualité générale désigne un groupe de qualités générales. — Exemples. — Le nom devient alors le substitut de plusieurs autres noms et le représentant mental d'un groupe de qualités générales. — Ce sont ces substituts que nous appelons idées.

I. La famille des noms, comme on sait, se divise en deux branches, celle des noms propres et celle des noms communs, et on les distingue très-justement en disant que les premiers, comme César, Tuileries, Cromwell, ne conviennent qu'à un seul objet, tandis que les seconds, comme arbre, triangle, couleur, conviennent à un groupe indéfini d'objets. Ceux-ci sont les plus nombreux et les plus usités dans toute mémoire humaine ; il y en a trente ou quarante mille dans une langue, et ils forment à eux seuls tout le dictionnaire. En outre, ils sont les plus importants : c'est par leur moyen que nous faisons des classifications, des jugements, des raisonnements, bref, que nous passons de l'expérience brute et décousue à la science ordonnée et complète. Considérons-les avec attention. Ce serait atteindre une vérité capitale, infinie en conséquences, que trouver, non pas en grammairiens et en logiciens, mais en psychologues, leur vraie nature et leur office précis.

Comme tous les signes, et, en particulier, comme tous les noms, ils sont le premier terme d'un couple et tirent derrière eux un second terme. Mais ce second a des caractères fort singuliers qui le séparent de tous les autres et prêtent au nom des qualités propres. Les logiciens et les grammairiens disent très-bien qu'un nom commun, comme arbre ou polygone, est un nom général ou abstrait. — Il est général parce qu'il convient à un *genre* ou groupe d'objets semblables, le nom d'arbre à tous les arbres, peupliers, chênes, cyprès, bouleaux, etc.; le nom de polygone à tous les polygones, triangles, quadrilatères, pentagones, hexagones, etc. — Il est abstrait parce qu'il désigne un *extrait*, c'est-à-dire une portion d'individu, laquelle se retrouve dans tous les individus du groupe; le nom d'arbre exprime la qualité commune à toutes les espèces d'arbres, peupliers, chênes, cyprès, bouleaux, etc.; celui de polygone représente la qualité commune à toutes les sortes de polygones, triangles, quadrilatères, pentagones, hexagones, etc. — On voit la liaison de ces deux caractères du nom; il est général parce qu'il est abstrait; il convient à toute la classe parce que l'objet désigné, n'étant qu'un morceau, peut se retrouver dans tous les individus de la classe, lesquels, semblables à ce point de vue, restent néanmoins dissemblables à d'autres points de vue. Voilà un couple d'espèce nouvelle, puisque son second terme n'est pas un objet dont nous puissions avoir perception et expérience, c'est-à-dire un fait entier et déterminé, mais une portion de fait, un fragment retiré par force et par art du tout naturel auquel il appartient et sans lequel il ne saurait subsister.

II. Pouvons-nous avoir l'expérience, perception ou représentation sensible de ce fragment détaché et isolé?

Non certes; car cela serait contradictoire. — Lorsque, après avoir vu sur le tableau des triangles, des quadrilatères, des pentagones, des hexagones, etc., et tout à côté, en contraste, des cercles et des ellipses, je prononce à propos des premiers le nom de polygone, je n'ai pas en moi-même la représentation sensible du polygone pur, c'est-à-dire abstrait; car le polygone pur est une figure à plusieurs côtés, sans que ces côtés fassent un nombre : ce qui exclut toute expérience et représentation sensible; dès que les côtés sont plusieurs, ils font un nombre, trois, quatre, cinq, six, etc.; qui dit plusieurs dit nombre déterminé, fixé. Ordonner à quelqu'un de voir ou d'imaginer plusieurs côtés et, en même temps, de n'en voir ou imaginer ni trois, ni quatre, ni aucun nombre, c'est prescrire et interdire à la fois la même opération. — Pareillement, lorsque, après avoir vu dans la campagne trente arbres différents, des chênes, des tilleuls, des bouleaux, des peupliers, je prononce le mot arbre, je ne trouve pas en moi-même une figure colorée qui soit l'arbre en général; car l'arbre en général a une hauteur, une tige, des feuilles, sans avoir telle hauteur, telle tige, telles feuilles; et il est impossible de se représenter une grandeur et une forme, sans que cette grandeur et cette forme soient telles ou telles, c'est-à-dire précises. — A la vérité, devant le mot arbre, surtout si je lis lentement et avec attention, il s'éveille en moi une image vague, si vague qu'au premier instant je ne puis dire si c'est celle d'un pommier ou d'un sapin. De même, en entendant le mot polygone, je trace en moi-même fort indistinctement des lignes qui se coupent et tâchent de circonscrire un espace, sans que je sache encore si la figure qui est en train de naître sera quadrilatère ou pentagone. Mais cette image incertaine n'est pas l'arbre abstrait, ni le polygone abstrait; la mollesse de son contour ne l'empêche pas d'avoir un contour propre; elle est changeante et obscure, et l'objet désigné par le nom n'est ni changeant ni obscur; il est un extrait très-précis; on peut en beaucoup de cas donner sa définition exacte. Nous pouvons dire rigoureusement ce qui constitue le triangle, et presque rigoureusement ce qui constitue l'animal. Le triangle est une figure fermée par trois lignes qui se coupent deux à deux, et non cette image indécise sur fond noirâtre ou blanchâtre, aux pointes plus ou moins aiguës, qui tour à tour, à la moindre insistance, se trouve scalène, isocèle ou rectangle. L'animal est un corps organisé qui se nourrit, se reproduit, sent et se meut, et non ce quelque chose informe et trouble qui oscille entre des formes de vertébré, d'articulé ou de mollusque, et ne sort de son inachèvement que pour prendre la couleur, la grandeur, la structure d'un individu.

Ainsi, entre l'image vague et mobile suggérée par le nom et l'extrait précis et fixe noté par le nom, il y a un abîme. — Pour s'en convaincre, que le lecteur considère le mot myriagone et ce qu'il désigne. Un myriagone est un polygone de dix mille côtés. Impossible de l'imaginer, même coloré et particulier, à plus forte raison général et abstrait. Si lucide et si compréhensive que soit la vue intérieure, après cinq ou six, vingt ou trente lignes, tirées à grande peine, l'image se brouille et s'efface; et cependant ma conception du myriagone n'a rien de brouillé ni d'effacé; ce que je conçois, ce n'est pas un myriagone comme celui-ci, incomplet et tombant en ruine, c'est un myriagone achevé et dont toutes les parties subsistent ensemble; j'imagine très-mal le premier et je conçois très-bien le second; ce que je conçois est donc autre que ce que j'imagine, et ma conception n'est point la figure vacillante qui l'accompagne. — Mais d'autre part cette conception existe; il y a en moi quelque chose qui représente le myriagone et qui lui correspond exactement. En quoi donc consiste ce représentant intérieur, ce correspondant exact, et qu'y a-t-il en moi lorsque, par le moyen d'un nom général que j'entends, je pense une qualité commune à plusieurs individus, une chose générale, bref un caractère abstrait?

III. Pour cela, considérons tour à tour plusieurs cas où, après avoir parcouru une série d'objets semblables, nous en retirons mentalement une qualité ou caractère général que nous notons par un nom abstrait. Le lecteur a sans doute visité des galeries de tableaux rangés par écoles; après deux heures de promenade parmi des peintures de Titien, de Tintoret, de Bonifazio et de Véronèse, si l'on sort et si l'on s'assied sur un banc, les yeux fermés, on a d'abord des souvenirs; on revoit intérieurement telle rose et blonde figure demi-penchée, tel grand vieillard majestueusement drapé dans sa simarre de soie, des colliers de perles sur des bras nus, des cheveux roux crêpelés sur une nuque de neige, des colonnades de marbre veiné qui montent dans un ciel ouvert, çà et là une mine gaie de petite fille, un beau sourire de déesse, une ample rondeur d'épaule satinée, la pourpre d'une étoffe rouge sur un fond vert, bref cent résurrections partielles et désordonnées de l'expérience récente. A ce moment, si l'on cherche le trait dominant qui règne dans ce monde divers, on ne trouve rien ; on sent bien que tout cela est beau, mais on ne démêle pas encore de quelle beauté ; on est agité par vingt tendances naissantes et aussitôt détruites ; on essaye les mots de voluptueux, de riche, de facile, d'abondant ; ils ne conviennent pas ou ne conviennent qu'à demi. On recommence alors en divisant la recherche ; on passe tour à tour en revue le paysage, l'architecture, les vêtements, les types, les expressions, les attitudes, le coloris général ; on trouve quelque trait principal et saillant pour chacun de ces fragments, on le note, comme on peut, au passage, par un mot familier ou exagéré, puis, reprenant tous ces résumés, on tâche de les résumer encore en quelque phrase abréviative qui serve de centre à tant de rayons dispersés. On approche du but, et enfin *une tendance définitive ou presque définitive se dégage.* Elle se manifeste sur les lèvres par les mots d'épanouissement, de bonheur, de volupté noble ; en même temps, la vue intérieure a saisi quelque image correspondante, une fleur qui s'ouvre, un visage qui sourit, un corps penché qui s'abandonne, un accord riche et plein d'instruments doux, une caresse d'air parfumé dans une campagne ; voilà des comparaisons et métaphores expressives, c'est-à-dire des représentations sensibles, des souvenirs particuliers, des résurrections de sensations, toutes analogues à celles que je viens d'éprouver, du même ton et du même tour. Elles sont les effets et les *expressions* de la tendance finale qui s'est formée. — Si notre promeneur est artiste, la formation, le dégagement et les effets de la tendance sont encore plus visibles. Tout le corps parle ; souvent, à défaut du mot, c'est le geste qui exprime ; une grimace, un haut-le-corps, un bruit imitatif deviennent signes à la place du nom ; pour désigner une allée de vieux chênes, la taille se dresse droite, les pieds se prennent au sol, les bras s'étendent raides, puis se cassent aux coudes en angles noueux ; pour désigner un fourré de chèvrefeuille et de lierre, les dix doigts étendus se recourbent et tracent des arabesques dans l'air, pendant que les muscles du visage se recourbent en petits plis mouvants. — Cette mimique est le langage naturel, et, si vous avez quelque habitude de l'observation intérieure, vous devinez à quel état intérieur elle correspond. En effet, les expériences que nous faisons et les images qui nous reviennent ne sont pas de pures connaissances ; elles nous affectent autant qu'elles nous instruisent ; elles sont un ébranlement en même temps qu'une lumière. Chacune d'elles est accompagnée d'une ou plusieurs petites secousses, et chacune d'elles a une ou plusieurs petites tendances pour effet. Au-dessous des images et des expériences, sorte de végétation qui vit au grand jour, il est un monde obscur d'impulsions, de répugnances, de chocs, de sollicitations ébauchées, embrouillées, discordantes, que nous avons peine à distinguer et qui cependant sont la source intarissable et bouillonnante de notre action. Ce sont ces innombrables petites émotions qui, au terme de notre examen prolongé, se résument en une impression d'ensemble, par suite en une poussée finale, en une tendance définitive, et la tendance elle-même aboutit à une expression. Quelle que soit cette expression, geste imitatif de l'artiste, demi-vision métaphorique du poète, pantomime figurative du sauvage, parole accentuée de l'homme passionné, parole terne et mots abstraits du raisonneur calme, l'opération mentale est toujours la même ; et, si nous examinons ce qui se passe en nous lorsque de plusieurs perceptions nous dégageons une idée générale, nous ne trouvons jamais en nous que la formation, l'achèvement, la prépondérance d'*une tendance qui provoque une expression*, et, entre autres expressions, un *nom*.

Reprenons maintenant notre premier exemple. — J'observe tour à tour des pins, des frênes, des châtaigniers, des bouleaux, des frênes, toute une futaie, et je remarque cet élan du tronc et cet épanouissement des branches qui sont les deux caractères distinctifs de l'arbre ; je conçois l'arbre en général et je prononce le nom d'arbre. Cela signifie simplement qu'une certaine tendance correspondante à ces deux caractères, et à ces deux caractères seulement, a fini par se dégager en moi et dominer seule. Cinquante fois de suite et sans un seul cas contradictoire, elle s'est tour à tour éveillée à l'aspect des cinquante arbres ; seule, elle s'est éveillée cinquante fois de suite ; toutes les autres qui correspondaient aux particularités de chaque arbre se sont effacées et annulées par leur contradiction mutuelle ; elle est donc la seule qui surnage, et maintenant son œuvre, comme celle de toute tendance, est une expression. Au dedans, cette œuvre est une image plus ou moins vague, celle d'une ligne élancée, puis épanouie ; au dehors, elle est l'attitude et le geste imitatif du corps ; dans le langage primitif, chez les peuples enfants, à l'origine de la parole, elle est une autre imitation poétique et figurative, dont nous retrouvons çà et là des fragments ; aujourd'hui, elle est un simple mot appris, pure notation, reste desséché du petit drame symbolique et de la mimique vivante par laquelle les premiers inventeurs, véritables artistes, traduisaient leurs impressions.

IV. Le lecteur voit maintenant comment nous pensons une qualité générale ; quand nous avons vu une série d'objets pourvus d'une qualité commune, nous éprouvons une certaine *tendance*, une tendance qui correspond à la qualité commune et ne correspond qu'à elle. C'est cette tendance qui évoque en nous le nom ; quand elle naît, c'est ce nom seul qu'on imagine ou qu'on prononce. Nous n'apercevons pas les qualités ou caractères généraux des choses ; nous éprouvons seulement en leur présence telle ou telle tendance distincte qui, dans le langage spontané, aboutit à telle mimique et, dans notre langage artificiel, à tel nom. Nous n'avons pas d'idées générales à proprement parler ; nous avons des tendances à nommer et des noms. — Mais une tendance prise en soi n'est rien de distinct ; elle est le commencement, le rudiment, l'ébauche, l'approche, plus ou moins pénible ou facile, de quelque chose, image ou nom, ou tout autre acte déterminé, qui est sa plénitude et son achèvement ; elle est l'état naissant de l'acte qui est son état final. — En fait d'actes positifs et définitifs, lorsque nous pensons ou connaissons les qualités abstraites, il n'y a donc en nous que des noms, les uns en train de s'énoncer ou de se figurer mentalement, les autres tout énoncés et figurés. Partant, ce que nous appelons une idée générale, une vue d'ensemble, n'est qu'un nom, non pas le simple son qui vibre dans l'air et ébranle notre oreille, ou l'assem-

CH. II. IDÉES GÉNÉRALES ET SUBSTITUTION SIMPLE 43

blage de lettres qui noircissent le papier et frappent nos yeux, non pas même ces lettres aperçues mentalement, ou ce son mentalement prononcé, mais ce son ou ces lettres doués, lorsque nous les apercevons ou imaginons, d'une propriété double, la propriété d'éveiller en nous les images des individus qui appartiennent à une certaine classe et de ces individus seulement, et la propriété de renaître toutes les fois qu'un individu de cette même classe et seulement quand un individu de cette même classe se présente à notre mémoire ou à notre expérience. — La seule différence qu'il y ait pour nous entre le mot *bara*, qui ne signifie rien, et le mot *arbre*, qui signifie quelque chose, c'est qu'en entendant le premier nous n'imaginons aucun objet ou série d'objets appartenant à une classe distincte et qu'aucun objet ou série d'objets appartenant à une classe distincte ne réveille en nous le mot *bara*, tandis qu'en entendant le second nous nous figurons involontairement un chêne, un peuplier, un poirier ou tel autre arbre, et qu'en voyant un arbre quelconque nous prononçons involontairement le mot arbre. Au lieu du mot *bara*, mettez le mot *tree*; pour un homme qui ne sait pas l'anglais, les deux se valent et aboutissent au même effet nul; pour un Anglais, le mot *tree* a justement les propriétés que nous venons de trouver dans le mot arbre. — Un nom que l'on comprend est donc un nom lié à tous les individus que nous pouvons percevoir ou imaginer d'une certaine classe et seulement aux individus de cette classe. A ce titre, il correspond à la qualité commune et distinctive qui constitue la classe et qui la sépare des autres, et il correspond seulement à cette qualité; toutes les fois qu'elle est présente, il est présent ; toutes les fois qu'elle est absente, il est absent ; il est éveillé par elle et n'est éveillé que par elle. — De cette façon, il est son représentant mental et se trouve le *substitut* d'une expérience qui nous est interdite. Il nous tient lieu de cette expérience, il fait son office, il lui équivaut.

Artifice admirable et spontané de notre nature : nous ne pouvons apercevoir ni maintenir isolées dans notre esprit les qualités générales, sortes de filons précieux qui constituent l'essence et font la classification des choses ; et cependant, pour sortir de la grosse expérience brute, pour saisir l'ordre et la structure intérieure du monde, il faut que nous les retirions de leur gangue et que nous les concevions à part. — Nous faisons un détour ; nous associons à chaque qualité abstraite et générale un petit événement particulier et complexe, un son, une figure facile à imaginer et à reproduire ; nous rendons l'association si exacte et si étroite que désormais la qualité ne puisse apparaître ou manquer dans les choses, sans que le nom apparaisse ou manque dans notre esprit, et réciproquement. Le couple ainsi formé ressemble à ces instruments de physique et de chimie qui, par un mince effet sensible, un déplacement d'aiguille, une variation de teinte, mettent à la portée de nos sens des décompositions de substance ou des variations de courant situées hors de la portée de nos sens. La rougeur subite d'un papier imprégné ou le recul plus ou moins grand d'une lamelle de fer sont liés à une métamorphose intime ou à un degré fixe d'action profonde, et nous observons le second objet que nous n'atteignons pas dans le premier que nous atteignons. — Pareillement, quand il s'agit d'une qualité générale dont nous ne pouvons avoir ni expérience ni représentation sensible, nous substituons un nom à la représentation impossible et nous le substituons à bon droit. Il a les mêmes affinités et les mêmes répugnances que la représentation, les mêmes empêchements et conditions d'existence, la même étendue et les mêmes limites de présence : affinités et répugnances, empêchements et conditions d'existence, étendue et limites de présence, tout ce qui se rencontrerait en elle se rencontre en lui par contre-coup. — Par cette équivalence, les caractères généraux des choses arrivent à la portée de notre expérience ; car les noms qui les expriment sont eux-mêmes de petites expériences de la vue, de l'ouïe, des muscles vocaux, ou les images intérieures, c'est-à-dire les résurrections plus ou moins nettes de ces expériences. Une difficulté extraordinaire a été levée ; dans un être dont la vie n'est qu'une expérience diversifiée et continue, on ne peut rencontrer que des impressions particulières et complexes ; avec des impressions particulières et complexes la nature a simulé en nous des impressions qui ne sont ni l'un ni l'autre et qui, ne pouvant être ni l'un ni l'autre, semblaient devoir échapper pour toujours, par nécessité et par nature, à notre être tel qu'il est construit.

V. On peut assister de près à la naissance de ces noms généraux ; chez les petits enfants, on la prend sur le fait. Nous leur nommons tel objet particulier et déterminé, et, avec un instinct d'imitation semblable à celui des perroquets et des singes, ils répètent le nom qu'ils viennent d'entendre. — Jusque-là, ils ne sont que des singes et des perroquets ; mais ici se manifeste une délicatesse d'impression toute spéciale à l'homme. Vous prononcez devant un bambin dans son berceau le mot *papa*, en lui montrant son père ; au bout de quelque temps, à son tour, il bredouille le même mot, et vous croyez qu'il l'entend au même sens que vous, c'est-à-dire que ce mot ne se réveillera en lui qu'en présence de son père. Point du tout ; quand un autre monsieur, c'est-à-dire une forme pareille, en paletot, avec une barbe et une grosse voix, entrera dans la chambre, il lui arrivera souvent de l'appeler aussi papa. Le nom était individuel, il l'a fait général ; pour vous, il ne s'appliquait qu'à une personne ; pour lui, il s'applique à une classe. En d'autres termes, une certaine *tendance* correspondante à ce qu'il y a de commun entre les divers personnages munis d'un paletot, d'une barbe et d'une grosse voix s'est éveillée en lui, à la suite des expériences par lesquelles il les a perçus. Ce n'est pas cette tendance que vous vouliez éveiller ; elle s'est éveillée toute seule ; voilà la faculté du langage ; elle est fondée tout entière sur ces tendances consécutives qui survivent à l'expérience d'individus semblables et qui correspondent précisément à ce qu'il y a de commun en eux.

A chaque instant, nous voyons ces tendances opérer dans les enfants, et contre la langue, en sorte qu'on est obligé de rectifier leur œuvre spontanée et trop prompte. — Une petite fille de deux ans et demi avait au cou une médaille bénite ; on lui avait dit : « C'est le bon Dieu, » et elle répétait : « C'est le bo Du. » Un jour, assise sur les genoux de son oncle, elle lui prend son lorgnon et dit : « C'est le bo Du de mon oncle. » Il est clair qu'involontairement et naturellement elle

CH. II. IDÉES GÉNÉRALES ET SUBSTITUTION SIMPLE 47

avait fabriqué une classe d'individus pour laquelle nous n'avons pas de nom, celle des petits objets ronds, munis d'une queue, percés d'un trou et attachés au col par un cordon, qu'une tendance distincte, correspondante à ces quatre caractères généraux et que nous n'éprouvons point, s'était formée et agissait en elle. — Un an plus tard, la même enfant, à qui l'on faisait nommer toutes les parties du visage, disait, après un peu d'hésitation, en touchant ses paupières : « Ça, c'est les toiles des yeux. » — Un petit garçon d'un an avait voyagé plusieurs fois en chemin de fer. La machine, avec son sifflement, sa fumée et le grand bruit qui accompagne le train, l'avait frappé ; le premier mot qu'il eût prononcé était *fafer* (chemin de fer) ; désormais, un bateau à vapeur, une cafetière à esprit-de-vin, tous les objets qui sifflent, font du bruit et jettent de la fumée étaient des *fafer*. Un autre instrument fort désagréable aux enfants (pardon du détail et du mot, il s'agit d'un clysopompe) avait laissé en lui, comme de juste, une impression très-forte. L'instrument, à cause de son bruit, avait été appelé un *zizi*. Jusqu'à deux ans et demi, tous les objets longs, creux et minces, un étui, un tube à cigares, une trompette étaient pour lui des *zizi*, et il ne s'approchait d'eux qu'avec défiance. Ces deux idées régnantes, le *zizzi* et le *fafer*, étaient deux points cardinaux de son intelligence, et il partait de là pour tout comprendre et tout nommer.

A cet égard, le langage des enfants est aussi instructif pour le psychologue que les états embryonnaires du corps organisé pour le naturaliste. Ce langage est mouvant, incessamment transformé, autre que le nôtre ; non-seulement les mots y sont défigurés ou inventés, mais encore le sens des mots n'y est pas le même que dans le nôtre ; jamais un enfant, qui pour la première fois prononce un nom, ne le prend au sens exact que nous lui donnons ; ce sens est pour lui plus étendu ou moins étendu que pour nous, proportionné à son expérience présente, chaque jour élargi ou réduit par ses expériences nouvelles, et très-lentement amené aux dimensions précises qu'il a pour nous [1]. — Une petite fille de dix-huit mois rit de tout son cœur quand sa mère et sa bonne jouent à se cacher derrière un fauteuil ou une porte et disent : « Coucou. » En même temps, quand sa soupe est trop chaude, quand elle s'approche du feu, quand elle avance ses mains vers la bougie, quand on lui met son chapeau dans le jardin parce que le soleil est brûlant, on lui dit : « Ça brûle. » Voilà deux mots notables et qui pour elle désignent des choses du premier ordre, la plus forte de ses sensations douloureuses, la plus forte de ses sensations agréables. Un jour, sur la terrasse, voyant que le soleil disparaît derrière la colline, elle dit : « A bule coucou. » C'est là un jugement complet, non-seulement exprimé par des mots que nous n'employons pas, mais encore correspondant à des idées, partant à des classes d'objets, à des caractères généraux, à des tendances distinctes qui chez

---

1. La différence est analogue si l'on compare les synonymes de deux langues. Clergyman et ecclésiastique, God et Dieu, Liebe et amour, brio et brillant, girl et jeune fille, ne signifient pas la même chose, quoiqu'on les traduise l'un par l'autre. Les deux mots de chaque couple représentent deux objets différents et sentis différemment chez les deux peuples. Leur sens n'est le même qu'en gros; les détails du sens diffèrent et sont intraduisibles, faute d'objets et d'émotions semblables chez l'un et chez l'autre.

nous ont disparu. La soupe trop chaude, le feu du foyer, la flamme de la bougie, la chaleur du plein midi au jardin, et enfin le soleil forment une de ces classes. La figure de la bonne ou de la mère disparaissant derrière un meuble, le soleil disparaissant derrière la colline forment l'autre classe. L'une et l'autre sont limitées à cela ; la tendance consécutive à la première aboutit aux mots *a bule ;* la tendance consécutive à la seconde aboutit au mot *coucou*. — Un pareil état diffère beaucoup du nôtre, et néanmoins il n'y a là que des tendances analogues aux nôtres, éveillées de la même façon que les nôtres, correspondantes à des caractères généraux comme chez nous, mais à des caractères moins généraux que chez nous, bref aboutissant à des noms semblables de son et différents de sens [1].

A mesure que l'expérience des enfants se rapproche davantage de la nôtre, leurs tendances à nommer coïncident plus exactement avec les nôtres; elles s'organisent par degrés, comme un embryon. De même que, dans le fœtus, on voit tour à tour la tête disproportionnée se réduire à sa juste mesure, les fontanelles du crâne se boucher, les cartilages se changer en os, les vaisseaux rudimentaires se clore et se ramifier, la communication de la mère et de l'enfant se fermer, de même, dans le langage enfantin, on voit tour à tour les deux ou trois noms dominants perdre leur prépondérance absolue, les mots généraux limiter leur sens trop vaste, préciser leur sens trop vague, s'aboucher entre eux, acquérir des attaches et des sutures, se compléter par l'incorporation d'autres ten-

1. Voir la note I à la fin du volume.

dances, ordonner sous eux des noms de classes plus étroites, former un système correspondant à l'ordre des choses, et enfin agir par eux seuls et d'eux-mêmes sans l'aide des nomenclateurs environnants. — Un enfant a vu sa mère mettre pour une soirée une robe blanche ; il a retenu ce mot, et désormais, sitôt qu'une femme est en toilette, que sa robe soit rose ou bleue, il lui dit de sa voix chantante, étonnée, heureuse : « Tu as mis ta robe blanche ? » Blanc est un mot trop large ; il faut que désormais il le réduise à une seule couleur. — Le même enfant entend sa mère qui lui dit : « Tu balances trop ta tête ; ta tête va frapper la table. » Il répond d'un air curieux et surpris : « Ta tête va frapper la table ? » *Ta* est pris dans un sens trop vaste, il faut que désormais ce mot désigne seulement la tête de celui à qui l'on parle. — L'endiguement va se faire ; de nouvelles expériences compléteront la tendance qui produisait le mot *blanc*, et, désormais achevée, elle correspondra non seulement à la présence de l'éclat, mais encore à la présence d'une certaine couleur. Pareillement, et par une autre série d'expériences, la *tendance* qui produisait le mot *ta*, définitivement précisée, correspondra non-seulement à la possession, mais encore à cette circonstance supplémentaire que la chose possédée appartient à quelqu'un à qui l'on parle. Telle est l'histoire du langage : spontanément, après avoir expérimenté des objets semblables, nous éprouvons une tendance qui correspond à ce qu'il y a de commun dans ces objets, c'est-à-dire à quelque caractère général, à quelque qualité abstraite, à un extrait de ces objets, et cette tendance aboutit à tel geste, à telle mimique, à tel signe distinct qui aujourd'hui est un nom.

En cela consiste la supériorité de l'intelligence humaine. Des caractères très-généraux y éveillent des tendances distinctes. En d'autres termes, il suffit de ressemblances fort légères entre divers objets pour susciter en nous un nom ou désignation particulière ; un enfant y réussit sans effort, et le génie des races bien douées, comme celui des grands esprits et notamment des inventeurs, consiste à remarquer des ressemblances plus délicates ou nouvelles, c'est-à-dire à sentir s'éveiller en eux, à l'aspect des choses, de petites tendances fines et, par suite, des noms distincts qui correspondent à des nuances imperceptibles pour les esprits vulgaires, à des caractères très-menus enfouis sous l'amas des grosses circonstances frappantes, les seules qui soient capables, quand l'esprit est vulgaire, de laisser en lui leur empreinte et d'avoir en lui leur contre-coup. — Cette aptitude une fois posée, le reste suit. Par l'accumulation et la contrariété des expériences journalières, les tendances et les noms se multiplient, se circonscrivent, se subordonnent, comme les qualités générales qu'ils représentent ; et la hiérarchie des choses se traduit et se répète en nous par la hiérarchie des tendances et des noms.

VI. D'autre part, si l'on peut ainsi parler, les noms se remplissent. A mesure que nos expériences deviennent plus nombreuses, nous remarquons et, partant, nous nommons un plus grand nombre de caractères généraux dans un même objet. Son nom, qui d'abord désignait le caractère unique qui nous avait frappés dans la première expérience, en désigne maintenant plusieurs autres. Il correspond, non plus à une qualité abstraite, mais à un groupe de qualités abstraites ; il n'était que général, il devient *collectif.*

Considérons un animal quelconque, un chat par exemple. Comme tous les chats se ressemblent fort et diffèrent beaucoup de nos autres animaux, nous avons aisément appris leur nom commun et remarqué leurs caractères communs. En d'autres termes, ce nom correspond en nous à une certaine forme distincte, immobile ou bondissante, qui dort dans une grange ou court avec précaution sur un toit. Voilà le gros sens populaire ; la tendance qui aboutit au nom ne correspond guère qu'à ce caractère-là. — Mais voici qu'un naturaliste m'ouvre un chat et me fait voir cette poche qu'on appelle l'estomac, ces petits tubes infiniment ramifiés qu'on nomme les veines et les artères, ce paquet de tuyaux lisses qui sont les intestins, ces bâtons, ces cages, ces cerceaux, ces boîtes ou demi-boîtes solides qui s'emmanchent les unes dans les autres et qui sont les os. — Je resterais là pendant six mois que je verrais toujours des choses nouvelles ; si je prends un microscope, ma vie n'y suffira pas ; et, à parler exactement, aucune vie ni série de vies ne peut y suffire ; par delà les propriétés observées, il en restera toujours d'autres, matière illimitée de la science illimitée. Désormais le nom correspond pour moi non-seulement à l'expérience d'une certaine forme extérieure, mais encore à l'expérience d'une certaine structure intérieure, c'est-à-dire à un nombre énorme d'expériences de toutes sortes qui sont faites et à un nombre indéfini d'expériences de toute sorte qui pourront se faire. Si j'ai remarqué suffisamment cette structure intérieure, à l'aspect du squelette blanc, comme à l'aspect du corps vivant vêtu de son poil, je prononcerai sans me tromper le mot chat. La seconde expérience aboutit maintenant au même nom que l'autre. Deux tendances distinctes coïncident donc en un même effet. Le nom est devenu l'équivalent des caractères communs aux divers squelettes de l'espèce, comme des caractères communs aux divers individus vivants de l'espèce; sa présence, qui auparavant ne réveillait que les images de certaines formes velues, animées, bondissantes, réveille en outre maintenant les images de certaines charpentes osseuses et inanimées. — Elle peut réveiller bien d'autres images, celles de toutes les particularités mécaniques, physiques, chimiques, anatomiques, vitales, morales, qu'un naturaliste ou un moraliste peut remarquer dans l'espèce des chats ; elle les rassemble sous elle en même temps que les noms par lesquels on les désigne ; elle est le substitut de toute cette troupe. Si l'on prononce devant vous le mot chat, vous pouvez lui substituer une définition ou une description, c'est-à-dire mettre à sa place les deux noms principaux qui lui fixent sa place dans la classification animale ou le remplacer par le nom de tous les caractères que vos expériences ont dégagés en lui, et, par suite, voir reparaître en vous, plus ou moins nettement, les simulacres de ces expériences. Dorénavant, le couple dont le nom est le premier terme comprend, comme second terme, un cortége immense d'autres mots et, par suite, une série aussi grande de tendances distinctes, lesquelles correspondent à des caractères généraux également distincts, et laissent place à côté d'elles pour une infinité de tendances nouvelles que l'expérience pourra provoquer. — Telle est la vertu de la substitution établie par les couples. Deux termes étant les équivalents l'un de l'autre, le premier si simple, si maniable, si aisé à rappeler, peut remplacer le second, même quand le second est une armée immense dont les cadres toujours ouverts attendent et reçoivent incessamment de nouveaux soldats.

Le lecteur voit tout de suite qu'au lieu du nom de chat on pourrait mettre celui de chien, singe, crabe, et d'un animal quelconque, ou d'une plante quelconque, et aussi d'un groupe quelconque, animal ou végétal, aussi large ou aussi étroit qu'on voudra, et, en général, d'un groupe quelconque, moral ou physique ; l'opération serait pareille ; tous les noms généraux se remplissent de la même façon. — Ordonnés les uns par rapport aux autres, chacun avec son escorte de tendances, ils composent l'ameublement principal d'une tête pensante. A côté des expériences perpétuelles et des images renaissantes, il y roule des noms que nous appelons des idées, tous représentants mentaux de caractères abstraits et de qualités générales, tous évoqués par des tendances distinctes, tous incessamment accrus de nouvelles tendances, tous incessamment précisés dans leur portée, tous incessamment amplifiés dans leur contenu, par le progrès journalier de la découverte qui, ajoutant à leur sens, limite leur application.

CHAPITRE III

DES IDÉES GÉNÉRALES ET DE LA SUBSTITUTION
A PLUSIEURS DEGRÉS

SOMMAIRE.

I. Certains caractères généraux ne produisent pas en nous une impression distincte. — Ils sont donc incapables de provoquer en nous une tendance distincte et un nom. — Procédé indirect par lequel nous parvenons à les penser. — Exemple dans les nombres. Leur représentant mental est un nom de nombre. — Formation des noms de nombre. — Série de substitutions superposées. — Notre idée d'un nombre est un nom substitut d'un autre nom joint à l'unité.

II. Exemples en géométrie. — Notre idée du cercle n'est pas la figure sensible que nous imaginons, mais un groupe de noms combinés, représentants mentaux de certains caractères abstraits. — Substitution de la formule à l'expérience impossible. — Nous pensons l'objet idéal par sa formule. — Emploi universel de la substitution en mathématiques.

II. Exemples dans les séries infinies. — Le temps et l'espace. — Dans une série ou quantité infinie, nous ne pensons pas la totalité de ses termes, mais quelques-uns de ses termes et un de leurs caractères abstraits représenté en nous par un nom. — Substitution de la formule à l'expérience impossible. — Nous pensons la série ou quantité infinie par sa formule.

IV. Résumé. — Nos idées générales sont des noms substituts d'expériences impossibles. — Illusion psychologique qui consiste à distinguer l'idée du nom. — Effets singuliers et cause générale de cette illusion. — Il est naturel que les signes cessent d'être remarqués et finissent par être considérés comme nuls. — Théories fausses sur l'esprit pur. — Le représentant mental que nous appelons idée pure n'est jamais qu'un nom prononcé, entendu ou imaginé. — Les noms sont une classe d'images. — Les lois des idées se ramènent aux lois des images.

I. Il y a des choses dont nous ne pouvons avoir expérience ; or, puisque ce sont les expériences qui, par leur caractère commun, éveillent en nous une tendance distincte et ce nom que nous appelons une idée, il semble que nous ne devons jamais avoir une idée de ces choses-là. Nous en avons cependant une idée très-exacte et très-nette. C'est que l'opération qui consiste à nommer se complique et conduit par un circuit à des succès inattendus. Ici, comme tout à l'heure, le même instrument travaille ; seulement il travaille non plus par une substitution simple, mais par une série de substitutions.

Considérons le premier nombre venu, par exemple 36. Quand je lis ce signe, j'entends très-bien le sens qu'il a, c'est-à-dire j'imagine très-nettement ce qu'il remplace : 36, c'est par définition 35 plus 1. En d'autres termes, le groupe désigné par 36 est le même que le groupe désigné par 35, si à 35 on ajoute 1. 36 est donc un terme collectif qui en remplace deux autres. Mais 35 est par définition 34 plus 1 ; 34 pareillement est 33 plus 1, et ainsi de suite. On voit que 36, en dernière analyse, est un terme abréviatif qui en remplace trente-six autres. Remontons aux origines, pour mieux comprendre cette opération.

Voici un jeton blanc sur un coin de la table et un jeton rouge sur un autre coin. Je puis négliger toutes leurs qualités respectives, être frappé seulement de ce qu'une partie de mon impression s'est *répétée*, sentir que l'expérience que je viens de faire sur le jeton rouge est semblable, par un certain point, à celle que j'achève sur le jeton blanc, éprouver, après ces deux expériences successives, une tendance consécutive distincte et correspondante à leur nombre, c'est-à-dire à la propriété qu'elles ont d'être deux. — Comme toutes les tendances, celle-ci aboutit à un signe; admettons pour ce signe le mot ordinaire, deux. Voilà un nom général; nous serons tentés de le prononcer, comme dans le cas des jetons, après toute expérience *répétée*. Pareillement encore, quand nous le lisons ou que nous l'entendons, nous n'avons qu'à insister pour évoquer intérieurement, comme en présence du mot chat ou du mot bouleau, l'image d'un cas où il s'applique; nous imaginons un jeton à côté d'un jeton, une pierre à côté d'une pierre, un son après un son, comme tout à l'heure nous imaginions un museau fin avec un poil gris ou blanc, un mince tronc blanc avec de petites feuilles frissonnantes. — Il en est de même pour les mots trois, quatre; cela est plus difficile pour les mots cinq, six; la difficulté va croissant pour les nombres supérieurs, et il y a toujours un chiffre plus ou moins élevé où tout esprit s'arrête; nous ne pouvons pas percevoir ou nous représenter distinctement ensemble au delà d'un certain nombre de faits ou d'objets; d'ordinaire, c'est cinq ou six, plus souvent quatre. — Pour remédier à cet inconvénient, nous négligeons le groupe qui correspond au mot; nous ne donnons plus d'attention qu'au mot substitut; après avoir vu ensemble quatre objets, nous les oublions pour ne plus songer qu'au mot quatre, et nous pouvons les oublier, parce que plus tard, revenant sur le mot et appuyant dessus, nous les reverrons intérieurement, sans méprise ni confusion. Voilà donc quatre opérations remplacées par une seule. — Qu'un nouvel objet semblable aux précédents se rencontre après que nous avons prononcé le mot quatre, il formera avec le mot un groupe nouveau, et il naîtra en nous une tendance analogue à celle qui nous a fait prononcer le mot deux, tendance semblable à la première, en ce qu'il s'agit aussi d'une addition, tendance différente de la première, en ce que, au lieu d'ajouter un objet à un objet, on ajoute ici un objet à un groupe de quatre objets réunis. Cette nouvelle tendance aboutit à un nouveau nom, cinq. Une autre, suscitée de même, aboutira au mot six, et ainsi de suite. — On voit que, dans cette échelle, chaque nouveau nom est le substitut du précédent, et partant de l'objet du précédent, accouplé à l'unité.

Ici encore, une difficulté insurmontable a été tournée. Si nous pouvons imaginer distinctement ensemble deux, trois et même quatre faits ou objets, nous ne pouvons en imaginer distinctement trente-six ensemble. La propriété abstraite et générale d'être deux, trois ou quatre, peut éveiller en nous une tendance et, par suite, un nom correspondant; au contraire, la propriété générale et abstraite d'être trente-six ou tout autre nombre considérable ne le peut pas. — Devant cet obstacle, nous biaisons ; nous franchissons par un escalier le fossé trop large pour nos jambes. Nous ne remplaçons plus tout d'abord par un mot le caractère abstrait et général du groupe mis en expérience, car le groupe en question ne peut être mis avec succès en expérience ; trente-six pions, posés ensemble sur une table, ne nous donneraient qu'une impression de masse et d'ensemble, sans distinction énumérative des individus. — Nous allons plus lentement ; nous prenons d'abord un très-petit groupe, proportionné à l'amplitude bornée de notre esprit, et capable d'éveiller en nous une tendance et un nom. Nous joignons ensuite ce nom et, par suite, l'objet de ce nom, c'est-à-dire le petit groupe, à un nouvel individu, ce qui éveille une autre tendance et un autre nom ; nous cheminons ainsi pas à pas jusqu'au nom final, et celui-ci, enfin obtenu, correspond au caractère abstrait qui, directement, n'évoquait en nous aucun nom.

A ce titre le nom final est singulièrement remarquable. Si nous cherchons son sens, nous ne trouvons qu'un nom, celui du chiffre inférieur auquel on ajoute l'unité ; la même chose arrive à celui-ci, et ainsi de suite ; c'est seulement à la fin de ce long retour en arrière, qu'ayant descendu trente, cinquante, cent, mille, dix mille marches, nous touchons de nouveau notre expérience. — Et cependant ce nom *remplace* une expérience, une autre expérience que nous n'avons pas faite, que nous ne pouvons pas faire, qui est au-dessus de l'homme, mais qui en soi est possible, et qu'un esprit plus compréhensif pourrait faire. 36 désigne la qualité commune à tous les groupes de trente-six individus, qualité qui, présente devant nous, n'excite point en nous de tendance précise, et qu'un esprit capable de maintenir ensemble devant soi trente-six objets ou faits à l'état distinct pourrait seul éprouver. — Par cet artifice, nous atteignons au même effet qu'une créature douée d'une mémoire et d'une imagination indéfiniment plus nettes et plus vastes que les nôtres. La substitution a tout fait ici comme auparavant. Après nous avoir permis d'extraire les qualités, elle nous donne le moyen de compter et de mesurer les quantités. Grâce à des remplacements, nous avons pu penser les propriétés abstraites des individus. Grâce à des séries de remplacements superposés, nous pouvons nommer et partant penser certaines propriétés abstraites particulières aux groupes, propriétés que la limitation naturelle de notre imagination et de notre mémoire semblait nous empêcher pour toujours de penser, c'est-à-dire de nommer.

II. *La vertu de la substitution s'étend beaucoup plus loin.* — Le lecteur sait que les objets géométriques n'existent pas dans la nature ; nous ne rencontrons pas, et probablement nous ne pouvons pas rencontrer, des cercles, des cubes, des cônes qui soient parfaits. Ceux que nous voyons ou faisons ne sont tels qu'à peu près. — Et cependant nous en concevons de parfaits ; nous raisonnons sur des figures dont la régularité est absolue. Nous savons, avec une certitude entière, quelle est l'ouverture de chaque angle dans un myriagone régulier, et combien tous ses angles pris ensemble font d'angles droits. Bien mieux, quand, pour comprendre un théorème de géométrie, nous traçons une figure sur le tableau, nous nous soucions fort peu que sa justesse soit parfaite ; nous la fabriquons grossièrement à la craie ; nous souffrons sans difficulté des lignes tremblotantes à notre polygone, ou une rondeur bosselée à notre cercle. En effet, ce n'est point ce cercle tracé que nous considérons ; il n'est point notre objet, il n'est que notre aide ; nous concevons à propos de lui quelque chose qui diffère de lui, qui n'est ni blanc, ni tracé sur fond noir, ni de tel rayon, ni d'une rondeur inexacte.

— Quel est donc cet objet conçu dont l'expérience ne fournit pas le modèle ? La définition nous répond. Le cercle est une courbe fermée, dont tous les points sont également distants d'un point intérieur appelé centre. — Mais qu'y a-t-il dans cette phrase ? Rien, sinon une première série de mots abstraits qui désignent le genre de la figure, et une seconde série de mots abstraits qui désignent l'espèce de la figure, la seconde étant combinée avec la première, comme une condition ajoutée à une condition. En d'autres termes, un caractère abstrait, noté par les premiers mots, a été uni à un autre caractère abstrait, noté par les seconds mots, et le composé total, ainsi fabriqué, désigne une chose nouvelle, que nos sens n'atteignent pas, que notre expérience ne rencontre pas, que notre imagination ne sait pas tracer. Nous n'avons pas besoin d'atteindre, rencontrer ou imaginer cette chose ; nous tenons sa formule, et cela suffit.

En effet, cette formule serait rigoureusement la même, si l'objet était tombé sous notre expérience. Nous l'avons faite d'avance, au lieu de la faire ensuite ; et la formule correspond d'autant plus certainement à la chose, que la chose doit se conformer à elle, et non elle à la chose. Les deux font donc un couple dont le second terme, la définition, équivaut au premier terme, c'est-à-dire à l'objet. — Cet objet peut rester idéal, être situé par lui-même hors de toutes nos prises ; peu importe ; nous possédons son représentant. Tout ce que nous trouverons de propriétés et de rapports dans le substitut, nous pourrons les attribuer avec certitude au substitué. Nous atteignons celui-ci par contre-coup, comme un arpenteur qui, voulant mesurer la distance d'un objet inaccessible, mesure une base et deux angles, et connaît la première quantité par les trois secondes. — Toutes les conceptions mathématiques sont formées par cette voie. Nous prenons des abstraits fort simples, la surface qui est la limite du solide, la ligne qui est la limite de la surface, le point qui est la limite de la ligne, l'unité ou qualité d'être un, c'est-à-dire l'existence distincte parmi des semblables. Nous combinons ces termes entre eux et nous formons d'abord des composés peu complexes, ceux de deux, trois, quatre et des premiers nombres, ceux de plus et de moins, de plus grand et de moins grand, de ligne plus grande et de ligne moins grande, par suite ceux de ligne droite ou courbe, de triangle, de cercle, par suite encore ceux de sphère, cône, cylindre, et le reste. La complication des composés va croissant ; elle est indéfinie ; tous ensemble, ils forment un royaume à part d'objets qui ne sont pas réels, mais qui sont distribuables, comme les objets réels, en familles, genres, espèces, et dont nous découvrons les propriétés en considérant à côté d'eux les propriétés des formules qui sont leurs substituts.

Par une continuation étrange, le procédé qui a formé ces objets est encore celui qui établit leurs rapports. Arithmétique, algèbre, géométrie, géométrie analytique, mécanique, calcul supérieur, toutes les propositions des sciences mathématiques sont des substitutions. Un nombre quelconque est le substitut du précédent joint à l'unité. Calculer, c'est remplacer plusieurs nombres par un seul à la suite de plusieurs remplacements partiels. Résoudre une équation, c'est substituer des termes les uns aux autres pour arriver à une substitution finale. Mesurer, c'est mettre à la

CH. III. SUBSTITUTION A PLUSIEURS DEGRÉS 63

place d'une grandeur non définie une autre grandeur définie par rapport à l'unité. Faire une construction pour démontrer un théorème, c'est substituer certaines lignes et angles connus à d'autres lignes et angles qu'il s'agit de connaître. Trouver la formule algébrique d'une courbe, c'est découvrir entre certaines lignes liées à la courbe un rapport mathématique et traduire une qualité en quantité. — Quel que soit le raisonnement que nous fassions sur des nombres et des grandeurs, il consiste toujours à aller d'un équivalent jusqu'à un autre équivalent par une série d'équivalents intermédiaires, à remplacer des grandeurs par les nombres qui les expriment, une forme par l'équation qui lui correspond, une quantité faite par une quantité en voie de formation dont celle-là est la limite, un mouvement et une force par une ligne qui les représente. De chaque province, on passe à l'autre par des substitutions, et, comme un substitut peut lui-même avoir un substitut, l'opération n'a pas de limites.

III. Laissons là cette extension du procédé, et considérons-le une dernière fois à son origine. On vient de voir comment, en combinant ensemble des abstraits, nous fabriquons de toutes pièces le premier terme d'un couple dont le second est hors de notre portée, et comment, en étudiant la formule génératrice, nous découvrons les propriétés de l'objet qu'elle doit engendrer. En certains cas, nous y démêlons des propriétés merveilleuses, et la formule nous manifeste des faits situés non-seulement au delà de notre expérience, mais au delà de toute expérience. — Si nous divisons 2 par 3, nous trouvons une fraction décimale infinie, 0,6666, etc., et nous pouvons démontrer qu'elle est infinie. Elle est infinie rigoureusement et sans arrêt possible ; si loin qu'on prolonge l'opération, le reste sera toujours 2, et le quotient toujours 6. Après un million, et un milliard, après mille milliards de divisions, il s'en présentera toujours de nouvelles, avec le même reste et le même quotient, avec un quotient total toujours trop petit, trop petit d'une fraction qui aura pour numérateur 2, et pour dénominateur l'unité suivie d'autant de zéros qu'il y aura d'unités dans le nombre des divisions accomplies. Voilà un infini, non pas vague, non pas indéfini, mais précis, à qui répugne expressément toute borne, et si nettement entendu que tous ses éléments ont leurs propriétés distinctes et exprimées. — Est-ce à dire que j'aperçoive distinctement la série infinie de ces éléments ? Non certes. Ici encore il y a un substitut, la formule, de laquelle la série et les propriétés des éléments se déduisent. Ce que nous apercevons, c'est un caractère général du dividende et du reste. Dès la première division, on peut remarquer que le reste étant 2, comme le dividende, doit, en devenant lui-même dividende, engendrer aussi un reste 2, celui-ci de même, et ainsi de suite. En d'autres termes, nous dégageons dans le dividende cette propriété de donner naissance à un chiffre semblable qui, lui étant semblable, a la même propriété que lui. Cette qualité abstraite est la cause de toute la série ; elle la force à être infinie ; c'est elle seule que nous apercevons ; quand nous disons que nous concevons la série comme infinie, cela signifie seulement que nous démêlons cette propriété de régénération inépuisable : nous ne saisissons que la loi génératrice ; nous n'embrassons pas tous les termes engendrés. — Mais pour nous l'effet est le même ; car, appliquant la loi, nous pouvons définir n'importe quel terme de la série, mesurer exactement le surcroît d'approximation qu'il apporte au quotient, chiffrer rigoureusement le degré d'inexactitude que la division renferme encore, si on l'arrête là. La perception de la loi équivaut donc à la perception de la série ; une ligne infinie de termes distincts a trouvé son remplaçant dans un caractère abstrait, et, au lieu d'une expérience qui par définition est impossible, nous avons isolé une propriété dont le dégagement n'a coûté que deux expériences et qui nous a fait le même profit.

Il en est ainsi toutes les fois que nous concevons et affirmons quelque grandeur abstraite véritablement infinie, le temps ou l'espace. Nous en prenons un fragment, telle courte portion de durée comprise dans nos sensations successives, telle étroite portion d'espace comprise dans nos sensations simultanées. Nous considérons à part ce morceau ; nous en extrayons cette propriété qu'il a d'être débordé par un *au delà* absolument semblable à lui-même. Nous posons, comme tout à l'heure, cette loi générale que la grandeur en question se continue hors d'elle-même par une autre grandeur toute pareille, celle-ci de même, et ainsi de suite, sans qu'une limite puisse intervenir. A cela se réduit notre conception du temps infini et de l'espace infini. — Mais le fruit est le même que si le champ de notre imagination, infiniment étendu, pouvait nous présenter à la fois toute la ligne infinie qu'on nomme le temps, ou l'étendue infinie en trois sens qu'on nomme l'espace. Car, partant du caractère général seul présent en nous, nous pouvons imaginer aussi nettement et affirmer, aussi sûrement que si nous en avions fait l'expérience, toute parcelle de temps ou d'espace, n'importe le point où elle se trouve, tel fragment de durée qui a précédé la naissance du système solaire, telle portion d'étendue située par delà les dernières nébuleuses d'Herschell. Des objets infinis, séries ou quantités [1], peuvent donc être représentés par une propriété abstraite ; il suffit que celle-ci soit leur génératrice. Par là, indirectement, ils nous deviennent présents. Voilà, je pense, le plus étonnant exemple de substitution. — Il en est d'autres analogues, mais renversés, en mathématiques ; certaines quantités, qui vont croissant ou décroissant sans pouvoir jamais avoir un terme, remplacent le terme dont elles s'approchent nécessairement sans jamais le toucher. Le polygone d'un nombre infini de côtés inscrit au cercle équivaut au cercle. Le nombre fractionnaire $1 + \frac{1}{2} + \frac{1}{4} + \frac{1}{8}$, etc., équivaut au nombre 2. Ici encore, comme tout à l'heure, les mathématiciens ne font que reprendre, étendre ou retourner un procédé spontané de l'esprit. — Direct ou renversé, le procédé s'explique de même. Étant donnés les deux membres d'un couple, l'un infini, l'autre limité, on peut considérer à volonté l'un ou l'autre, et, si leur correspondance est rigoureuse, démêler dans l'un des propriétés qui appartiennent aussi à l'autre, mais que dans l'autre on ne peut démêler.

IV. Récapitulons. Ce ne sont pas les nombres, sauf les trois ou quatre premiers, que nous pensons, mais

---

1. C'est par extension qu'on parle d'une quantité infinie. A proprement parler, une quantité est toujours finie, et il n'y a d'infini que les séries.

leurs équivalents, à savoir le nom du nombre précédent joint à l'unité ; ce ne sont pas les objets infinis, ni les objets idéaux que nous pensons, mais les caractères abstraits qui sont leurs générateurs ; ce ne sont pas les caractères abstraits que nous pensons, mais les noms communs qui leur correspondent. Si loin que nous allions, nous retombons toujours sur des noms. Il semble que les choses les plus éloignées de notre expérience et les plus inaccessibles à toute expérience nous soient présentes ; ce qui nous est présent, c'est un nom substitut d'un caractère abstrait qui lui-même est le substitut de la chose, souvent à travers plusieurs intermédiaires, jusqu'à ce que, par une série d'équivalents, la chaîne rejoigne l'objet lointain que directement nous n'atteignons pas.

De là des illusions singulières. Nous croyons avoir, par delà nos mots généraux, des idées générales ; nous distinguons l'idée du mot ; elle nous semble une action à part, dont le mot est seulement l'auxiliaire ; nous la comparons à l'image ; nous disons qu'elle fait le même office dans un autre domaine et nous rend présentes les choses générales, comme l'image nous rend présents les individus. Nous remarquons avec Descartes que l'on conçoit très-bien un myriagone et qu'on l'imagine très-mal. Nous posons d'un côté le myriagone intelligible et l'idée précise qui lui correspond, de l'autre le myriagone sensible et l'image confuse qui lui correspond. Nous observons alors que cette idée ne ressemble en rien à cette image, sauf par son emploi ; comme l'image, elle rend présente une chose absente, voilà tout ; mais elle n'a pas d'autres propriétés ; elle n'est pas, comme l'image, un écho, l'écho d'un son, d'une odeur, d'une couleur, d'une impression musculaire, bref, la résurrection intérieure d'une sensation quelconque ; elle n'a rien de sensible, et nous ne la définissons qu'en niant d'elle toutes les qualités sensibles ; elle nous semble donc une pure action dénuée de toute qualité, sauf celle de rendre le myriagone présent en nous. Nous la comparons à quelque chose d'aérien, d'inétendu, d'incorporel ; nous supposons un être dont elle soit l'action ; il nous semble aussi pur et aussi éthéré qu'elle ; nous l'appelons esprit, et nous disons que notre esprit, par delà toutes les images, se représente et combine les qualités abstraites des choses.

Le mécanisme de cette illusion est aisé maintenant à démêler. Nous avons oublié le mot qui est toute la substance de notre opération ; nous l'avons traité en accessoire, et nous avons considéré l'opération, moins ce qu'elle contient ; reste le vide. — Cette erreur de conscience est très-fréquente et dérive d'une loi générale. Dans une impression ou groupe d'impressions qui se présente un grand nombre de fois, notre attention finit par se porter tout entière sur la portion intéressante et utile ; nous négligeons l'autre, nous ne la remarquons plus ; nous n'en avons plus conscience ; quoique présente, elle semble absente. Telles sont les petites sensations musculaires produites par l'adaptation de l'œil aux différentes distances ; elles sont les signes de ces distances ; c'est par elles que nous imaginons la proximité ou l'éloignement plus ou moins grand des objets. Quand nous apprécions une distance, il faut bien qu'elles soient présentes ; et pourtant nous ne les démêlons plus, quelque envie que nous en ayons ; elles sont pour nous comme si elles n'étaient pas ; il nous semble que nous connaissons, directement et sans leur entremise, la position que seules elles dénotent ; si parfois elles nous frappent, c'est en s'exagérant, par exemple lorsque, obligés de lire de trop près ou de trop loin, nous éprouvons dans les muscles de l'œil une fatigue notable ; hors de ces cas, elles sont invisibles et comme évanouies. — Pareillement, un compositeur qui vient de lire un air d'opéra ne se souvient pas des croches, des blanches, des clefs, des portées, et de tout le barbouillage noir sur lequel ses yeux se sont promenés, mais seulement de la série des accords qu'intérieurement il a entendus ; les signes se sont effacés, les sons seuls surnagent. — Quand il s'agit de mots, nous pouvons marquer les divers degrés de cet effacement. Si une page est manuscrite, nous en comprenons le sens plus difficilement que si elle est imprimée ; notre attention se porte en partie sur la forme extérieure des caractères, au lieu de se porter tout entière sur le sens qu'ils ont ; nous remarquons dans ces signes, non plus seulement leur emploi, mais encore leurs particularités personnelles. Mais, au bout d'un temps, celles-ci ne nous frappent plus ; n'étant plus nouvelles, elles ne sont plus singulières ; n'étant plus singulières, elles ne sont plus remarquées ; dès lors, dans le manuscrit comme dans l'imprimé, il nous semble que nous ne suivons plus des mots, mais des idées pures. — On voit maintenant pourquoi, dans nos raisonnements et dans toutes nos opérations supérieures, le mot, quoique présent, doit paraître absent. Nous jugeons, par l'échelonnement de nos découvertes, que nous avons agi, que nous avons produit une série d'actions, que cette série correspond à une série de qualités ou caractères des choses, que notre action est efficace, et partant réelle. Mais que pouvons-nous dire alors de cette action intérieure ? Rien, sinon qu'elle est une action ; par l'évanouissement des mots, nous l'avons vidée de ce qui la constitue ; nous la posons à part, pure et simple, ou, comme nous disons, spirituelle ; l'ayant dépouillée, nous la croyons nue ; et, remarquant plus tard que pour la produire nous avons lu des signes, nous croyons que le signe n'est pour elle qu'un aide préalable et un excitateur séparé. Cette séparation et cette nudité qui sont notre ouvrage ne lui appartiennent pas ; nous les lui prêtons.

Telle est la première des illusions psychologiques, et ce que nous appelons conscience en fourmille. Les fausses théories qu'elles ont fait naître sont aussi compliquées que nombreuses et obstruent aujourd'hui la science ; quand on les aura déblayées, la science redeviendra simple. — Cette illusion-ci écartée, on voit les conséquences. Ce que nous avons en nous-mêmes lorsque nous pensons les qualités et caractères généraux des choses, ce sont des signes, et rien que des signes, je veux dire certaines images ou résurrections de sensations visuelles ou acoustiques, tout à fait semblables aux autres images, sauf en ceci qu'elles sont correspondantes aux caractères et qualités générales des choses et qu'elles remplacent la perception absente ou impossible de ces caractères et qualités. — Ainsi lorsque, négligeant les sensations présentes, nous remarquons le peuple intérieur qui roule incessamment en nous, nous n'y trouvons que des images, les unes saillantes et sur lesquelles l'attention s'étale, les autres effacées et en apparence réduites à l'état d'ombres, parce que l'attention s'est détournée d'elles pour s'appliquer à leur emploi. Voilà un élément de la connaissance qui semblait primitif et qui rentre dans un autre. Il s'agit maintenant de connaître cet autre. Puisque nos idées se ramènent à des images, leurs lois se ramènent aux lois des images; ce sont donc les images que nous allons étudier.

LIVRE DEUXIÈME

LES IMAGES

CHAPITRE PREMIER

NATURE ET RÉDUCTEURS DE L'IMAGE

SOMMAIRE

I. Expérience. — Une image est une sensation spontanément renaissante, ordinairement moins énergique et moins précise que la sensation proprement dite. — Selon les individus et selon ses espèces, l'image est plus ou moins énergique et précise. — Exemples personnels. — Cas des enfants que l'on habitue à calculer de tête. — Mathématiciens précoces. — Cas des joueurs d'échecs qui jouent les yeux fermés. Peintres qui peuvent faire de mémoire un portrait ou une copie. — Cas des écoles de dessin où l'on exerce cette faculté. — Autres exemples de la résurrection volontaire des sensations visuelles. — Les sensations des autres sens ont aussi leurs images. — Images de sensations auditives. — Exemples.
II. Circonstances qui augmentent la précision et l'énergie de l'image. — En ce cas, elle ressemble de plus en plus à la sensation. — Cas où la sensation est récente. — Cas où la sensation est prochainement attendue. — Exemples pour les images qui correspondent à des sensations de la vue, de l'ouïe, du goût, du toucher. — Effets égaux et semblables de l'image et de la sensation correspondante. — En ce cas, l'image est prise, au moins pendant un instant, pour la sensation correspondante.
III. En quoi elle diffère encore de la sensation correspondante. — L'illusion qui l'accompagne est promptement rectifiée. — L'image comporte toujours une illusion plus ou moins longue. — Loi de Dugald Stewart. — Exemple d'un prédicateur américain. — Témoignage d'un romancier moderne. — Cas d'un

peintre anglais. — Témoignage d'un joueur d'échecs. — Observations de Gœthe et de M. Maury. — Hallucinations volontaires. — Diverses circonstances où l'image devient hallucinatoire. — Ces cas extrêmes sont des indices de l'état normal. — Dans l'état normal, l'illusion est aussitôt défaite. — Elle est défaite par la présence d'un antagoniste ou réducteur.
IV. Cas où la sensation antagoniste est trop faible ou annulée. — Hallucinations hypnagogiques. — Expériences de M. Maury. — Expériences personnelles. — Passage de l'image simple à l'image hallucinatoire, et de l'image hallucinatoire à l'image simple. — Autres cas où la sensation antagoniste est annulée. — Blessures sur le champ de bataille. — Hallucinations proprement dites. — Hallucinations de la vue après l'usage prolongé du microscope. — Restauration partielle de la sensation antagoniste. — Exemples pathologiques. — En ce cas, l'hallucination est détruite. — Histoire de Nicolaï. — Méthode générale pour détruire l'hallucination. — Cas où la sensation provoque l'illusion proprement dite. — Récit du Dr Lazarus. — En ce cas, on supprime la sensation provocatrice.
V. Autres antagonistes. — Les souvenirs et les jugements généraux forment par leur cohésion un corps de réducteurs auxiliaires. — Leur influence est plus ou moins énergique et prompte. — Divers exemples. — Cas où leur influence ne suffit pas. — La sensation antagoniste, qui est le réducteur spécial, se trouve alors annulée. — Exemples dans l'intoxication et la maladie. — Le patient juge alors que son hallucination est une hallucination. — Cas où tous les réducteurs sont annulés, ou aliénation mentale complète. — Cas remarquable observé par le Dr Lhomme.
VI. Vues générales sur l'être pensant. — L'esprit est un polypier d'images. — Vues générales sur l'état de veille raisonnable. — Équilibre mutuel des diverses images. — Répression constante de l'hallucination naissante par les réducteurs antagonistes. — Nécessité du sommeil. — Résumé sur l'image. — Ensemble de ses caractères et de ses rapports avec la sensation. — L'image est le substitut de la sensation.

I. J'étais hier[1] vers cinq heures du soir sur le quai qui longe l'Arsenal, et je regardais en face de moi, de l'autre côté de la Seine, le ciel rougi par le soleil cou-

1. 24 novembre 1867.

chant. Un demi-dôme de nuages floconneux montait en se courbant au-dessus des arbres du Jardin des Plantes. Toute cette voûte semblait incrustée d'écailles de cuivre ; des bosselures innombrables, les unes presque ardentes, les autres presque sombres, s'étageaient par rangées avec un étrange éclat métallique jusqu'au plus haut du ciel, et, tout en bas, une longue bande verdâtre qui touchait l'horizon était rayée et déchiquetée par le treillis noir des branches. Çà et là, des demi-clartés roses se posaient sur les pavés ; la rivière luisait doucement dans une brume naissante ; on apercevait de grands bateaux qui se laissaient couler au fil du courant, deux ou trois attelages sur la plage nue, une grue qui profilait son mât oblique sur l'air gris de l'orient. Une demi-heure après, tout s'éteignait ; il ne restait plus qu'un pan de ciel clair derrière le Panthéon ; des fumées roussâtres tournoyaient dans la pourpre mourante du soir et fondaient les unes dans les autres leur couleur vague. Une vapeur bleuâtre noyait les rondeurs des ponts et les arêtes des toits. Le chevet de la cathédrale, avec ses aiguilles et ses contre-forts articulés, tout petit, en un seul tas, semblait la carapace vide d'un crabe. Les choses, tout à l'heure saillantes, n'étaient plus que des esquisses ébauchées sur un papier terne. Des becs de gaz s'allumaient çà et là comme des étoiles isolées; dans l'effacement universel, ils prenaient tout le regard. Bientôt des cordons de lumières se sont allongés à perte de vue, et le flamboiement indistinct, fourmillant du Paris populeux a surgi vers l'ouest, tandis qu'au pied des arches, le long des quais, dans les remous, le fleuve, toujours froissé, continuait son chuchotement nocturne.

C'est hier que j'ai eu ce spectacle, et aujourd'hui, à mesure que j'écris, je le revois faiblement, mais je le revois ; les couleurs, les formes, les sons qui m'ont frappé se renouvellent pour moi ou à peu près. Il y avait hier en moi des sensations provoquées par le contact présent des choses et par l'ébranlement présent du nerf. En ce moment, il s'élève en moi des impressions analogues, quoique à distance, malgré l'absence de cet ébranlement et de ce contact, malgré la présence d'autres ébranlements et d'autres contacts. C'est une demi-résurrection de mon expérience ; on pourra employer divers termes pour l'exprimer, dire qu'elle est un arrière-goût, un écho, un simulacre, un fantôme, une *image* de la sensation primitive ; peu importe : toutes ces comparaisons signifient qu'après une sensation provoquée par le dehors et non spontanée, nous trouvons en nous un second événement correspondant, non provoqué par le dehors, spontané, semblable à cette même sensation quoique moins fort, accompagné des mêmes émotions, agréable ou déplaisant à un degré moindre, suivi des mêmes jugements, et non de tous. La sensation se répète, quoique moins distincte, moins énergique, et privée de plusieurs de ses alentours.

Cet effacement est plus ou moins grand, selon les divers esprits, et c'est ce qu'on exprime en disant que les hommes ont plus ou moins de mémoire. Cet effacement est plus ou moins grand pour un même esprit, selon les diverses sortes de sensations, et c'est ce que l'on exprime en disant que tel homme a surtout la mémoire des formes, tel autre celle des couleurs, tel autre celle des sons. — Pour mon compte, par exemple, je n'ai qu'à un degré ordinaire celle des formes, à un degré un peu plus élevé celle des couleurs. Je revois sans difficulté à plusieurs années de distance cinq ou six fragments d'un objet, mais non son contour précis et complet ; je puis retrouver un peu mieux la blancheur d'un sentier de sable dans la forêt de Fontainebleau, les cent petites taches et raies noires dont les brindilles de bois le parsèment, son déroulement tortueux, la rousseur vaguement rosée des bruyères qui le bordent, l'air misérable d'un bouleau rabougri qui s'accroche au flanc d'un roc ; mais je ne puis tracer intérieurement l'ondulation du chemin, ni les saillies de la roche ; si j'aperçois en moi-même l'enflure d'un muscle végétal, ma demi-vision s'arrête là ; au-dessus, au-dessous, à côté, tout est vague ; même dans les résurrections involontaires qui sont les plus vives, je ne suis qu'à demi lucide ; le fragment le plus visible et le plus coloré surgit en moi sans éblouissement ni explosion ; comparé à la sensation, c'est un chuchotement où plusieurs paroles manquent à côté d'une voix articulée et vibrante. La seule chose qui en moi se reproduise intacte et entière, c'est la nuance précise d'émotion, âpre, tendre, étrange, douce ou triste, qui jadis a suivi ou accompagné la sensation extérieure et corporelle ; je puis renouveler ainsi mes peines et mes plaisirs les plus compliqués et les plus délicats, avec une exactitude extrême, et à de très-grandes distances ; à cet égard, le chuchotement incomplet et défaillant a presque le même effet que la voix. — Mais si, au lieu de prendre pour exemple un homme enclin à remarquer surtout les sentiments, on considère des hommes accoutumés à remarquer surtout les couleurs et les formes, on trouvera des images si nettes qu'elles ne différeront pas beaucoup des sensations.

Par exemple, les enfants que l'on habitue à calculer de tête écrivent mentalement à la craie, sur un tableau imaginaire, les chiffres indiqués, puis toutes leurs opérations partielles, puis la somme finale, en sorte qu'au fur et à mesure ils revoient intérieurement les diverses lignes de figures blanches qu'ils viennent de tracer. Les enfants prodiges qui sont des mathématiciens précoces rendent sur eux-mêmes le même témoignage [1]. Le jeune Colborn, qui n'avait jamais été à l'école et ne savait ni écrire ni lire, disait que pour faire ses calculs « il les voyait clairement devant lui ». Un autre déclarait « qu'il voyait les nombres sur lesquels il opérait comme s'ils eussent été écrits sur une ardoise ». — Pareillement on rencontre des joueurs d'échecs qui, les yeux fermés, la tête tournée contre le mur, conduisent une partie d'échecs. On a numéroté les pions et les cases ; à chaque coup de l'adversaire, on leur nomme la pièce déplacée et la nouvelle case qu'elle occupe ; ils commandent eux-mêmes le mouvement de leurs propres pièces, et continuent ainsi pendant plusieurs heures ; souvent ils gagnent, et contre de très-habiles joueurs. Il est clair qu'à chaque coup la figure de l'échiquier tout entier, avec l'ordonnance des diverses pièces, leur est présente, comme dans un miroir intérieur, sans quoi ils ne pourraient prévoir les suites probables du coup qu'ils viennent de subir et du coup qu'ils vont commander.

Un de mes amis, Américain, qui a cette faculté, me la décrit en ces termes : « Quand je suis dans mon

---

[1]. Gall, *Fonctions du cerveau*, tome V, 130.

coin, les yeux contre le mur, je vois *simultanément* tout l'échiquier et toutes les pièces telles qu'elles étaient en réalité au dernier coup joué. Et, au fur et à mesure qu'on déplace une pièce, l'échiquier m'apparaît en entier avec ce nouveau changement. Et lorsque j'ai quelque doute dans mon esprit sur la position exacte d'une pièce, je rejoue mentalement tout ce qui a été joué de la partie, en m'appuyant particulièrement sur les mouvements successifs de cette pièce. Il est bien plus facile de me tromper lorsque je regarde l'échiquier qu'autrement. Au contraire (quand je suis dans mon coin), je défie qu'on m'annonce à faux la marche d'une pièce, sans qu'à un certain moment je m'en aperçoive.... Je vois la pièce, la case et la couleur *exactement* telles que le tourneur les a faites, c'est-à-dire que je vois l'échiquier qui est devant mon adversaire, ou tout au moins j'en ai une représentation exacte, et non pas celle d'un autre échiquier. C'est au point que moi, qui n'ai plus depuis longtemps l'habitude de jouer, je commence toujours, avant d'aller dans mon coin, par bien regarder l'échiquier tel qu'il est au début, et c'est à cette première impression que je me rattache et que je reviens mentalement. » D'ordinaire, il ne voit ni le tapis vert, ni l'ombre des pièces, ni les très-petits détails de leur structure; mais, s'il veut les voir, il le peut. Il a souvent fait des parties d'échecs mentales avec un de ses amis qui avait la même faculté que lui, en se promenant sur les quais et dans les rues. — Comme on s'y attend, une représentation si exacte et si intense se répète ou dure involontairement. « Je n'ai jamais joué une partie d'échecs, dit-il, sans l'avoir rejouée seul quatre ou cinq fois la nuit, dans mon lit, la tête sur l'oreiller.... Dans l'insomnie, lorsque j'ai des chagrins, je me mets à jouer ainsi aux échecs en inventant une partie de toutes pièces, et cela m'occupe ; je chasse ainsi quelquefois les pensées qui m'obsèdent. » — Ce ne sont pas les plus profonds joueurs qui poussent le plus loin ce tour de force. Labourdonnais ne jouait mentalement que deux parties ensemble ; ayant essayé une fois d'en jouer trois, il mourut. « Dans les clubs, il n'est pas rare de voir des joueurs de quatrième force qui se réveillent un beau matin avec cette faculté. » — Quelques joueurs atteignent une étendue et une lucidité d'imagination tout à fait prodigieuses. « Paul Morphy joue huit parties ensemble, et Paulsens en joue vingt ; cela, je l'ai vu de mes yeux. » D'autres images bien plus irrégulières, bien plus nuancées, et, ce semble, bien plus difficiles à rappeler, se présentent avec une précision égale. Certains peintres, dessinateurs ou statuaires, après avoir considéré attentivement un modèle, peuvent faire son portrait de mémoire. Gustave Doré a cette faculté ; Horace Vernet l'avait. Abercrombie cite un peintre [1] qui, de souvenir et sans l'aide d'aucune gravure, copia un martyre de saint Pierre par Rubens, avec une imitation si parfaite que, les deux tableaux étant placés l'un près de l'autre, il fallait quelque attention pour distinguer la copie de l'original.

On peut suivre tous les degrés par lesquels l'image ordinaire atteint ce comble de minutie et de netteté.

---

1. Voir pour ces derniers faits Brierre de Boismont, *Des hallucinations*, 3ᵉ édition, pages 449 et suivantes, 26 et suivantes. — On y trouvera beaucoup d'autres cas analogues. — Et *Annales médico-psychologiques*, 3ᵉ série, II, 295.

Dans une école de dessin à Paris, les élèves exercés à copier de mémoire le modèle absent disent, après quatre mois d'exercice, que « l'image » est maintenant devenue « beaucoup plus distincte, et que, si elle s'en va, ils peuvent maintenant la faire revenir presque à volonté ». — M. Brierre de Boismont [1] s'est appliqué à imprimer en lui la figure d'un de ses amis, ecclésiastique ; à présent, dit-il, « cette représentation mentale est visible pour moi, que mes yeux soient ouverts ou fermés. » L'image lui paraît « extérieure », placée devant lui, « dans la direction du rayon visuel.... Elle a la grandeur et les attributs du modèle ; je distingue ses traits, la coupe de ses cheveux, l'expression de son regard, son costume et tous les détails de sa personne. Je le vois sourire, parler, prêcher ; je note même jusqu'à ses gestes habituels.... L'image est vaporeuse et d'une autre nature que la sensation objective.... mais délimitée, colorée, » et, sauf cette distinction de nature, pourvue de tous les caractères qui appartiennent à la personne réelle, ou, plus exactement, de tous les caractères qui appartiennent à la sensation éprouvée en présence de la personne réelle. — On peut donc affirmer avec certitude que l'événement intérieur que nous appelons sensation et qui se produit en nous lorsque nos nerfs et, par suite, notre cerveau, reçoivent une impression du dehors, se reproduit en nous sans impression du dehors, dans la plupart des cas partiellement, faiblement, vaguement, dans beaucoup de cas avec une netteté et une énergie très-grandes, en certains cas

---

1. *Ibid.*, 449. Et *Éducation de la mémoire pittoresque*, par de Boisbaudran, p. 77 et 83.

avec un détail et une précision presque égaux à ceux de la sensation.

Les sensations de l'ouïe, du goût, de l'odorat, du toucher, et, en général, toutes les sensations, quel que soit le nerf qui, par son ébranlement, les excite, ont aussi leurs images. Chacun de nous peut entendre mentalement un air, et, en certains cas, l'image est bien voisine de la sensation. Tout à l'heure, pensant à une représentation du *Prophète*, je répétais silencieusement en moi-même la pastorale de l'ouverture, et je suivais, j'ose dire, je sentais presque, non-seulement l'ordre des sons, leurs diverses hauteurs, suspensions et durées, non-seulement la phrase musicale répétée en façon d'écho, mais encore le timbre perçant et poignant du hautbois qui la joue, ses notes aigres, tendues, d'une âpreté si agreste, que les nerfs en sursautent, pénétrés d'un plaisir rude comme par la saveur d'un vin trop cru. — Tout bon musicien éprouve à volonté cette impression quand il suit les portées couvertes de leurs signes noirs. Un chef d'orchestre[1], interrogé par M. Buchez, lui répondit que, lisant une partition écrite, « il entendait comme dans son oreille, » non-seulement les accords et leur succession, mais encore le timbre des instruments. A la première lecture, il distinguait le quatuor ; à la seconde et aux suivantes, il ajoutait au quatuor les autres instruments, et à la fin il percevait et appréciait distinctement l'effet d'ensemble. — Les grands musiciens ont à un degré éminent cette audition interne. On sait que Mozart, ayant entendu deux fois le *Miserere* de la Sixtine, le nota tout entier de mémoire. Il était défendu d'en donner

---

1. Brierre de Boismont, *ibid.*, 459

copie, et l'on crut le maître de chapelle infidèle, tant le tour de force était grand [1]. Évidemment, de retour chez lui, à sa table, Mozart avait retrouvé en lui-même, comme dans un écho minutieusement exact, ces lamentations composées de tant de parties et promenées à travers une série d'accords si étranges et si délicats. Lorsque Beethoven, devenu tout à fait sourd, composa plusieurs de ses grandes œuvres, les combinaisons de sons et de timbres que nous admirons en elles aujourd'hui lui étaient présentes. Il fallait bien qu'elles lui fussent présentes, puisque, d'avance et avec une exactitude rigoureuse, il en mesurait l'effet.

II. La ressemblance extrême de l'image et de la sensation devient plus visible encore si l'on considère des circonstances où l'image prend un degré supérieur d'intensité. — Un premier excitant est le voisinage immédiat de la sensation. Lorsqu'on a écouté un beau timbre plein et frappant, par exemple une note haute et prolongée de violoncelle, une note moyenne et prolongée de clarinette ou de cor, si tout d'un coup ce son cesse, on continue pendant quelques secondes à l'entendre mentalement, et quoique, au bout de quelques secondes, son image s'affaiblisse et s'obscurcisse, on continue, pour peu que le plaisir ait été vif, à la répéter intérieurement avec une justesse singulière, sans laisser échapper presque aucune parcelle de son velouté et de son mordant. Pareillement, si l'on ferme les yeux après avoir regardé avec attention un

---

[1]. Il faut avoir entendu soi-même ce *Miserere* pour apprécier l'ampleur et la précision d'une telle mémoire musicale.

objet quelconque, une figure dans une estampe, un dos de livre dans une bibliothèque, la perception, devenue intérieure, persiste presque pendant une seconde, puis disparaît, puis se renouvelle en mollissant, puis se trouble et défaille tout à fait, sans rien laisser d'elle-même qu'un contour vague, et les pertes qu'a subies l'image témoignent, par contraste, de la force qu'elle avait au premier moment. Il en est de même après une odeur, une saveur, une impression de froid, de chaud, de douleur locale, et le reste. — Si la sensation, au lieu de précéder, va suivre, l'effet est le même. Un gourmand assis devant un bon plat, dont il respire les émanations et dans lequel il plonge déjà sa fourchette, en sent d'avance le goût exquis, et les papilles de sa langue deviennent humides; l'image de la saveur attendue équivaut à la sensation de la saveur présente; la ressemblance va si loin que, dans les deux cas, les glandes salivaires suintent au même degré. C'est pourquoi, quand un physiologiste veut se procurer pour une expérience une grande quantité de salive, il lie un chien affamé à deux pieds d'un morceau de viande, et recueille ce que la saveur, toujours espérée et toujours absente, a dégorgé de liquide le long des joues de son patient. Par un effet analogue et contraire, une chose dégoûtante qu'on est contraint de manger provoque le vomissement par la simple image de sa saveur, et avant de toucher les lèvres. Pareillement encore, une personne chatouilleuse que l'on menace de chatouiller, et qui voit la main s'approcher d'elle, imagine si fortement sa sensation prochaine, qu'elle en a des attaques de nerfs, les mêmes attaques que si la sensation avait eu lieu. Beaucoup de gens qui vont subir une opération chirurgicale sentent par avance l'élancement de douleur qui suivra la première entaille, suent et pâlissent à cette seule pensée, parfois aussi fortement que sous la scie et sous le couteau. Une dame [1] qui croyait respirer du protoxyde d'azote et n'avait sous le nez qu'un flacon d'air ordinaire, tomba en syncope. — Ces exemples montrent de plus que, pour fortifier l'image, l'importance de la sensation est un second stimulant aussi efficace que la proximité de la sensation. Un voyageur vit en Abyssinie [2] un de ses hommes déchiré par un lion ; plusieurs années après, quand il pensait à cet événement, il entendait en lui-même les cris du malheureux, « et il éprouvait la sensation d'un fer aigu qui lui entrait dans l'oreille. » Un grand nombre de mystiques [3] se sont représenté la passion de Jésus-Christ avec une telle force, qu'ils ont cru ressentir dans leur chair la déchirure et la douleur des cinq plaies du Sauveur. — Chacun connaît la puissance de l'image, surtout quand elle est étrange ou terrible, dans un esprit surexcité et prévenu : elle est prise pour une sensation, et l'illusion est complète. Des enfants et même des hommes sont tombés évanouis en présence d'un mannequin ou même d'un drap qu'ils croyaient un fantôme. Revenus à eux, ils affirmaient qu'ils avaient vu des yeux flamboyants, une gueule ouverte. — Dans tous les cas, du moins pendant un instant, l'image n'a pas différé de la sensation correspondante, et c'est seulement au bout d'un temps long ou court que, dans l'apaisement du souvenir,

---

1. Mueller, *Manuel de physiologie*, II, 545.
2. Brierre de Boismont, *Des hallucinations*, 468.
3. Maury, *La magie, l'astrologie*, etc., 2ᵉ partie, chap III, *passim*.

pa. l'examen des circonstances, l'homme trompé a reconnu qu'il s'était trompé.

III. Jusqu'ici, nous avons vu l'image se rapprocher de la sensation, acquérir la même netteté, la même abondance de détails minutieux et circonstanciés, la même énergie, parfois aussi la même persistance, fournir la même base aux combinaisons supérieures et aux raisonnements ultérieurs, provoquer les mêmes impressions et les mêmes actions instinctives, organiques et musculaires, bref avoir les mêmes propriétés, les mêmes accompagnements et les mêmes suites que la sensation, sans pourtant être confondue tout à fait et définitivement avec elle. En effet, il reste un caractère qui l'en distingue : nous la reconnaissons promptement comme intérieure ; nous nous disons, du moins au bout d'un instant, que la chose ainsi vue ou sentie n'est qu'un fantôme, que notre ouïe, notre vue, notre goût, notre odorat n'éprouvent aucune sensation réelle. Nous ne sommes pas hallucinés ; nous ne disons pas comme les malades [1] : « J'ai vu, j'ai entendu aussi distinctement que je vous vois, que je vous entends... Je vous assure que ce que j'ai vu est aussi clair que le jour ; il faut, si j'en doute, que je doute que je vois et que je vous entends. »

Pour expliquer une différence si grave, il faut observer de près en quoi consiste la reconnaissance d'une illusion. Il y a deux moments dans la présence de l'image : l'un affirmatif, l'autre négatif, le second restreignant en partie ce qui a été posé dans le premier. Si l'image est très-précise et très-intense, ces

---

[1]. Baillarger, *Des hallucinations*, 374.

deux moments sont distincts : au premier moment, elle semble extérieure, située à telle distance de nous quand il s'agit d'un son ou d'un objet visible, située dans notre palais, notre nez, nos membres quand il s'agit d'une sensation d'odeur, de saveur, de douleur ou de plaisir local. « Les actes de conception et d'imagination [1], dit très-bien Dugald Stewart, sont toujours accompagnés d'une croyance (au moins momentanée) à l'existence réelle de l'objet qui les occupe... Il y a très-peu d'hommes qui puissent regarder en bas du haut d'une tour très-élevée sans éprouver un sentiment de crainte. Et cependant leur raison les convainc qu'ils ne courent pas plus de risque que s'ils étaient à terre sur leurs pieds. » En effet, quand le regard plonge tout d'un coup jusqu'au sol, nous nous imaginons subitement transportés et précipités jusqu'en bas, et cette seule image nous glace, parce que, pour un instant imperceptible, elle est croyance ; nous nous rejetons instinctivement en arrière, comme si nous nous sentions tomber en effet. Il faut donc admettre « que les objets imaginaires, lorsqu'ils absorbent l'attention, produisent, *pendant ce temps-là*, la persuasion de leur existence réelle ». C'est pourquoi les personnes qui ont des images très-vives emploient, pour les exprimer, les mêmes mots que pour désigner les sensations elles-mêmes, et, pendant quelques secondes, prennent leurs images pour des sensations. « J'entendis une fois, dit Lieber, un prédicateur, homme de couleur, décrire les tourments de l'enfer. Avec une certaine éloquence, il passait de la description d'une torture à celle d'une autre ; à la

---

[1]. D. Stewart, *Philosophie de l'esprit humain*, I, 107.

fin, emporté par une émotion insurmontable, il ne put émettre, pendant plus d'une minute, qu'une succession de cris ou sons inarticulés [1]. » Évidemment, pendant cette minute, sa vision mentale avait tous les caractères d'une vision physique ; il avait devant lui son enfer imaginaire comme un enfer réel, et il croyait à ses fantômes du dedans comme à des objets du dehors. « Mes personnages imaginaires, m'écrit le plus exact et le plus lucide des romanciers modernes, *m'affectent*, me poursuivent, ou plutôt c'est moi qui suis en eux. Quand j'écrivais l'empoisonnement d'Emma Bovary, j'avais si bien *le goût d'arsenic dans la bouche*, j'étais si bien empoisonné moi-même, que je me suis donné deux indigestions coup sur coup, deux indigestions très-réelles, car j'ai vomi tout mon dîner. »

Un peintre anglais [2], dont la célérité était merveilleuse, expliquait de même son procédé : « Lorsqu'un modèle se présentait, je le regardais attentivement pendant une demi-heure, esquissant de temps en temps ses traits sur la toile. Je n'avais pas besoin d'une plus longue séance ; j'enlevais la toile et je passais à une autre personne. Lorsque je voulais continuer le premier portrait, je prenais l'homme dans mon esprit, je le mettais sur la chaise, où je l'apercevais aussi distinctement que s'il y eût été en réalité, et, je puis même ajouter, avec des formes et des couleurs plus arrêtées et plus vives. Je regardais de temps en temps la figure imaginaire et je me mettais à peindre ; je suspendais mon travail pour examiner

---

1. *Smithsonian Institute*, tome II, p. 9.
2. Brierre de Boismont, *ibid.*, 28.

CH. I. NATURE ET RÉDUCTEURS DE L'IMAGE 91

la pose, absolument comme si l'original eût été devant moi. Toutes les fois que je jetais les yeux sur la chaise, je voyais l'homme. » Il est clair que, pendant plusieurs minutes de suite, il prenait la figure imaginaire pour une figure réelle. En effet, l'erreur qui d'abord était passagère devint durable. « Peu à peu, dit-il, je commençai à perdre la distinction de la figure imaginaire et de la figure réelle, et quelquefois je soutenais aux modèles qu'ils avaient déjà posé la veille. A la fin, j'en fus persuadé ; puis tout devint confusion... Je perdis l'esprit, et je demeurai trente ans dans un asile. » Au sortir de l'asile, il avait conservé la même faculté de peindre un portrait d'après l'image intérieure du modèle ; mais on l'empêcha de travailler, par crainte du même accident.

Le joueur d'échecs dont j'ai parlé m'écrit encore : « Je ne songe jamais à établir une différence entre l'échiquier qui est dans mon esprit et l'autre. Pour moi, c'est tout un ; ce serait par un autre effort de raisonnement, dont l'utilité ne se fait jamais sentir, que j'arriverais à établir une différence. » Ainsi, tant qu'il joue, l'échiquier mental est pris par lui pour l'échiquier extérieur. — En d'autres cas, ceux-ci maladifs ou presque maladifs, on voit aussi l'image acquérir l'extériorité complète et définitive. « Dernièrement, dit M. Maury[1], mes yeux avaient été frappés par un plat de cerises les plus vermeilles et qui étaient servies sur ma table. Quelques instants après mon dîner, le temps étant devenu orageux et l'atmosphère fort oppressive, je sentis que le sommeil allait me gagner, mes yeux se fermaient; j'avais alors les cerises à la

---

1. *Du sommeil*, 3ᵉ édition, 240.

pensée; je vis alors, dans une hallucination hypnagogique, ces mêmes cerises vermeilles, et elles étaient placées dans la même assiette de faïence verte sur laquelle elles avaient paru à mon dessert. Ici il y avait eu transformation directe de la pensée en sensation. »
— Plusieurs exemples de transformations semblables sont cités par les aliénistes [1]. « Un jeune épileptique, dont chaque accès était précédé par l'apparition d'une roue dentée au milieu de laquelle se trouvait une figure horrible, assurait d'avoir l'empire de commander à ses hallucinations. Il s'amusait à concevoir la présence d'un objet bizarre, et, à peine formé dans son imagination, cet objet se traduisait fidèlement à ses yeux.... J'ai moi-même recueilli un cas de ce genre.... chez un monomaniaque, homme d'un esprit fort cultivé et d'un caractère plein de sincérité, qui m'a assuré à plusieurs reprises qu'il n'avait qu'à se rappeler ou à concevoir une personne ou une chose, pour qu'aussitôt cette chose ou cette personne lui parussent douées d'une apparence d'extériorité. »

Il n'y a pas même besoin d'être malade ou sur le bord du sommeil pour assister à la métamorphose par laquelle l'image se projette ainsi à demeure dans le dehors. « Un de mes amis, dit Darwin [2], avait un jour regardé fort attentivement, *la tête inclinée*, une petite gravure de la Vierge et de l'enfant Jésus. En se relevant, il fut surpris d'apercevoir, à l'extrémité de l'appartement, une figure de femme, de grandeur natu-

---

1. *Annales médico-psychologiques*, 3ᵉ série, II, 389, 390, M. Michéa. — Divers exemples recueillis par Abercrombie, M. Moreau, Maisonneuve, etc. — Voyez aussi Baillarger, *Des hallucinations*, tome XII, *Mémoires de l'Académie de médecine*, 250.
2. Brierre de Boismont, *ibid.*, 438.

relle, avec un enfant dans les bras. Le premier sentiment de surprise passé, il remonta à la source de l'illusion, et remarqua que la figure correspondait exactement à celle qu'il avait vue dans la gravure. L'illusion persista deux minutes [1]. » Gœthe pouvait à volonté se donner l'illusion complète. « Lorsque je ferme les yeux, dit-il, et que *je baisse un peu la tête*, je fais apparaître une fleur au milieu du champ de la vision ; cette fleur ne conserve pas sa première forme, elle s'ouvre, et de son intérieur sortent de nouvelles fleurs, formées de feuilles colorées et quelquefois vertes. Ces fleurs ne sont pas naturelles, mais fantastiques, quoique symétriques comme des rosettes de sculpteur. Je ne puis fixer une forme, mais le développement de nouvelles fleurs continue aussi longtemps que je le désire, sans variation dans la rapidité des changements. La même chose m'arrive quand je me représente un disque nuancé. Ses différentes couleurs subissent des changements constants qui s'étendent progressivement du centre à la circonférence,

---

1. *Traité des maladies mentales*, par Griesinger, traduit par Doumic, page 104.

« Quelques observateurs peuvent volontairement provoquer leurs hallucinations ; c'est-à-dire que des idées existant à l'état de conscience et qu'ils fixaient vivement faisaient entrer en action les fonctions sensorielles. Un individu qui avait des hallucinations de l'ouïe avait remarqué qu'il pouvait lui-même provoquer les voix ; il disait ensuite que cela l'aidait en partie à reconnaître son erreur... M. Sandras parle d'hallucinations qu'il a eues lui-même dans une maladie, pendant laquelle il prenait ses propres pensées et ses désirs pour des voix. Ces voix lui répondaient à ses questions mentales comme une deuxième personne, mais toujours dans le sens de ses désirs. »

« Nous considérons les phénomènes de l'imagination comme étant une des fonctions des appareils sensitifs internes et qui diffère des autres seulement par l'intensité. »

exactement comme les changements du kaléidoscope moderne. » — Enfin, non-seulement en pleine santé, mais encore avec l'exercice complet et par l'exercice même de la volonté, des hallucinations, c'est-à-dire des projections dans le dehors de la simple image mentale, ont été produites. « Un aliéniste allemand, le Dr Brosius de Bendorf, raconte avoir produit à volonté sa propre image qui posa devant lui pendant quelques secondes, mais s'évanouit immédiatement quand il essaya de reporter sa pensée sur son existence personnelle [1]. »

Ces cas extrêmes montrent par leur exagération la nature de l'état normal. De même qu'en disséquant des estomacs hypertrophiés on a pu démêler la disposition des fibres musculaires, invisibles dans les estomacs sains, de même, en considérant ces illusions prolongées pendant des secondes, des minutes, parfois davantage, on constate l'illusion fugitive qui accompagne les images ordinaires, mais qui est si rapide, si courte, si instantanée, que, directement, nous ne pouvons l'isoler et l'observer. — Elle n'en est pas moins réelle, et la simple analyse des mots que nous employons pour désigner l'image témoigne de la double opération qui la forme. Nous disons que cette image, fantôme de l'ouïe ou de la vue, saveur ou odeur apparente, qui nous semble située à tel endroit de nos organes ou du dehors, nous semble *à tort* avoir

---

1. *Annales médico-psychologiques, ibid.* — J'ai eu moi-même, à la vérité dans un rêve, une vision semblable (nov. 1869). A la suite d'un songe trop long pour être raconté, ma propre figure m'est apparue, assise dans un fauteuil, près d'une table, avec une robe de chambre blanche à raies noires ; elle s'est tournée vers moi, et l'effroi a été si grand que je me suis réveillé en sursaut.

cette situation, qu'elle n'est point dans le dehors, mais *intérieure*. Cette phrase même indique la reconnaissance et la correction d'une erreur, partant une erreur préalable ; au premier moment, nous nous étions trompés, puisque au second moment nous découvrons que nous nous étions trompés. Les deux opérations, qui sont l'illusion et son redressement, sont si promptes qu'elles se confondent en une seule. Mais supprimez le redressement ; la première, qui est l'illusion, subsistera seule, et sa persistance inaccoutumée après la dissolution du couple manifestera sa présence fugitive dans le couple intact.

IV. Cela nous conduit à considérer des cas où le redressement ne puisse se faire. Ce qui le produit d'ordinaire, c'est la présence d'une sensation contradictoire. Quand le joueur d'échecs imagine à deux pas, en face de lui, un échiquier noir et blanc, et qu'un instant après ses yeux ouverts lui donnent à la même distance et dans la même direction la sensation d'un mur gris ou jaune, la sensation et l'image ne peuvent subsister ensemble. Quand le romancier imaginait dans sa bouche le crépitement de l'arsenic mâché et « cet affreux goût d'encre » que laisse le poison, si, un instant après, il avait sur la langue une gorgée de vin ou un morceau de sucre, la sensation réelle et la sensation imaginée s'excluaient l'une l'autre, et l'illusion momentanée causée par l'image disparaissait sous l'ascendant de la sensation. C'est ainsi que le plus souvent l'erreur fugitive, attachée pour un instant à la présence de l'image, disparaît presque au même instant et sans intervalle appréciable par le choc antagoniste de la sensation réelle. —

Cherchons donc un cas dans lequel la sensation disparaisse et soit comme absente; on en trouve un dans la rêverie qui précède le sommeil [1]. Les sensations produites en nous par le monde extérieur s'effacent alors par degrés; à la fin, elles semblent suspendues, et les images, n'étant plus distinguées des sensations, deviennent des hallucinations complètes. M. Maury, en se faisant éveiller de temps en temps, a pu en noter un grand nombre. Par exemple, une fois il est brusquement rappelé à lui; « je venais de voir très-distinctement, dit-il, mon nom sur une feuille de papier blanc, éclatante comme le plus satiné des papiers anglais. » Il se remet dans sa bergère. « Ma tête s'affaissait à peine que mon hallucination était déjà revenue; mais cette fois ce n'était plus mon nom que j'avais lu : c'étaient des caractères grecs, des mots mêmes, que j'épelais machinalement et presque par un remuement des lèvres. Plusieurs jours de suite, j'eus, soit dans mon lit, soit dans mon fauteuil, des hallucinations semblables ou des rêves véritables, dans lesquels je lisais des caractères orientaux. Cette lecture fugitive de quelques mots était toujours accompagnée d'un sentiment de fatigue dans les yeux.... Une fois surtout, je vis des caractères sanscrits, disposés en colonnes suivant la classification des grammairiens, et ces lettres avaient un relief et un brillant qui me fatiguaient. Notez ici que j'avais, depuis quelques jours, lu beaucoup de grammaires de langues

---

[1]. Maury, *Annales de la Société médico-psychologique*, 3ᵉ série, tome III, 161; et *Du sommeil et des rêves*, 3ᵉ édition, chap. IV. — M. Maury a montré le premier, par une série d'expériences bien suivies, la proche parenté de la sensation, du souvenir, de l'image et de l'hallucination.

CHAP. I. NATURE ET RÉDUCTEURS DE L'IMAGE

asiatiques et que la fatigue de mes yeux était en partie l'effet de cette lecture prolongée. » Non-seulement ici nous voyons l'image qui est devenue hallucination [1], mais nous la voyons en train de devenir telle. Nous pouvons assister au retranchement progressif de la sensation qui la contredisait, à la suppression du redressement qui la déclarait intérieure, à l'accroissement de l'illusion qui nous fait prendre le fantôme pour un objet réel [2].

Je connais cet état par mon expérience propre, et j'ai répété l'observation un très-grand nombre de fois, surtout pendant le jour, étant fatigué, et assis dans un fauteuil ; il me suffit alors de boucher un œil avec un foulard ; peu à peu, le regard de l'autre œil devient vague, et cet œil se ferme. Par degrés, toutes les sensations extérieures s'effacent, ou du moins cessent d'être remarquées ; au contraire, les images intérieures, faibles et rapides pendant la veille complète, deviennent intenses, distinctes, colorées, paisibles et durables ; c'est une sorte d'extase accompagnée de détente générale et de bien-être. Averti par une expérience fréquente, je sais que le sommeil va venir et qu'il ne faut point déranger la vision naissante ; je m'y laisse aller ; au bout de quelques minutes, elle est complète. Des architectures, des paysages, des figures agissantes, défilent lentement, et parfois persistent, avec une netteté de formes et une plénitude d'être

---

1. Brierre de Boismont, *ibid.*, 160. Mlle R., après une série d'hallucinations, « caractérise très-nettement l'état dont elle est sortie. Elle ne peut, me dit-elle, mieux le comparer qu'à un mauvais rêve. » — Beaucoup d'hallucinés font, après leur guérison, des déclarations semblables. — L'analogie du rêve et de l'hallucination est certaine. Voyez Maury, *ibid.*, chap. vi.

2. Mueller, *Manuel de physiologie*, II, 547.

incomparables ; le sommeil est venu, je ne sais plus rien du monde réel où je suis. Plusieurs fois, comme M. Maury, je me suis fait éveiller doucement, à différents moments de cet état, et de cette façon j'en ai pu remarquer les caractères. — L'image intense qui semble un objet extérieur n'est qu'une continuation plus forte de l'image faible qu'un instant auparavant je reconnaissais comme intérieure ; tel bout de forêt, telle maison, telle personne que j'imaginais vaguement en fermant les yeux, m'est, en une minute, devenue présente avec tous ses détails corporels, jusqu'à se changer en hallucination complète [1]. Puis, en m'éveillant sous la main qui me touche, je sens la figure s'effacer, se décolorer, s'évaporer ; ce qui m'avait paru une substance se réduit à une ombre. Maintes fois j'ai assisté ainsi tour à tour à l'achèvement qui fait de l'image simple une hallucination, et à la dégradation qui fait de l'hallucination une image simple. — Dans ce double passage, on peut noter les différences et découvrir les conditions des deux états.

Nous approchons du sommeil. A mesure que l'image devient plus intense, elle devient à la fois plus absorbante et plus indépendante. D'un côté, elle prend peu à peu pour elle toute l'attention ; les bruits et les contacts extérieurs deviennent de moins en moins sensi-

---

1. Maury, *Du sommeil*, 3⁰ édition, p. 448 et 453. Nombreux exemples cités à l'appui :

« Dès que l'esprit s'arrête sur une idée, une hallucination hypnagogique correspondante se produit, si l'œil vient à se fermer... L'état d'hallucination n'est qu'un ravivement de l'idée-image dû à ce que les parties internes des appareils sensoriaux devenus plus délicats et plus facilement excitables subissent par l'opération de la conception une répercussion cependant de même nature que celle qui accompagne la pensée. »

bles ; à la fin, ils sont comme s'ils n'étaient pas. D'autre part, elle surgit et persiste d'elle-même ; il nous semble que nous ne sommes plus producteurs, mais spectateurs ; ses transformations sont spontanées, *automatiques* [1]. Au maximum de l'attention et de l'automatisme, l'hallucination est parfaite, et c'est justement la perte de ces deux caractères qui la défait. — Nous approchons du réveil. D'un côté, au léger contact de la main qui nous réveille, une partie de notre attention se reporte vers le dehors. D'autre part, la mémoire revenant, les images et les idées renaissantes enveloppent l'image par leur cortége, entrent en conflit avec elle, lui imposent leur ascendant, la tirent de sa vie solitaire, la ramènent à la vie sociale, la replongent dans sa dépendance habituelle. Ce tiraillement et ce combat font l'étourdissement du réveil, et ce qu'on appelle la veille raisonnable n'est que l'équilibre rétabli.

L'image ordinaire n'est donc pas un fait simple, mais double. Elle est une sensation spontanée et consécutive, qui, par le conflit d'une autre sensation non spontanée et primitive, subit un amoindrissement, une restriction et une correction. Elle comprend deux moments, le premier où elle semble située et extérieure, le second où cette extériorité et cette situation lui sont ôtées. Elle est l'œuvre d'une lutte ; sa tendance à paraître extérieure est combattue et vaincue par la tendance contradictoire et plus forte de la sensation que le nerf ébranlé a suscitée au même instant. Sous cet effort, elle s'affaiblit, elle s'atténue, elle n'est plus qu'une ombre ; nous l'appelons image, fantôme,

---

1. Mot de M. Baillarger.

apparence, et, si vive ou si claire qu'elle puisse être, il suffit de cette négation qui lui est jointe pour la vider de sa substance, pour la déloger de son emplacement apparent, pour la distinguer de la vraie sensation.

Mais supposez le cas inverse : admettez que dans la veille aussi bien que dans le sommeil, et par exemple dans l'extase ou dans la fougue de l'action, cette sensation, malgré l'ébranlement du nerf, soit absente ou comme absente, c'est-à-dire non remarquée, annulée par la présence et la prépondérance d'une autre idée, image ou sensation. Des exemples pareils ne sont pas rares. Au bombardement de Saint-Jean d'Ulloa, une volée de boulets mexicains arrive dans la batterie d'un navire français ; un matelot crie : « Rien, tout va bien. » Une seconde après, il s'affaisse évanoui : un boulet lui avait fracassé le bras ; dans le premier moment, il n'avait rien senti [1]. — Pareillement, dans un état plus calme, cherchons une sensation ou fragment de sensation qui soit anéanti et ne puisse plus contredire l'image. L'image paraîtra alors située et extérieure ; et, quoique déclarée illusoire par les idées environnantes, elle continuera à paraître située et extérieure, parce que la sensation qui seule pourrait lui ôter ce caractère manque ou est comme si elle n'était pas. L'hallucination alors est complète, et ce qui la constitue, c'est l'annulation de la sensation ou du fragment de sensation qui seule pourrait la réduire. — Quand un halluciné, les yeux ouverts, voit à trois pas une figure absente et qu'il y a devant lui un simple mur tapissé de papier gris à bandes vertes, la figure

---

[1]. Ce fait m'a été raconté par un témoin oculaire.

en couvre un morceau qu'elle rend invisible ; les sensations que devrait provoquer ce morceau sont donc nulles ; cependant la rétine et probablement les centres optiques sont ébranlés à la façon ordinaire par les rayons gris et verts ; en d'autres termes, l'image prépondérante anéantit la portion de sensation qui la contredirait. Si, comme il arrive souvent, le fantôme se meut, l'image prépondérante, à mesure qu'elle avance et couvre une autre portion du mur, efface et laisse reparaître tour à tour des fragments distincts de sensation. Ce n'est pas alors la raison qui manque ; car souvent dans cet état l'esprit reste sain et le malade sait que la figure n'est pas réelle ; c'est le *réducteur spécial*, à savoir la sensation contradictoire, qui, dans ce conflit, subit elle-même l'effacement au lieu d'ôter à son adversaire l'extériorité.

Des accidents de ce genre sont fréquents après de grandes fatigues d'un sens [1]. « On sait que les personnes qui se servent habituellement du microscope voient quelquefois reparaître spontanément, plusieurs heures après qu'elles ont quitté leur travail, un objet qu'elles ont examiné très-longtemps. » M. Baillarger, ayant préparé, pendant plusieurs jours et plusieurs heures chaque jour, des cerveaux avec de la gaze fine, « vit tout à coup la gaze couvrir à chaque instant les objets qui étaient devant lui... et cette hallucination se reproduisit pendant plusieurs jours. » Il est clair qu'ici le réducteur spécial manquait ; en d'autres termes, la rétine ayant en face d'elle un tapis vert ou un fauteuil rouge, certaines lignes de vert ou de rouge, tout en produisant sur elle leur impression physique

---

[1]. Baillarger, *Mémoire sur les hallucinations*, 460.

accoutumée, n'excitaient qu'une sensation nulle. C'est pourquoi un physiologiste allemand, qui a fort bien observé ses propres hallucinations, Gruithuisen [1], affirme qu'il a vu les images flottantes *couvrir* les meubles de l'appartement dans lequel il se trouvait.

D'autres cas montrent le rétablissement partiel de la sensation correctrice. Un halluciné cité par Walter Scott « apercevait un squelette au pied de son lit. Le médecin, voulant le convaincre de son erreur, se plaça entre le malade et le point assigné à la vision. L'halluciné prétendit alors qu'il ne voyait plus le corps du squelette, mais que la tête était encore visible au-dessus du corps du médecin. » C'est pourquoi la solitude, le silence, l'obscurité, le manque d'attention, toutes les circonstances qui suppriment ou diminuent la sensation correctrice, facilitent ou provoquent l'hallucination; et, réciproquement, la compagnie, la lumière, la conversation, l'éveil de l'attention, toutes les circonstances qui font naître ou qui accroissent la sensation correctrice, détruisent ou affaiblissent l'hallucination [2]. « Si l'on s'approche d'un malade en proie à des hallucinations de l'ouïe et qu'on lui parle de manière à fixer son attention, on peut se convaincre que ses prétendus interlocuteurs invisibles se taisent pendant le temps que dure la conversation... » Un malade, observé par M. Lélut à l'hospice de Bicêtre, « cessait d'avoir ses hallucinations quand on le changeait de

1. Baillarger, *ibid.*, 334-335.
2. *Ibid.*, 440. Et Brierre de Boismont, ouvrage cité, 388.

« Ces apparitions nocturnes que, le jour, je nommais de sottes illusions, le soir redevenaient pour moi d'effrayantes réalités. »

242. « Constamment l'entrée de la servante la débarrassait de la présence de ses fantômes. »

salle et de voisins ; mais cette suspension ne durait guère que quelques jours ; l'halluciné, habitué bientôt aux conditions nouvelles dans lesquelles il se trouvait, retombait dans ses fausses perceptions... Chez tel halluciné, il faut des impressions très-vives et qui se succèdent sans interruption, pour tenir quelques instants les hallucinations suspendues. A peine le malade est-il abandonné à lui-même, à peine a-t-on cessé de l'exciter, que le phénomène se reproduit. Chez d'autres, au contraire, la seule arrivée du médecin dans la salle suffit pour produire une assez longue suspension. » — Quand M. Baillarger vit les objets se couvrir de gaze, « c'était, dit-il, surtout dans l'obscurité et quand je cessais d'appliquer mon esprit [1]. » Le même observateur, ayant pris du haschich, ne pouvait faire disparaître ses hallucinations s'il restait dans l'obscurité ; il était obligé d'allumer une lumière. — Divers malades, qui dans les ténèbres voient des figures effrayantes, des agonisants, des cadavres, sont délivrés de leurs visions sitôt qu'on allume un flambeau dans leur chambre. Une dame qui est dans ce cas est obligée depuis vingt ans d'avoir chez elle de la lumière, quand elle s'endort. Une ancienne domestique, la fille G..., « sitôt qu'elle ferme les yeux, voit des animaux, des prairies, des maisons, etc. Il m'est arrivé plusieurs fois de lui abaisser moi-même les paupières, et aussitôt elle me nommait une foule d'objets qui lui apparaissaient. » Il suffit à certaines personnes d'être dans une chambre obscure pour avoir des hallucinations. « Il n'est pas rare, dit Mueller [2], qu'on se sur-

---

1. *Ibid.*, 445-446, 328-329-330.
2. Mueller, *ibid.*, I, 547.

prenne ayant alors dans les yeux des images claires de paysages ou d'autres objets semblables. J'ai été fort sujet à ce phénomène, mais j'ai contracté l'habitude, toutes les fois qu'il se représente, d'ouvrir les yeux sur-le-champ et de les diriger sur la muraille. Les images persistent encore quelque temps et ne tardent pas à pâlir; on les voit là où l'on tourne la tête. » Ici le remède est visible : c'est l'éveil d'une sensation contradictoire ; le fantôme pâlit et perd son extériorité, à mesure que la sensation de couleur excitée par le mur devient plus nette et plus prépondérante. — Et le remède est général ; toute secousse reporte l'attention sur les sensations réelles ; un bain froid, une douche, l'arrivée d'un personnage imposant ou inattendu les tire de leur effacement et de leur nullité, les rétablit plus ou moins et pour un temps plus ou moins long, et par suite ranime avec elles la sensation particulière qui est le réducteur spécial de l'illusion.

Dans l'été de 1832, « un gentleman de Glascow, d'habitudes dissipées [1], fut saisi du choléra, mais guérit. La guérison ne fut accompagnée de rien de particulier, excepté la présence de fantômes de trois pieds de haut environ, proprement habillés de jaquettes couleur de pois verts et de culottes de la même couleur. Cette personne, étant d'un esprit supérieur et connaissant la cause des illusions, n'en prit aucune inquiétude, quoiqu'elle en fût souvent hantée. A mesure que ses forces revenaient, les fantômes apparaissaient moins fréquemment et diminuaient de grandeur, jusqu'à ce que, à la fin, ils ne furent pas plus grands que son doigt. Une nuit qu'il était assis seul,

---

[1]. Macnish, *Philosophy of sleep*, 290.

une multitude de ces Lilliputiens parurent sur la table et l'honorèrent d'une danse. Mais, comme il était occupé ailleurs et point d'humeur à jouir d'un tel amusement, il perdit patience, et, frappant rudement sur la table, il s'écria avec une violente colère : « Allez à vos affaires, impudents petits coquins ! Que diable faites-vous ici ? » Toute l'assemblée disparut à l'instant, et il n'en fut jamais incommodé. » — La maladie touchait à son terme, et tout d'un coup le vif mouvement de colère et la violente sensation du coup de poing rendirent leur prépondérance normale aux sensations visuelles que les portions de la table couverte par les Lilliputiens auraient dû donner et ne donnaient plus [1].

D'autres cas montrent avec plus de détail la manière dont la sensation correctrice quitte les coulisses et rentre en scène [2]. Le libraire et académicien Nicolaï venait d'avoir de grands chagrins, et l'une des deux saignées qu'on lui faisait tous les ans avait été omise. « Le 24 février 1791, dit-il, à la suite d'une vive altercation, j'aperçus tout d'un coup, à la distance de dix pas, une figure de mort... L'apparition dura huit minutes. A quatre heures de l'après-midi, la même vision se reproduisit... A six heures, je distinguai plusieurs figures qui n'avaient aucun rapport avec la première... Le lendemain, la figure de mort disparut ; elle fut remplacée par d'autres figures représentant parfois des amis, le plus souvent des étrangers... Ces visions étaient aussi claires et aussi distinctes dans la solitude qu'en compagnie, le jour que la nuit, dans les rues

---

1. Voy. note 2 à la fin du volume.
2. Brierre de Boismont, *ibid.*, 33. Récit de Nicolaï.

que dans ma maison ; *elles étaient seulement moins fréquentes quand j'étais chez les autres.* » C'étaient des hommes et des femmes qui marchaient d'un air affairé, puis des gens à cheval, des chiens, des oiseaux ; il n'y avait rien de particulier dans leurs regards, leurs tailles, leurs habillements ; « seulement ces figures paraissaient *un peu plus pâles* que d'ordinaire [1]. » Au bout de quatre semaines, leur nombre augmenta ; elles commencèrent à parler entre elles, à lui adresser la parole, et le plus souvent de *petits discours agréables.* Il distinguait fort bien ces hallucinations involontaires des images volontaires. Quand certaines figures de sa connaissance avaient ainsi passé devant lui, il essayait mentalement et de parti pris de les reproduire. « Mais, dit-il, tout en voyant distinctement dans mon esprit deux ou trois d'entre elles, je ne pus réussir à rendre extérieure l'image intérieure... Au contraire, quelque temps après, je les apercevais de nouveau quand je n'y pensais plus. » — C'est que le réducteur spécial manquait dans l'hallucination ; au contraire, il agissait dans l'attention ordinaire et par cela seul que cette attention était ordinaire. Dans le premier cas, l'image, qui surgissait d'elle-même, spontanément, sans liaisons ni précédents visibles, avec

---

1. M. Brierre de Boismont (*ibid.*, 240) cite le récit d'une autre personne qui, pendant une pneumonie, eut des hallucinations semblables, en gardant, comme Nicolaï, toute sa raison.

« Quelquefois les figures se montraient tout d'un coup ; mais le plus souvent elles ne se distinguaient que dans un second temps, comme si elles eussent traversé un nuage avant de se faire voir dans tout leur éclat. Chaque figure restait visible cinq ou six secondes, puis disparaissait en s'affaiblissant par degrés, jusqu'à ce qu'il ne restât plus qu'une vapeur opaque, sombre, au milieu de laquelle se dessinait immédiatement une autre figure. »

une puissance toute personnelle et automatique, annulait le réducteur spécial : dans le second cas, l'image, qui surgissait par un effort du groupe équilibré d'idées et de désirs que nous appelons nous-mêmes, laissait le réducteur spécial faire son office. — Au bout de deux mois environ, pour suppléer à la saignée omise, on appliqua des sangsues au malade, et il vit les sensations normales reparaître, non pas subitement, mais par portions et par degrés. « Durant l'opération, dit Nicolaï, ma chambre se remplit de figures humaines de toute espèce. Cette hallucination dura sans interruption de onze heures du matin à quatre heures et demie, époque à laquelle ma digestion commençait. Je m'aperçus alors que les mouvements des fantômes devenaient *plus lents.* Bientôt après, ils commencèrent à *pâlir ;* à sept heures, ils avaient pris une teinte *blanche ;* leurs mouvements étaient *très-peu rapides,* quoique leurs formes fussent aussi distinctes qu'auparavant. Peu à peu, ils devinrent *plus vaporeux,* parurent se *confondre avec l'air,* tandis que *quelques parties restèrent encore visibles* pendant un temps considérable. A huit heures environ, la chambre fut entièrement débarrassée de ces visiteurs fantastiques. »

Quand, dans le sommeil, au milieu d'un rêve intense, nous sommes subitement réveillés, nous éprouvons une impression plus courte, mais semblable. J'ai vu souvent alors, pendant un instant fugitif, l'image *pâlir,* se défaire, s'évaporer ; quelquefois, en ouvrant les yeux, un reste de paysage, un pan de vêtement semblait encore flotter sur les chenets ou sur le fond noir de l'âtre. — De même, dans la guérison de Nicolaï, les portions de mur ou de meubles couvertes par les fantômes réussissent peu à peu à faire leur effet normal. La sensation qu'elles doivent exciter en ébranlant le nerf, et de là l'encéphale, n'est plus paralysée. Cette sensation reprend d'abord une portion de son énergie et lutte à forces égales contre l'image ; car, si le fantôme est encore présent, il est vaporeux, et le meuble ou le mur est entrevu vaguement derrière lui. Bientôt un fragment de la sensation reprend toute sa prépondérance ; une jambe ou une tête de fantôme disparaît, par la réapparition du morceau de meuble qu'elle cachait. Puis la sensation tout entière se trouve restaurée et complète, les fantômes se sont évanouis, il n'en reste plus que l'image intérieure capable de fournir à la description.

On voit ici très-nettement la liaison de la sensation et de l'image ; c'est un *antagonisme*, comme il s'en rencontre entre deux groupes de muscles dans le corps humain. Pour que l'image fasse son effet normal, c'est-à-dire soit reconnue comme intérieure, il faut qu'elle subisse le contre-poids d'une sensation ; ce contre-poids manquant, elle paraîtra extérieure. Pareillement, pour que les muscles gauches de la face ou de la langue fassent leur effet normal, il faut que les muscles droits correspondants soient intacts ; ce contre-poids manquant, la face ou la langue sont tirées du côté gauche ; la paralysie des muscles d'un côté amène de l'autre une déformation, comme l'affaiblissement ou l'extinction des réducteurs de l'image amène une hallucination.

Règle générale : Dans le même sens, et en général de sens à sens, les sensations normales se tiennent. On en a vu des preuves nombreuses dans les cas cités. Quand l'attention se reporte sur une sensation normale, c'est-à-dire quand cette sensation reprend sa prépondérance ordinaire, il y a des chances pour que les autres sensations annulées reprennent aussi leur ascendant. Le malade que la clarté d'une bougie délivre à l'instant de ses illusions, le malheureux dont les voix se taisent lorsque la conversation devient intéressante, l'aliéné qu'une brusque affusion d'eau froide ramène à son bon sens, sont guéris pour un temps plus ou moins long par l'énergie plus ou moins durable restituée au réducteur spécial. Pareillement, dans une paralysie faciale, le visage déformé par la rétraction des muscles gauches reprend sa forme ordinaire, si l'application de l'électricité rend peu à peu leur force aux muscles droits.

Par une conséquence des mêmes principes, on obtient en d'autres cas la guérison par un procédé inverse : ce sont ceux où le malade est poursuivi, non pas d'hallucinations, c'est-à-dire d'images capables d'annuler la sensation normale qui devrait leur faire contre-poids, mais d'illusions, c'est-à-dire d'images provoquées par la sensation normale, et si fortes, si précises, si absorbantes, qu'une sensation extérieure effective n'aurait pas un plus grand ascendant. Il suffit souvent que le sujet soit dans un état d'excitation et d'attente pour qu'une sensation, qui, s'il était calme, serait accompagnée d'images médiocrement vives, communique aux images cette netteté et cette énergie extraordinaires [1]. « Tout l'équipage d'un navire fut effrayé par le fantôme du cuisinier qui était mort quelques jours auparavant. Tous le virent distinctement. Il allait sur l'eau en boitant de la façon tout à

---

1. Dr Moore, *The power of the soul over the body.*

fait particulière à laquelle auparavant on le reconnaissait, car une de ses jambes était plus courte que l'autre. Un peu après, il se trouva que ce cuisinier si parfaitement reconnu était un débris flottant d'un vieux navire naufragé. » Ces marins superstitieux, qui avaient présente et récente dans l'esprit l'image de leur camarade et de sa démarche, avaient tous eu, sans se concerter, la même illusion à l'aspect des mouvements inégaux de l'épave, et, pour bâtir, leur imagination avait trouvé un fondement dans une sensation.

Ce que la crédulité avait fait, la maladie peut le faire. On voit des aliénés qui, léchant un mur, croient sentir la saveur d'oranges délicieuses, ou qui, mangeant un fruit sain, le trouvent infect et empoisonné, qui, regardant une personne, la prennent avec persistance pour une autre, qui voient les meubles de leur chambre remuer, grandir, prendre une figure fantastique et effrayante [1]. Dans ce cas, il arrive souvent qu'en supprimant la sensation normale qui est le point de départ de l'illusion, on supprime l'illusion elle-même, et le réducteur spécial se rencontre non plus dans la prédominance, mais dans l'absence de toute sensation [2]. « D..., âgé de soixante-quinze ans, sain d'esprit, rentre un jour chez lui, effrayé de mille visions qui le poursuivent. De quelque côté qu'il regarde, *les objets se transforment en spectres* qui représentent tantôt des araignées monstrueuses qui

---

[1]. Brierre de Boismont, 777, *ibid*. — C'est le cas de don Quichotte : la sensation de deux grands tourbillons de poussière provoque en lui l'image et, par suite, la sensation de deux armées.

[2]. Griesinger, *Traité des maladies mentales*, 103. Divers exemples.

se dirigent vers lui pour boire son sang, tantôt des militaires avec des hallebardes. On le saigne au pied : les visions persistent, accompagnées d'insomnies opiniâtres ; on lui applique un bandeau sur les yeux ; aussitôt elles cessent, et reviennent dès qu'on ôte le bandeau, jusqu'à ce que le malade le garde sans interruption pendant toute une nuit et une partie du jour. A partir de ce moment, le malade ne vit ces fantômes qu'à de longs intervalles, et au bout de quelques jours ils disparurent complètement. Le malade n'a pas eu de rechute. » Ici, au lieu de fortifier le réducteur spécial, on a supprimé l'excitateur spécial, et obtenu le même succès par un moyen opposé.

Dans une observation très-curieuse faite par le Dr Lazarus sur lui-même, on voit non moins nettement comment la sensation excitatrice, tour à tour présente ou absente, provoque et supprime tour à tour l'illusion. « Par une après-midi bien claire, j'étais sur la terrasse du Kaltbad au Rigi, cherchant à l'œil nu le Waldbruder, un rocher qui s'élance du milieu du gigantesque mur des montagnes environnantes, au sommet desquelles on aperçoit comme une couronne les glaciers de Titlis, d'Uri-Rothstock, etc. Je regardais tour à tour avec l'œil nu et avec la lunette d'approche ; je le reconnaissais très-bien avec la lunette, mais je ne pouvais le distinguer avec l'œil nu. Pendant une durée de six à dix minutes, j'avais tendu mon regard vers les montagnes dont la couleur, selon les diverses altitudes et profondeurs, flottait entre le violet, le brun et le vert sombre, et je m'étais en vain fatigué lorsque je cessai et m'en allai. Au même instant, je vis (je ne puis me rappeler si c'est avec les yeux ouverts ou fermés) un de mes amis absents, comme un cadavre, devant moi. — Je dois remarquer ici que, depuis beaucoup d'années, j'avais l'habitude de noter par écrit tout groupe de représentations qui, en songe ou pendant la veille, surgissait avec une force, une précision, une netteté particulières et s'imposait à moi avec cette sorte de vivacité qui fait considérer une telle représentation comme un pressentiment. Je dois de plus faire observer que jamais je n'ai eu le bonheur de voir un de ces pressentiments s'accomplir, quoique souvent les miens fussent aussi soudains, aussi clairs, aussi inexplicables en apparence qu'on peut le souhaiter. En outre, ce qui se comprend très-bien chez un psychologue, j'ai contracté l'habitude de remonter en arrière après ces incidents et de suivre à partir d'eux tout le courant des représentations antécédentes. Assez souvent, j'ai réussi à expliquer, par les lois connues de l'association des idées, comment le pressentiment avait pu s'insérer dans la série des pensées que j'avais alors.

« Dans l'occasion dont il s'agit, je me fis donc aussitôt cette question : Comment en suis-je venu à penser à mon ami absent ? — Quelques secondes s'étant écoulées, je ressaisis le fil de mes pensées, qui avait été rompu par ma recherche du Waldbruder, et, avec la plus grande facilité, je trouvai que l'idée de mon ami, par une nécessité très-simple, avait dû s'introduire dans la chaîne de mes pensées. Le souvenir que j'avais eu de lui se trouvait ainsi expliqué naturellement. — Mais il y avait en plus cette circonstance qu'il m'était apparu comme un cadavre. Pourquoi cela ? — En ce moment, soit pour mieux réfléchir, soit parce que mes yeux étaient fatigués, je fermai les yeux, et tout d'un coup je vis tout le champ de

CHAP. I. NATURE ET RÉDUCTEURS DE L'IMAGE 113

ma vue, sur une étendue considérable, couvert de la même couleur cadavérique, le gris jaune-vert. Aussitôt je considérai cela comme le principe de l'explication cherchée, et j'essayai de me représenter aussi d'autres personnes, par la mémoire. Et de fait, celles-ci également m'apparurent comme des cadavres; debout, assises, comme je les voulais, elles avaient aussi une couleur de cadavre. — Du reste, toutes les personnes que je voulais voir ne m'apparaissaient pas à l'état de fantômes sensibles ; de plus, les yeux ouverts, je ne voyais plus les fantômes, ou du moins je ne les voyais que s'évanouissant et indéterminés de couleur. — Je cherchai alors comment les fantômes des personnes se comportaient par rapport au champ visuel environnant et semblablement coloré, par quoi étaient tracés leurs contours, si le visage et les portions habillées étaient différents. Mais il était déjà trop tard, ou bien l'influence de la réflexion et de l'examen était trop puissante ; tout pâlit subitement, et le phénomène subjectif qui aurait pu durer encore quelques minutes avait disparu. — On voit clairement qu'ici un souvenir interne surgissant selon les lois de l'association s'était uni avec une *sensation consécutive de la vue*. L'excitation excessive de la périphérie du nerf optique, je veux dire la longue sensation préalable que mes yeux avaient eue en contemplant la couleur de la montagne, avait provoqué par contre-coup une sensation subjective et durable, celle de la couleur complémentaire ; et mon souvenir incorporé à cette sensation subjective était devenu le fantôme à teinte cadavérique que j'ai décrit[1]. » On constate dans ce

---

1. *Zur Lehre von den Sinnestauschungen.* Berlin, 1867.

cas singulier l'effet maladif de la sensation. Présente, elle accroissait la force et la netteté d'une vague représentation ordinaire jusqu'à en faire un fantôme sensible. Absente, elle diminuait la force et la netteté de ce fantôme sensible jusqu'à le ramener à l'état ordinaire, c'est-à-dire à l'état de vague représentation.

Ainsi, dans tous les procédés par lesquels on combat l'exagération des images, il ne s'agit jamais que de rétablir un équilibre, non pas celui d'une balance où les deux plateaux sont de niveau, mais celui d'une balance où l'un des plateaux est plus bas que l'autre. A l'état normal de veille, le premier, qui contient les sensations proprement dites, est le plus pesant; le second plateau, moins pesant, contient les images proprement dites. Au premier instant, à l'état normal, les deux plateaux sont sur la même ligne; mais tout de suite le premier, plus pesant, emporte l'autre, et nos images sont reconnues comme intérieures. Parfois, dans la maladie, un poids passe du premier plateau dans le second qui emporte le premier, et nous avons une hallucination proprement dite ; alors on est obligé de remettre de nouveaux poids, c'est-à-dire des sensations nouvelles, dans le premier, pour lui prendre sa prépondérance. Parfois ainsi un fil accroche un poids du second plateau à un poids du premier; le premier ne peut plus descendre, et nous avons une illusion proprement dite ; le moyen précédent n'est plus de mise, ce serait vainement qu'on ajouterait de nouveaux poids ; il faut ôter du premier plateau le poids qui par son fil maintient de niveau les deux plateaux malgré l'inégalité de leurs charges. Dans le premier cas, on rétablit l'état normal en ajoutant des poids, dans le second en en retirant.

CHAP. I. NATURE ET RÉDUCTEURS DE L'IMAGE 115

V. Mais ce ne sont point là les seuls procédés efficaces; car, outre les poids constitués par les sensations, il y en a d'autres plus légers, qui néanmoins suffisent ordinairement et dans l'état de santé pour ôter à l'image son extériorité; ce sont les souvenirs. Ces souvenirs sont eux-mêmes des images, mais coordonnées et affectées d'un recul qui les situe sur la ligne du temps; on en verra plus tard le mécanisme. Des jugements généraux acquis par l'expérience leur sont associés, et tous ensemble ils forment un groupe d'éléments liés entre eux, équilibrés les uns par rapport aux autres, en sorte que le tout est d'une consistance très-grande et prête sa force à chacun de ses éléments. — Chacun peut observer sur soi-même la puissance réductrice de ce groupe. Il m'est arrivé il y a quelques jours, dans un rêve parfaitement net et bien suivi, de faire une sottise ridicule et énorme; impossible de l'écrire; supposez à la place quelque chose de moindre, par exemple ôter gravement ses bottes et les poser sur la cheminée à la place de la pendule. C'était dans un salon que j'aime beaucoup; j'en voyais distinctement les principaux hôtes, leurs habits, leurs attitudes; je leur parlais; la scène avait été longue, et l'impression si forte que j'aurais pu, un quart d'heure après, la conter dans tous ses détails; j'étais mal à l'aise, et je sentais ma sottise en me demandant comment je pouvais la réparer. — A ce moment, le réveil commença et dura environ deux ou trois minutes. Les yeux étaient encore fermés, mais probablement, à la suite de quelque sensation de froid ou de mouvement réel, la conscience ordinaire renaissait, quoique faiblement. Je fus d'abord étonné d'avoir fait cette gaucherie monstrueuse; en d'autres termes, le souvenir vague de mes actions précédentes surgissait et se trouvait en opposition avec le rêve; ce souvenir se précisa et en amena d'autres ; la ligne du passé se reformait, et, en même temps, au fur et à mesure, la sottise rêvée, ne trouvant de place pour se loger, disparaissait, s'évaporait. Puis vint ce jugement fondé sur des idées générales : « C'est un rêve. » A l'instant, et définitivement, l'image ridicule se distingua et se sépara des souvenirs affirmés, pour rentrer dans la région des purs fantômes. Je n'avais pas encore ouvert les yeux ; la sensation des objets présents n'avait pas fait son office, du moins elle ne l'avait fait que pour ranimer les souvenirs ordinaires et les jugements généraux; c'étaient ces jugements et ces souvenirs qui, par la fixité de leur ordre et par la cohérence de leur groupe, avaient opéré la réduction nécessaire et vaincu la tendance naturelle par laquelle l'image nous fait illusion.

Il y a des cas où cette répression est beaucoup plus lente. M. Baillarger rêva une nuit que telle personne était nommée directeur d'un certain journal; le matin, il croyait la chose vraie et en parla à plusieurs personnes, qui apprirent la nouvelle avec intérêt; toute la matinée, l'effet du rêve persista, aussi fort que celui d'une sensation véritable ; vers trois heures seulement, comme il montait en voiture, l'illusion se dissipa; il comprit qu'il avait rêvé; ainsi le groupe réducteur n'avait repris son ascendant qu'au bout d'une demi-journée. — A cet égard, la minutie et l'intensité d'une image volontaire ont parfois la même puissance que le rêve. On en trouve plusieurs exemples dans la vie de Balzac, de Gérard de Nerval, d'Edgar Poe et d'autres grands artistes. Un jour, Balzac décrit avec enthousiasme chez Mme Delphine Gay un superbe cheval blanc qu'il veut donner à Sandeau; quelques jours après, il croit l'avoir donné effectivement, en demande des nouvelles à Sandeau lui-même; probablement, devant l'étonnement et les dénégations de son ami, il cessa de croire à son cadeau.

D'autres fois, le groupe réducteur affaibli ne suffit pas pour réprimer une image même ordinaire. « Un vieillard, dit M. Maury, avait beaucoup voyagé, mais lu encore plus de voyages qu'il n'en avait fait. Les souvenirs de ses pérégrinations et de ses lectures avaient fini par complètement se confondre; et tout cela se présentait à la fois à son esprit, lorsqu'il était étendu sur sa chaise longue; il vous racontait gravement tout ce qu'il avait lu. Il vous disait par exemple qu'il avait été aux Indes avec Tavernier, aux îles Sandwich avec Cook, et que de là il était revenu à Philadelphie, où il avait servi sous Lafayette. Ce dernier fait était vrai. » L'idée de la chronologie et de l'ordre des siècles s'était effacée et ne faisait plus son office habituel.

A chaque instant, les personnes d'imagination vive sont obligées de faire les réductions que ce vieillard ne faisait plus; l'ordre général de leurs souvenirs, fortifié par l'adjonction de quelque remarque nouvelle, y suffit le plus souvent. Mais quand une image, acquérant une intensité extraordinaire, annule la sensation particulière qui est son réducteur spécial, l'ordre des souvenirs a beau subsister et les jugements ont beau se produire, nous avons une hallucination; à la vérité, nous nous savons hallucinés, mais l'image n'en paraît pas moins extérieure; nos autres sensations et nos autres images forment encore un groupe équilibré, mais ce réducteur est insuffisant, car il n'est pas spécial [1]. — « Le docteur Gregory était allé dans le Nord par mer pour visiter une dame, sa proche parente, à qui il s'intéressait vivement et qui était dans un état avancé de consomption. En revenant de cette visite, il avait pris une dose modérée de laudanum pour empêcher le mal de mer, et il était sur une couche dans la cabine, quand la figure de la dame apparut devant lui d'une façon si distincte que sa présence actuelle n'eût pas été plus vive. Il était tout à fait éveillé et sentait pleinement que c'était un fantôme produit par l'opium en même temps que par son intense sentiment intérieur; mais il fut incapable par aucun effort de bannir la vision. » En effet, la sensation qu'aurait dû produire en lui la paroi grise de la cabine était annulée pour toute la surface que paraissait couvrir ce fantôme, et il est bien clair qu'un raisonnement n'a pas l'effet d'une sensation. — Beaucoup de circonstances organiques ou morales, l'action du haschich [2], du datura, de l'opium, le voisinage de l'apoplexie, diverses maladies inflammatoires, diverses altérations cérébrales, bref une quantité de causes plus ou moins éloignées ou prochaines peuvent ainsi fortifier telle image ou telle série d'images jusqu'à annuler la sensation spéciale répressive, et partant amener l'hallucination. — Mais, si dans tous ces cas l'illusion circonscrite par les réducteurs secondaires est à la fin détruite par le réducteur spécial, on rencontre un plus grand nombre de cas où le contraire

---

1. Macnish, *Philosophy of Sleep*, 289.
2. Brierre de Boismont, *ibid.*, 200. Récits de plusieurs personnes qui avaient pris du haschich. — *Ibid.*, 374.

arrive. Très-souvent, les malades, après avoir admis plus ou moins longtemps que leurs fantômes n'étaient que des fantômes, finissent par les croire réels, au même titre que les personnes et les objets qui les entourent, avec une conviction absolue, sans qu'aucune expérience personnelle ou aucun témoignage étranger puisse les arracher à leur erreur. Dès lors, les réducteurs du second ordre sont annulés aussi bien que le réducteur spécial; l'image prépondérante, après avoir paralysé la sensation contradictoire des autres images normales, provoque les idées délirantes et les impulsions déraisonnables. L'halluciné est fou; la perte d'équilibre locale a peu à peu entraîné une perte d'équilibre générale et croissante, comme la paralysie des muscles à droite, après avoir provoqué la rétraction et la difformité du visage à gauche, peut, par contagion, altérer les fonctions attenantes et porter la maladie dans tout le corps.

Là-dessus, les exemples abondent; j'en choisis un rapporté par le Dr Lhomme, qui montre avec détail tous les stades de cette transformation spontanée et jette de grandes lumières sur le mécanisme de l'esprit.

Au mois de mars 1862, le gendarme S.... est de service pour une exécution capitale. Il est de garde pendant une partie de la nuit auprès du condamné, assiste à la *toilette*, et, au moment de l'exécution, se trouve à quelques pas de l'échafaud. La tête tombée, il voit l'exécuteur la prendre pour *la mettre dans le panier*... Il déclare qu'il a eu alors une émotion très-profonde; au moment où il a vu arriver le condamné, le cou nu et dépouillé de ses vêtements, il a été pris d'un tremblement nerveux qu'il n'a pu maîtriser, et, longtemps après l'exécution, *l'image de cette tête sanglante qu'il a vu jeter dans le panier* le poursuivait sans cesse.

Quelque temps après, causant avec son maréchal des logis, il lui dit qu'il n'a pas bonne opinion des protestants. « Celui-ci me répondit que j'avais tort, qu'il y avait parmi eux de très-honnêtes gens et même des personnes d'un rang élevé, et il me cita le ministre de la guerre lui-même. Je restai préoccupé de cette conversation, *et il me vint à la pensée que mon maréchal des logis pourrait bien faire un rapport contre moi au ministre de la guerre. Quelques jours après, je rêvais qu'en effet j'étais condamné à mort* par ordre du ministre, sans avoir passé en jugement. Dans mon rêve, *je me voyais tout garrotté, et l'on me poussait vers la guillotine en me roulant comme un tonneau. Je fus très-vivement impressionné de ce rêve.* Je le racontai à un de mes camarades, qui se moqua de moi, mais *il me revenait très-souvent à l'esprit.* »

Le 1ᵉʳ août, allant de Sancerre à Sancergues, il s'enivre, arrive trop tard, trouve la gendarmerie fermée. Le lendemain, le maréchal des logis lui dit qu'il fera un rapport au lieutenant sur ce retard. — Le 2 août, il est « un peu triste, sans être malade ». Le 3 août, dit-il, « quoique j'eusse bien dormi, je ne me sentais pas comme à l'ordinaire, *je pensais à mon rêve....*, et, en me rendant à la porte pour faire mon service de planton, il me semblait que tout le monde me regardait d'un air singulier, et que j'entendais mes camarades et d'autres personnes *chuchoter* que j'allais être *guillotiné.* »

Ce soir-là, il se couche à onze heures, après avoir nettoyé ses effets pour la manœuvre du lendemain. « Il y avait peut-être vingt minutes que j'étais couché, je ne dormais pas encore, quand j'entendis du *bruit* dans la pendule placée sur ma cheminée, puis une *voix* qui en sortait et qui me disait : « *Tu partiras, tu partiras; dans deux jours, on te coupera le cou; c'est ta tête, c'est ta tête qu'il nous faut.* » Il se lève précipitamment, regarde dans la pendule, n'y trouve rien, croit que c'est une plaisanterie de ses camarades, il cherche une partie de la nuit ; à quatre heures du matin, il se lève, n'ayant pas dormi, et part pour la manœuvre, sans parler à personne de la voix qu'il avait entendue, « et croyant toujours que c'était une farce de ses camarades. » De retour, il est fatigué et pourtant ne peut manger, nettoie ses effets ; le soir, il ne sent aucune envie de dormir, et ne se couche qu'à une heure du matin. A peine au lit, il entend la même voix et les mêmes paroles sortir de la pendule. « Alors je me suis levé et n'ai cessé de me promener, *bien convaincu* qu'on m'exécuterait le lendemain matin et que c'était pour cela que le lieutenant était attendu à Sancergues. »

Il se lève de bonne heure, descend. « Après s'être étonné de ce que j'étais déjà prêt, le maréchal des logis a parlé à voix basse à mes camarades, *et il m'a semblé entendre* qu'il leur disait : Vos carabines sont bien chargées, veillez sur lui et ne le laissez pas se sauver. »

Là-dessus, il va chercher son cheval et se sauve au galop sans savoir où, finit par trouver un bois, descend, se cache dans un fourré, charge ses armes pour se défendre, puis se résout à se tuer, ôte ses bottes pour faire partir avec son pied la détente de son mousqueton, se met à genoux, afin de faire d'abord une prière. « Je fus aussitôt interrompu par l'apparition d'une figure à grande barbe qui disparut aussitôt que je la mis en joue, et, à trois reprises différentes, je fus interrompu par la même apparition ou par des figures de polichinelle qui disparaissaient quand je voulais tirer dessus. Je voyais aussi des demoiselles avec des crinolines danser sur les arbres au-dessus de ma tête. »

Les autres gendarmes arrivent ; il les menace de tirer sur eux, essaye d'ôter son pantalon blanc pour mieux se cacher, entend ses camarades revenir, tire sur le premier qui se présente et tente de se sauver ; il est pris. « Bien convaincu qu'ils allaient me conduire au supplice, je criais à l'assassin ; il m'a même semblé à plusieurs reprises voir un gendarme tirer son couteau de sa poche pour me l'enfoncer dans le ventre, et mes cris redoublaient. » Attaché et gardé à vue, il ne dort pas de toute la nuit. « J'entendais constamment des voix de femmes qui disaient : *Est-ce malheureux, ce pauvre garçon ! Il faut qu'il soit guillotiné dans deux heures. Il faut que sa tête soit rendue à Paris à six heures. Le maréchal des logis a reçu le panier pour la mettre.* Toute la journée et toute la nuit du 6 se sont passées dans les mêmes idées, sans que je pusse prendre un instant de repos ni aucune espèce de nourriture. Ce n'est que dans la journée du 7 que, m'étant jeté sur mon lit, j'ai pu dormir quelques instants. A mon réveil, je me suis senti la tête complètement débarrassée, tout en me rappelant parfaitement ce qui s'était passé. J'ai témoigné à mes camarades tous mes regrets de ce que j'avais fait et me suis informé tout de suite de l'état de celui que j'avais blessé. » A partir de ce moment, les hallucinations ont cessé, la raison de S.... est intacte ; aucun trouble ne s'y produit, il est calme et sérieux pendant tout son séjour à l'asile des aliénés ; ensuite il est réintégré dans la brigade de gendarmerie, et, depuis ce moment, il fait très-régulièrement son service.

Peu d'exemples sont plus instructifs ; on y suit l'hallucination depuis sa première origine jusqu'à son achèvement et sa guérison. L'abcès mental commence par une image terrible accompagnée d'une émotion extrême. — L'image renaît incessamment et devient obsédante. — Elle s'accroche à l'idée du moi, et S... imagine un cas où il pourrait bien être lui-même en danger. — Cet accroc devient définitif, et, en rêve, il se voit conduit à la guillotine. Le rêve lui revient pendant la veille. A la suite d'une faute, il surgit plus fort. — Les paroles mentales par lesquelles il l'exprime deviennent un chuchotement de ses camarades, puis une voix de la pendule. — La voix recommence, et la conviction se fait. — Des hallucinations désordonnées de la vue, puis du toucher, se surajoutent. — Pendant trente heures, les voix continuent, et l'hallucination auditive est au maximum. — Puis il est soudain débarrassé, comme si l'abcès mental, arrivé à maturité, s'était de lui-même ouvert [1].

VI. On peut, d'après ces exemples, se former une idée de notre machine intellectuelle. Il faut laisser de côté les mots de raison, d'intelligence, de volonté, de pouvoir personnel, et même de moi, comme on laisse de côté les mots de force vitale, de force médicatrice, d'âme végétative ; ce sont des métaphores littéraires ; elles sont tout au plus commodes à titre d'expressions abréviatives et sommaires, pour exprimer des états

---

[1]. *Annales médico-psychologiques*, 4ᵉ série, tome II, p. 238.

généraux et des effets d'ensemble. Ce que l'observation démêle au fond de l'être vivant en physiologie, ce sont des cellules de diverses sortes, capables de développement spontané, et modifiées dans la direction de leur développement par le concours ou l'antagonisme de leurs voisines. Ce que l'observation démêle au fond de l'être pensant en psychologie, ce sont, outre les sensations, des images de diverses sortes, primitives ou consécutives, douées de certaines tendances, et modifiées dans leur développement par le concours ou l'antagonisme d'autres images simultanées ou contiguës. De même que le corps vivant est un polypier de cellules mutuellement dépendantes, de même l'esprit agissant est un polypier d'images mutuellement dépendantes, et l'unité, dans l'un comme dans l'autre, n'est qu'une harmonie et un effet. Chaque image est munie d'une force automatique et tend spontanément à un certain état qui est l'hallucination, le souvenir faux, et le reste des illusions de la folie. Mais elle est arrêtée dans cette marche par la contradiction d'une sensation, d'une autre image ou d'un autre groupe d'images. L'arrêt mutuel, le tiraillement réciproque, la répression constituent par leur ensemble un équilibre ; et l'effet que l'on vient de voir produit par la sensation correctrice spéciale, par l'enchaînement de nos souvenirs, par l'ordre de nos jugements généraux, n'est qu'un cas des redressements perpétuels et des limitations incessantes que des incompatibilités et des conflits innombrables opèrent incessamment dans nos images et dans nos idées. Ce balancement est l'état de veille raisonnable. Sitôt qu'il cesse par l'hypertrophie ou l'atrophie d'un élément, nous sommes fous, en totalité ou en partie. Lorsqu'il dure au delà d'un certain temps, la fatigue est trop forte, nous dormons; nos images ne sont plus réduites et conduites par les sensations antagonistes venues du monde extérieur, par la répression des souvenirs coordonnés, par l'empire des jugements bien liés; dès lors, elles acquièrent leur développement complet, se changent en hallucinations, s'ordonnent librement suivant des tendances nouvelles; et le sommeil, si peuplé de rêves intenses, est un repos, parce que, supprimant une contrainte, il amène un relâchement.

Mais en même temps le lecteur a pu constater la nature de l'image. Pour cela, il faut qu'il reste au point de vue où provisoirement nous nous sommes placés. Nous n'entrons pas encore dans la physiologie, nous nous confinons dans la psychologie pure. Nous ne parlons point des nerfs, de la moelle ou du cerveau. Nous laissons de côté l'ébranlement inconnu qui, au contact d'un objet extérieur, atteint le bout extérieur du nerf, se transmet à la moelle, arrive à la protubérance, rayonne dans les circonvolutions, persiste dans les centres nerveux, et plus tard s'y renouvelle. Nous n'examinons point le lien qui le joint à la sensation et à l'image. Nous observons l'homme, non par le microscope et le scalpel, mais par cette vue intérieure qu'on appelle conscience, et nous comparons directement l'image et la sensation. — Dans cette enceinte bornée et dans ce sens précis, on vient de voir que l'image, avec des stimulants physiques différents et un réducteur spécial, a la même nature que la sensation. Elle est la sensation elle-même, mais consécutive ou ressuscitante, et, à quelque point de vue qu'on la considère, on la voit coïncider avec la sensation. — Elle fournit aux mêmes combinaisons d'idées dérivées et supérieures : le joueur d'échecs qui joue les yeux fermés, le peintre qui copie un modèle absent, le musicien qui d'après son cahier entend une partition, portent les mêmes jugements, font les mêmes raisonnements, éprouvent les mêmes émotions que si l'échiquier, le modèle, la symphonie frappaient leurs sens. Elle provoque les mêmes mouvements instinctifs et les mêmes sensations associées : l'homme à qui l'on présente un mets dégoûtant, qui va subir une opération chirurgicale, qui se rappelle un accident douloureux ou terrible, frémit, sue, a la nausée, par la seule présence de l'image, comme par la présence de la sensation elle-même. — Quoique ordinairement fragmentaire, fugitive et plus faible, elle atteint en plusieurs cas, dans l'extrême concentration de l'attention excessive, dans les émotions violentes et subites, au voisinage immédiat de la sensation correspondante, la plénitude de détails, la netteté, l'énergie, la persistance de la sensation. — Enfin, prise en elle-même, et affranchie de la réduction que lui impose son correctif spécial, elle acquiert l'extériorité apparente, dont le manque, même à son maximum d'intensité, la distingue ordinairement de la sensation ; elle l'acquiert pour un moment imperceptible dans la plupart des cas ; elle l'acquiert pour quelques secondes ou minutes en certains exemples authentiques ; elle l'acquiert pour plusieurs heures, jours ou semaines, dans le demi-sommeil, le sommeil complet, l'extase, l'hypnotisme, le somnambulisme, l'hallucination, dans les troubles provoqués par l'opium et le haschich, en diverses maladies cérébrales ou mentales ; et elle l'acquiert avec ou sans lésion, avec lésion partielle ou totale de l'équilibre normal qui maintient ensemble les autres idées

CHAP. I. NATURE ET RÉDUCTEURS DE L'IMAGE 127

et les autres images. — On peut donc la définir une répétition ou résurrection de la sensation, tout en la distinguant de la sensation, d'abord par son origine, puisqu'elle a la sensation pour précédent, tandis que la sensation a pour précédent l'ébranlement du nerf, ensuite par son association avec un antagoniste, puisqu'elle a divers réducteurs, entre autres la sensation correctrice spéciale, tandis que la sensation elle-même n'a pas de réducteur.

Arrivés là, nous comprenons sa nature ; en ressuscitant la sensation, elle la remplace ; elle est son *substitut,* c'est-à-dire une chose différente à certains égards, semblable à d'autres, mais de telle façon que ces différences et ces ressemblances soient des avantages. On verra plus tard quels sont ces avantages. Des images d'un certain genre constituent les souvenirs, c'est-à-dire la connaissance des évènements passés. Des images associées aux sensations des divers sens, et particulièrement de la vue et du toucher, constituent les perceptions acquises, c'est-à-dire tout ce qui dans la connaissance des objets individuels extérieurs dépasse la sensation actuelle brute. Des images d'un certain genre et associées d'une certaine façon constituent les prévisions, c'est-à-dire la connaissance des évènements futurs. — De même que la connaissance des qualités générales n'est possible que par la *substitution* des signes aux perceptions et aux images, de même la connaissance soit des évènements futurs ou passés, soit des propriétés groupées qui composent chaque objet individuel extérieur, n'est possible que par la *substitution* des images aux sensations. — Dans les deux cas, la nature emploie le même procédé pour aboutir au même effet, et la psychologie répète ici la physiologie. Comme on voit dans l'histoire de la respiration ou de la locomotion un élément organique devenir, par une légère modification, l'instrument d'une fonction plus compliquée, puis, par une seconde modification surajoutée, exécuter une fonction supérieure ; de même, dans l'histoire de l'intelligence, on voit un élément psychologique fournir par une petite modification à des opérations très-étendues, puis, par une seconde modification superposée, accomplir des opérations si complexes, si délicates et si nombreuses qu'elles semblaient pour toujours devoir rester au delà de sa portée.

CHAPITRE II

LOIS DE LA RENAISSANCE ET DE L'EFFACEMENT DES IMAGES

SOMMAIRE.

I. L'image d'une sensation peut surgir après un long intervalle. — Exemples. — Elle peut surgir alors sans avoir surgi pendant tout cet intervalle. — Exemples. — Cas singuliers et maladifs d'images qui semblaient effacées et qui renaissent. — Souvenir d'une langue apprise dans l'enfance et ensuite oubliée. — Souvenir automatique d'une série de sons machinalement écoutés. — Il est probable que toute sensation éprouvée garde une aptitude indéfinie à renaître.
II. Les diverses sensations n'ont pas toutes cette aptitude au même degré. — Exemples. — Circonstances générales qui augmentent cette aptitude. — L'attention extrême, volontaire ou involontaire. — Par là s'explique la persistance des impressions d'enfance. — En quoi consiste l'attention. — Concurrence entre nos diverses images. — La loi de sélection naturelle s'applique aux évènements mentaux. — Autre circonstance qui augmente l'aptitude à renaître. — La répétition. — Exemples. — Pourquoi ces deux circonstances augmentent l'aptitude à renaître.
III. Circonstances particulières qui évoquent à tel moment telle image plutôt que telle autre. — Exemple. — Soit par contiguïté, soit par similitude, l'image qui renaît a déjà commencé à renaître. — Pourquoi la renaissance partielle provoque la renaissance totale.
IV. Absence des circonstances indiquées. — Manque d'attention. — Manque de répétition. — Nombre énorme des sensations qui perdent ainsi leur aptitude à renaître. — Cas où

deux tendances se neutralisent. — La répétition et la variété de l'expérience émoussent les images. — Origine des noms généraux et des images vagues qui les accompagnent. — La plupart de nos sensations ne subsistent point en nous à l'état d'images expresses, mais à l'état de tendances sourdes et consécutives.

V. Vues d'ensemble sur l'histoire des images et des idées. — Elles sont en conflit incessant de prépondérance. — Effet des lois internes et des incidents externes pour déterminer les prépondérantes. — Effacement temporaire, prolongé ou définitif de tout un groupe d'images. — Paralysies partielles ou totales de la mémoire, provoquées par la fatigue, par l'hémorrhagie, par un choc, par l'apoplexie. — Exemples. — Oubli des noms. — Oubli des noms prononcés, mais non du sens des noms écrits. — Restauration de facultés perdues. — Apparition de facultés nouvelles. — Exemples. — Les aptitudes et facultés sont liées à l'état organique. — Possibilité de deux états organiques tranchés et périodiquement successifs dans le même individu. — Cas d'une dame américaine. — Deux vies et deux états moraux peuvent se rencontrer dans la même personne. — Exemples. — En quoi consiste la personne morale. — Deux personnes morales pourraient se succéder dans le même individu. — Ce qui fait la continuité d'une personne morale distincte, c'est la renaissance continue d'un même groupe d'images distinctes.

I. Lorsque nous voyons ou touchons un objet, lorsque nous entendons un son, lorsque nous éprouvons une sensation de saveur, d'odeur, de froid, de douleur, bref, une sensation quelconque, nous en gardons l'image ordinairement pendant une seconde ou deux, à moins que quelque autre sensation, image ou idée, se jetant à la traverse, ne supprime à l'instant cette prolongation et cet écho. Mais dans beaucoup de cas, surtout si la sensation a été saillante et importante, l'image, après une suppression plus ou moins longue, ressuscite d'elle-même. Cette renaissance spontanée est sa propriété fondamentale et peut s'effectuer à des distances très-grandes. Beaucoup d'entre nous ont des souvenirs qui remontent à vingt, trente, quarante ans et davantage. Je sais une personne née dans une petite ville de province qui peut raconter avec la dernière exactitude toutes les circonstances d'une visite de l'impératrice Marie-Louise en 1811, dire sa toilette, les toilettes des dames et des jeunes filles chargées de la recevoir, entendre intérieurement le son de sa voix, revoir ses gestes, sa physionomie, les attitudes des personnes chargées de la complimenter, et bien d'autres choses. — Ce qui rend ces résurrections plus remarquables encore, c'est que souvent elles se font sans que jamais dans tout l'intervalle l'image ait reparu. Si, après plusieurs années d'absence, on rentre dans la maison paternelle ou dans le village natal, une multitude d'objets et d'événements oubliés reparaissent à l'improviste. L'esprit, subitement peuplé de leur foule remuante, ressemble à une boîte de rotifères desséchés, inertes depuis dix ans, et qui, tout d'un coup, saupoudrés d'eau, recommencent à vivre et à fourmiller. On monte l'escalier obscur, on sait où mettre la main pour trouver le bouton de la serrure, on s'imagine soi-même à table, à la place accoutumée, on revoit à droite la carafe et à gauche la salière, on savoure intérieurement le goût d'un certain plat du dimanche, on s'étonne, en levant les yeux, de ne pas voir, au même endroit du mur, une vieille gravure que, tout enfant, on a regardée. On revoit le geste et la courbure du dos d'un ancien hôte, le corsage carré, les longs plis d'une robe amarante; on entend presque des timbres de voix qui, depuis si longtemps, sont muettes; on approche du puits, et l'on retrouve le sentiment de terreur vague que, tout petit, on éprouvait, lorsque, se haussant sur la pointe du pied, on apercevait la profondeur obscure, et le reflet de l'eau froide, tremblotante, à une distance qui semblait infinie.

Certaines personnes gardent, sans le vouloir, des lambeaux ressuscitants d'impressions lointaines. — « Il me revenait souvent à l'esprit, dit M. Maury, et je ne savais pour quel motif, trois noms propres accompagnés chacun d'un nom d'une ville de France. Un jour, je tombe par hasard sur un vieux journal que je relis, n'ayant rien de mieux à faire. A la feuille des annonces, je vois l'indication d'un dépôt d'eaux minérales, avec les noms des pharmaciens qui les vendaient dans les principales villes de France. Mes trois noms inconnus étaient inscrits là, en face des trois villes dont le souvenir s'était associé à eux. Tout était expliqué; ma mémoire, excellente pour les mots, gardait le souvenir de ces noms associés, sur lesquels mes yeux avaient dû se porter, alors que je cherchais (et cela avait eu lieu deux mois auparavant) un dépôt d'eaux minérales. Mais la circonstance m'était sortie de l'esprit, sans que pour cela le souvenir fût totalement effacé. Or, assurément, je n'avais pu mettre une grande attention dans une lecture aussi rapide. »

Parfois la maladie fait surgir des images semblables à celles de ces noms et qui paraissaient non-seulement engourdies, mais mortes sans remède [1]: « Une fille fut saisie d'une fièvre dangereuse, et, dans le paroxysme de son délire, on observa qu'elle parlait une langue étrangère que, pendant un certain temps, personne ne comprit. Enfin on s'assura que c'était le

---

[1]. Macnish, *Philosophy of sleep*, 96. Et deux autres faits analogues cités par Azam, *Annales médico-psychologiques*, 3ᵉ série, tome VI, p. 443. — Coleridge, *Bibliotheca litteraria*, I, 117.

CH. II. RENAISSANCE ET EFFACEMENT DE L'IMAGE 133

gallois, idiome qu'elle ignorait entièrement lorsqu'elle tomba malade, et dont elle ne put dire une syllabe quand elle fut guérie. Pendant quelque temps, cette circonstance fut inexplicable, jusqu'à ce que, sur enquête, on trouva qu'elle était née dans le pays de Galles, qu'elle avait parlé le langage de ce pays pendant son enfance, mais qu'elle l'avait entièrement oublié dans la suite. » — Des impressions fugitives, qu'on n'a point remarquées, peuvent aussi surgir de nouveau, avec une puissance étrange et une exactitude automatique. Plusieurs médecins ont cité l'histoire d'une fille de vingt-cinq ans, très-ignorante et ne sachant pas même lire, qui, devenue malade, récitait d'assez longs morceaux de latin, de grec et d'hébreu rabbinique, mais qui, une fois guérie, parlait tout au plus sa propre langue. Pendant son délire, on écrivit sous sa dictée plusieurs de ces morceaux. En allant aux informations, on sut qu'à l'âge de neuf ans elle avait été recueillie par son oncle, pasteur fort savant, qui se promenait d'ordinaire, après son dîner, dans un couloir attenant à la cuisine et répétait alors ses morceaux favoris d'hébreu rabbinique et de grec. On consulta ses livres, et l'on y retrouva, mot pour mot, plusieurs des morceaux récités par la malade. Le bourdonnement et les articulations de la voix lui étaient restés dans les oreilles. Elle les avait entendus comme elle les avait récités, sans les comprendre [1]. Le has-

---

[1]. « Le valet de chambre d'un ambassadeur espagnol, garçon de moyens ordinaires et que ses fonctions faisaient souvent assister à des conversations importantes, paraissait n'en avoir jamais rien retenu. Il fut attaqué d'une fièvre cérébrale, et, pendant son délire, il répétait avec beaucoup d'ordre plusieurs discussions qu'il avait entendues sur les intérêts politiques de diverses puissances, au point que l'ambassadeur, qui n'avait

chich, l'agonie, les grandes et subites émotions font parfois des résurrections aussi munitieuses de sensations aussi peu remarquées et encore plus lointaines. — On ne peut donc pas assigner de limites à ces renaissances, et l'on est forcé d'accorder à toute sensation, si rapide, si peu importante, si effacée qu'elle soit, une aptitude indéfinie à renaître, sans mutilation ni perte, même à une distance énorme, comme une vibration de l'éther qui, partie du soleil, se transmet à travers des millions de lieues jusqu'à nos appareils d'optique, avec son spectre spécial et ses raies propres, la même au point de départ et au point d'arrivée, intacte et capable, par sa conservation exacte, de manifester à l'instrument qui la reçoit le foyer qui l'émet.

II. Cependant, si l'on compare entre elles diverses sensations, images ou idées, on trouve que leurs aptitudes à renaître ne sont pas égales. Un grand nombre d'entre elles s'effacent et ne reparaissent plus jusqu'à la fin de notre vie; par exemple, avant-hier, j'ai fait une course dans Paris, et des soixante ou quatre-vingts figures nouvelles que j'ai bien vues, je ne puis en rappeler aucune; il faudrait une circonstance extraordinaire, un accès de délire ou une excitation du haschich pour que, maintenant, elles aient chance de ressusciter en moi. Au contraire, certaines sensations ont une force de résurrection que rien ne

---

jamais regardé son domestique que comme un homme dévoué, venait l'écouter et projetait d'en faire son secrétaire; mais l'affection du cerveau se dissipa et le malade en guérissant perdit toute mémoire. » (Grimaud de Caux, cité par Duval Jouve, *Traité de logique*, 159.)

détruit ou n'amoindrit. Quoique d'ordinaire le temps affaiblisse et entame nos impressions les plus fortes, celles-ci reparaissent entières et intenses, sans avoir perdu une seule parcelle de leur détail, ni un seul degré de leur vivacité. M. Brierre de Boismont [1], ayant eu, quand il était encore enfant, une maladie du cuir chevelu, déclare, « après cinquante-cinq ans révolus, qu'il sent encore l'arrachement de ses cheveux par le traitement de la calotte. » — Pour moi, à trente ans de distance, je me rappelle trait pour trait l'aspect du théâtre où l'on me conduisit pour la première fois; des troisièmes loges, la salle me semblait un puits monstrueux, tout rouge et flamboyant, avec un fourmillement de têtes; tout en bas, vers la droite, sur un étroit plancher uni, deux hommes et une femme entraient, sortaient, rentraient, faisaient des gestes, et me semblaient des nains remuants; à mon grand étonnement, un de ces nains se mit à genoux, baisa la main de la dame, puis se cacha derrière un paravent; l'autre, qui arrivait, sembla fâché et leva les bras. J'avais sept ans, je ne pouvais rien comprendre; mais le puits de velours cramoisi était si peuplé, si doré, si illuminé, qu'au bout d'un quart d'heure je me trouvai comme ivre et que je m'endormis.

Chacun de nous peut rencontrer dans sa mémoire des souvenirs semblables et y démêler un caractère commun. L'impression primitive a été accompagnée *d'un degré d'attention extraordinaire,* soit parce qu'elle était horrible ou délicieuse, soit parce qu'elle était tout à fait nouvelle, surprenante et hors de pro-

---

[1]. Brierre de Boismont, *Des hallucinations*, 376.

portion avec le train courant de notre vie; c'est ce que nous exprimons en disant que nous avons été très-fortement frappés; nous étions absorbés; nous ne pouvions songer à autre chose; nos autres sensations étaient effacées; toute la journée suivante, nous avons été poursuivis par l'image consécutive; elle nous obsédait, nous ne pouvions la chasser; toutes les distractions étaient faibles contre elle. C'est en vertu de cette disproportion que les impressions d'enfance sont si persistantes; l'âme étant toute neuve, les objets et les évènements ordinaires y sont surprenants. Aujourd'hui que j'ai vu quantité de vastes salles et de théâtres pleins, je ne puis plus, quand j'entre au spectacle, me sentir engouffré, englouti et comme perdu dans un puits énorme et éblouissant. Le médecin de soixante ans, qui a beaucoup souffert et qui a senti en imagination beaucoup de souffrances, serait moins bouleversé par une opération chirurgicale aujourd'hui que lorsqu'il était enfant.

Quelle que soit l'espèce d'attention, involontaire ou volontaire, elle opère toujours de même; l'image d'un objet ou d'un événement est d'autant plus capable de résurrection et de résurrection complète, qu'on a considéré l'objet ou l'événement avec une attention plus grande. A chaque instant, dans la vie courante, nous mettons cette règle en pratique. Si nous lisons avec application ou si nous causons avec vivacité, pendant que, dans la chambre voisine, on chante un air, nous ne le retenons pas; nous savons vaguement qu'on a chanté, rien de plus. Nous quittons alors notre lecture ou notre conversation, nous écartons toutes les préoccupations intérieures et toutes les sensations extérieures que le dedans et le dehors pourraient jeter à la traverse ; nous fermons les yeux, nous faisons le silence en nous et autour de nous, et, si l'air recommence, nous écoutons. Nous disons ensuite que nous avons écouté de toutes nos oreilles, que nous avons appliqué tout notre esprit. Si l'air est très-beau et nous a touchés très-fort, nous ajoutons que nous avons été transportés, enlevés, ravis, que nous avons oublié le monde et nous-mêmes, que pendant plusieurs minutes notre âme était comme morte et insensible à tout, sauf aux sons. — Et, de fait, il y a des exemples nombreux où, sous l'empire d'une idée dominante, toutes les autres sensations, même violentes, deviennent nulles; telle est l'histoire de Pascal, qui, une nuit, pour oublier de grandes douleurs de dents, résolvait le problème de la cycloïde; telle est celle d'Archimède, qui, occupé à tracer des figures géométriques, n'avait pas entendu la prise de Syracuse. Tel est aussi le cas fréquent et bien constaté de soldats qui, dans la fougue de la bataille, ne remarquent pas leur blessure, et celui des extatiques, des somnambules, des personnes hypnotisées. — Tous ces exemples authentiques et toutes ces métaphores du langage mettent en lumière le même fait, à savoir l'annulation plus ou moins universelle et complète de toutes les sensations, images ou idées, au profit d'une seule; celle-ci est persistante et absorbante, produite et prolongée avec toute la force qui, d'ordinaire, se disperse entre plusieurs. En d'autres termes, nous nous constituons pour un temps dans une forme déterminée et fixe; les sollicitations en sens contraire, les diverses tendances qui aboutiraient à un autre état, les autres images, idées et sensations qui aspirent à se produire, demeurent à l'état naissant. La forme donnée leur est incompatible et enraye leur développement. Il en est alors de nous comme d'une dissolution où se construit un cristal; les particules qui d'abord étaient indifférentes à toute structure particulière se prennent en bloc dans un ordre fixe; à leur équilibre instable succède un équilibre stable dont la direction précise et rigide résiste aux diverses agitations de l'air et de la liqueur.

Cet ascendant exclusif et momentané d'un de nos états explique son aptitude plus durable à renaître et à renaître plus intact. La sensation ressuscitant dans l'image, l'image revient plus forte quand la sensation s'est trouvée plus forte. Ce qui se rencontrait dans le premier état se rencontre encore dans le second, puisque le second n'est que la renaissance du premier. Pareillement, dans la lutte pour vivre [1] qui, à chaque moment, s'établit entre toutes nos images, celle qui, à son origine, a été douée d'une énergie plus grande, garde à chaque conflit, par la loi même de répétition qui la fonde, la capacité de refouler ses rivales; c'est pourquoi elle ressuscite incessamment, puis fréquemment, jusqu'à ce que les lois de l'évanouissement progressif et l'attaque continue des impressions nouvelles lui ôtent sa prépondérance, et que les concurrentes, trouvant le champ libre, puissent se développer à leur tour.

La seconde cause des réviviscences longues et complètes est la répétition elle-même. Tout le monde sait que, pour apprendre une chose, il faut non-seulement la considérer avec attention, mais la considérer avec attention plusieurs fois. On dit à ce propos, dans

---

[1]. *Struggle for life* (Darwin). On verra plus loin le développement de cette doctrine. Nulle part l'idée du grand naturaliste anglais ne s'applique plus exactement qu'en psychologie.

le langage ordinaire, qu'une impression plusieurs fois renouvelée se grave plus profondément et plus exactement dans la mémoire. C'est ainsi que nous parvenons à retenir une langue, des airs de musique, des morceaux de vers et de prose, les termes techniques et les propositions d'une science, bien plus que cela, tous les faits usuels d'après lesquels nous réglons notre conduite. Quand, à la couleur et à la forme, nous prévoyons le goût d'une gelée de groseille, ou quand, les yeux fermés, sentant le goût de cette gelée, nous imaginons sa teinte rouge et le lustre de sa tranche vacillante, nous avons en nous des images avivées par la répétition. Toutes les fois que nous mangeons, ou que nous buvons, ou que nous marchons, ou que nous faisons usage d'un de nos sens, ou que nous commençons ou continuons une action quelconque, il en est de même. Tout homme et tout animal, à tout moment de sa vie, possède ainsi une certaine provision d'images nettes et aisément renaissantes, qui, dans le passé, ont pour source un confluent d'expériences nombreuses et qui, dans le présent, sont nourries par un afflux d'expériences renouvelées. Quand des Tuileries je veux aller au Panthéon, ou de mon cabinet à la salle à manger, je prévois à chaque tournant les formes colorées qui vont se présenter à ma vue ; au contraire, s'il s'agit d'une maison où j'ai passé deux heures, et d'une ville où j'ai passé trois jours, au bout de dix ans les images seront vagues, pleines de lacunes, parfois nulles, et je tâtonnerai ou je me perdrai. — Cette nouvelle propriété des images dérive aussi de la première. Chaque sensation tendant à renaître dans son image, la sensation deux fois répétée laissera après elle une tendance double, à cette condition pourtant que l'attention soit aussi grande la seconde fois que la première ; d'ordinaire elle ne l'est pas, parce que, la nouveauté diminuant, l'intérêt diminue ; mais si d'autres circonstances renouvellent l'intérêt, ou si la volonté fait son office, la tendance incessamment accrue accroîtra incessamment pour l'image les chances de résurrection et d'intégrité.

III. Ce ne sont là encore que des conditions générales de la réviviscence ; on les obtient en comparant une image prise en un point quelconque de la vie à une autre image prise aussi en un autre point quelconque de la vie. Reste à comparer deux moments voisins dans le même homme, à démêler quelles conditions plus spéciales provoqueront à tel instant la naissance de telle image plutôt que de telle autre. — Pour cela, considérons, non plus seulement des sensations isolées, mais encore des suites de sensations. Celles-ci tendent également à renaître, et la loi qui s'applique aux éléments s'applique également aux composés. Il y a des jours où, sans le vouloir, nous repassons en esprit un morceau de notre vie, telle journée de voyage, telle soirée d'opéra, telle conversation intéressante ; nous nous sentons ramenés d'une manière fixe à l'ancien état ; les idées qui essayent de se jeter à la traverse sont mal venues ; elles sont chassées, ou s'arrêtent sur le seuil ; si au premier moment quelque lacune se rencontre dans notre souvenir, elle finit le plus souvent par se combler d'elle-même ; un détail oublié surgit à l'improviste. — Je me rappelle en ce moment une soirée passée à Laveno, sur le lac Majeur, et, à mesure que j'insiste, je revois mon dîner d'auberge, la grosse nappe toute blanche, la jolie servante effarée ; puis, un peu après, le sentier tortueux parmi les thyms et les lavandes, le lac d'un gris bleuâtre sous une enveloppe moite de vapeur, les plaques de lumière, les traînées scintillantes, les broderies d'argent qu'un rayon égaré semait çà et là sur la nappe unie, le bruissement imperceptible des petits flots qui venaient mourir sur la grève, et les clochettes des vaches qui tintaient çà et là dans le silence. Tous les points éminents dans le groupe des sensations que j'ai eues alors reparaissent l'un après l'autre ou ensemble. — Si maintenant, prenant un de ces points, j'examine comment il émerge, je trouve que c'est *lorsqu'il a déjà commencé à émerger*. Par exemple, quand, après avoir revu la ligne serpentine du sentier, je m'imagine tournant la tête à gauche, je revois le lac ardoisé et sa broderie de paillettes luisantes, au delà les montagnes en pyramides qui descendent toutes vertes jusque dans l'eau; en effet, le bord extrême de la côte confine au lac, la surface uniforme est rayée de franges brillantes, l'autre côté de l'eau rejoint les verdures et les coteaux qui montent ; ainsi, la fin de chaque image coïncide avec le commencement de l'autre, et partant l'autre entre en résurrection quand la première disparaît. Pareillement, le chuchotement des petits flots et le tintement des clochettes me reviennent lorsque mes images visuelles sont celles du flot et de la rive ; un commencement de son imaginaire accompagnait déjà les formes colorées imaginaires ; il se dégage, et nous le sentons se reproduire avec toutes ses nuances et jusqu'au bout. La renaissance partielle aboutit à la renaissance totale. — Cela est tellement vrai, que si, contrariant la tendance naturelle des images à répéter l'ordre des sensations, je fais effort pour remonter la série à rebours, je puis, après des sensations postérieures, évoquer en moi les sensations antérieures, sitôt que je tombe sur le point de contact où elles touchent celles qui les ont suivies. En effet, si maintenant je retourne en arrière jusqu'à mon arrivée à l'auberge, je revois le vieux chêne à vingt pas de la maison, deux ou trois troncs abattus et une douzaine de polissons qui vaguent ou dorment sous la tiédeur du soleil du soir ; ainsi, en évoquant le point de jonction, c'est-à-dire le commencement de l'image, j'ai fourni à l'image le moyen de renaître tout entière. — C'est qu'à vrai dire il n'y a pas de sensation isolée et séparée ; une sensation est un état qui commence en continuant les précédents et finit en se perdant dans les suivants ; c'est par une coupure arbitraire et pour la commodité du langage que nous la mettons ainsi à part ; son commencement est la terminaison d'une autre, et sa terminaison le commencement d'une autre. En vertu de la loi générale qui la lie à l'image, son image a les mêmes propriétés qu'elle ; partant, cette image éveille elle-même à son extrémité antérieure la terminaison d'une image et à son extrémité postérieure le commencement d'une image, en sorte que les précédents et les suites de la sensation ont aussi, par contre-coup, leur écho dans l'image de la sensation.

Bien plus, comme souvent diverses sensations sont en partie semblables, sitôt que l'image de l'une d'entre elles apparaît, l'image des autres apparaît en partie. Quand je décrivais tout à l'heure les traînées scintillantes que le soleil faisait sur l'eau, je les ai compa-

CH. II. RENAISSANCE ET EFFACEMENT DE L'IMAGE 143

rées à des broderies, à des franges et à des paillettes d'argent; la portion commune à ces quatre sensations, présente dans la première, a ressuscité coup sur coup les trois autres. Ici encore, la renaissance partielle a fini par la renaissance totale. — Très-souvent nous avons peine à remarquer cette renaissance partielle. Il nous semble au premier abord que telle idée s'est éveillée en nous à l'improviste et au hasard ; nous ne voyons pas en quoi elle tient à la précédente. C'est que l'idée qui semble la précédente ne l'est pas véritablement; entre les deux étaient des intermédiaires que l'habitude, l'inattention ou la promptitude de l'opération nous ont empêchés de remarquer ; ces intermédiaires ont servi de transition invisible, et par eux la loi de contiguïté ou la loi de similitude s'est appliquée. Hobbes, l'un des premiers auteurs de cette théorie, raconte qu'au milieu d'une conversation sur la guerre civile d'Angleterre quelqu'un demanda tout d'un coup combien valait, sous Tibère, le denier romain; question abrupte et que rien ne semble lier à la précédente; il y avait pourtant un lien, et après un peu de réflexion on le retrouva. La guerre civile d'Angleterre sous Charles Ier, Charles Ier livré par les Ecossais pour deux cent mille livres sterling, Jésus-Christ livré pareillement pour trente deniers sous Tibère ; tels étaient les anneaux de la chaîne intérieure qui avaient conduit l'interlocuteur à son idée excentrique [1]. — On voit maintenant comment les

---

[1]. « Dernièrement, comme je pensais au Ben Lomond, (montagne d'Écosse), cette idée fut suivie immédiatement par l'idée du système prussien d'éducation. Or il n'y avait pas de connexion imaginable entre ces deux idées. Un peu de réflexion ecpendant expliqua l'anomalie. Dans une dernière visite à la

célèbres lois qui régissent l'association des images et par suite celle des idées [1] se ramènent à une loi plus simple. Ce qui suscite à tel moment telle image plutôt que telle autre, c'est un commencement de résurrection, et cette résurrection a commencé tantôt *par similitude*, parce que l'image ou la sensation antérieure contenait une portion de l'image ressuscitante, tantôt par *contiguïté*, parce que la terminaison de l'image antérieure se confondait avec le commencement de l'image ressuscitante. Etant donnée une image quelconque à un moment quelconque, on pourra toujours expliquer sa présence actuelle par le commencement de renaissance qu'elle avait dans l'image ou sensation précédente, et sa netteté, son énergie, sa facilité à renaître, toutes ses qualités intrinsèques par le degré d'attention et par le nombre de répétitions qu'auparavant, soit en elle-même, soit dans la sensation correspondante, elle aura subies ; toutes remarques comprises dans notre loi fondamentale qui constate dans la sensation et dans son image la tendance à renaître, et qui partant assure à l'image commencée, à l'image accompagnée d'attention, à l'image fortifiée par des répétitions, une prépondérance qui aboutit.

montagne, j'avais rencontré au sommet un gentleman allemand, et, quoique je n'eusse pas conscience des chaînons intermédiaires entre Ben Lomond et les écoles prussiennes, ces chaînons existaient certainement. — L'Allemand. — L'Allemagne. — La Prusse. — Ces intermédiaires admis, la connexion des deux extrêmes était manifeste. » (Sir W. Hamilton, *Lectures*, II, 355).

1. Voyez Bain, *Senses and Intellect*. Il dérive toutes les opérations de l'intelligence de ces deux lois. — Voyez aussi Mervoyer, *Étude sur l'association des idées* (1864).

CH. II. RENAISSANCE ET EFFACEMENT DE L'IMAGE 145

IV. Les mêmes lois expliquent l'événement contraire; en supprimant ou en affaiblissant les conditions qui augmentent pour une image les chances de renaissance et de prépondérance, on supprime ses chances d'empire et de résurrection. — En premier lieu, tout ce qui diminue l'attention diminue ces chances. A chaque minute, nous éprouvons vingt sensations, de chaud, de froid, de pression, de contact, de contraction musculaire; il s'en produit incessamment de légères dans toutes les parties de notre corps; en outre, les sons, les bruissements, les bourdonnements sont continus dans notre oreille; quantité de petites sensations de saveur et d'odeur s'éveillent dans notre nez et dans notre bouche. Mais nous sommes occupés ailleurs, nous pensons, nous rêvons, nous causons, nous lisons, et pendant tout ce temps nous négligeons le reste; à l'égard des autres sensations, nous sommes comme endormis et en rêve; l'ascendant de quelque image ou sensation dominatrice les retient à l'état naissant; si, au bout d'une minute, nous essayons de les rappeler par le souvenir, elles ne renaissent pas; elles sont comme des graines jetées à poignées, mais qui n'ont pas germé; une seule, plus heureuse, a accaparé pour soi la place et les sucs de la terre. — Il n'est pas même nécessaire que ces sensations destinées à l'effacement soient faibles; elles peuvent être fortes; il suffit qu'elles soient moins fortes que la privilégiée; un coup de fusil, l'éclair d'un canon, une douloureuse blessure échappent maintes fois à l'attention dans l'emportement de la bataille, et, n'ayant point été remarqués, ne peuvent renaître; tel soldat s'aperçoit tout d'un coup qu'il saigne, sans pouvoir rappeler le coup qu'il a reçu. — Neuf fois sur dix, et peut-être quatre-vingt-dix-neuf fois sur cent, la sensation perd ainsi son aptitude à renaître, parce qu'il n'y a pas d'attention sans distraction, et que la prédominance portée sur une impression est la prédominance retirée à toutes les autres. Les choses se passent encore ici comme dans une balance ; un plateau ne s'élève que parce que l'autre s'abaisse, et l'abaissement croît par l'élévation, comme l'élévation par l'abaissement.

D'autre part, le manque de répétition diminue aussi les chances de renaissance. Tout le monde sait qu'on oublie beaucoup de mots d'une langue lorsqu'on cesse pendant plusieurs années de la lire ou de la parler. Il en est de même d'un air qu'on ne chante plus, d'une pièce de vers qu'on ne récite plus, d'un pays qu'on a quitté depuis longtemps. Des lacunes se font dans la trame des souvenirs et vont s'élargissant comme des trous dans un vieux manteau. — On voit sans peine combien ces destructions doivent être continues et vastes ; tous les jours, nous perdons quelques-uns de nos souvenirs, les trois quarts de ceux de la veille, puis d'autres parmi les survivants de la semaine précédente, puis d'autres parmi les survivants de l'autre mois, en sorte que bientôt un mois, une année ne se retrouvent plus représentés dans notre mémoire que par quelques images saillantes, semblables aux sommets épars qui apparaissent encore dans un continent submergé, destinées elles-mêmes, du moins pour le plus grand nombre, à disparaître, parce que l'effacement graduel est une inondation croissante qui envahit une à une les cimes préservées, sans rien épargner, sauf quelques rocs soulevés par une circonstance extraor-

CH. II. RENAISSANCE ET EFFACEMENT DE L'IMAGE 147

dinaire jusqu'à une hauteur que nul flot n'atteint. C'est que très-peu de nos sensations, même accompagnées d'attention, se répètent plusieurs fois. J'ai causé, il y a six mois, avec telle personne; je pouvais, en la quittant et même le lendemain, décrire sa figure et son costume, redire les principales idées de sa conversation; mais, depuis, j'ai cessé de renouveler par l'expérience ou de répéter par la mémoire les images qui alors se réveillaient en moi intactes et suivies. Elles se sont effacées, et maintenant, quand, retrouvant par hasard quelque fragment de cette scène éloignée, je m'y arrête pour tâcher d'évoquer le reste, mon effort est vain. — Il en est ainsi de presque toutes les portions de notre expérience; l'impression reçue a été solitaire; sur mille, il y en a tout au plus une qui se soit répétée deux fois; sur mille de celles-ci, il y en a une à peine qui se soit répétée vingt fois. Quelques-unes seulement, celle des objets permanents qui nous entourent, de vingt ou trente personnes, meubles, monuments, rues, paysages, reçoivent de la répétition constante une aptitude multipliée à renaître. Pour les autres, l'aptitude est trop faible; lorsque reparaît un lambeau d'expérience lointaine auquel jadis elles étaient liées, elles ne reparaissent pas avec lui; la tendance qui jadis les évoquait est vaincue par d'autres tendances constituées dans l'intervalle; et le passé récent barre la voie au passé ancien.

D'autre part enfin, les images s'émoussent par leur conflit, comme les corps s'usent par leur frottement. Si nous voyons une personne huit ou dix fois, le contour de sa forme et l'expression de son visage se trouvent à la fin bien moins nets dans notre esprit que le lendemain du premier jour. Il en est de même d'un monument, d'une rue, d'un paysage, aperçus plusieurs fois, à différentes heures de la journée, au soir, au matin, par un temps gris, par la pluie, sous un beau soleil, si on les compare au même monument, au même paysage, à la même rue regardés pendant trois minutes, puis remplacés aussitôt par des objets tout différents. La première impression, si précise, devient la deuxième fois moins précise. Quand j'imagine le monument, je retrouve bien les lignes qui toutes les fois sont demeurées les mêmes ; mais les coupures d'ombre et de lumière, les valeurs changeantes des tons, l'aspect du pavé grisâtre ou noirci, la bande du ciel au-dessus, bleuâtre et vaporeuse dans un cas, charbonneuse et ternie dans un autre, tantôt d'un blanc enflammé, tantôt d'une pourpre sombre, bref, toutes les diversités qui, selon les moments divers, sont venues se joindre à la forme permanente, s'effacent mutuellement. Pareillement, quand je songe à une personne que je connais, ma mémoire oscille entre vingt expressions différentes, le sourire, le sérieux, le chagrin, le visage penché d'un côté ou d'un autre ; ces différentes expressions se font obstacle ; mon souvenir est bien plus net lorsque je n'en ai vu qu'une pendant une minute, lorsque, par exemple, j'ai regardé une photographie ou un tableau.

En effet, quand l'image de la forme aperçue tend à renaître, elle entraîne avec elle les images de ses différents accompagnements. Mais ces accompagnements, étant différents, ne peuvent renaître ensemble ; les traits contenus dans l'ovale du même visage ne peuvent être à la fois souriants et sévères ; la façade du même palais ne peut être à la fois d'un noir intense, comme lorsque le soleil se couche par derrière, et d'un rose lumineux, comme lorsque le soleil se lève par devant. Partant, si ces accompagnements qui s'excluent ont une tendance égale à renaître, ni l'un ni l'autre ne renaîtra, et nous nous sentirons tiraillés en sens contraires par des tendances contraires qui n'aboutissent pas ; les images resteront à l'état naissant et composeront ce qu'on nomme en langage ordinaire une *impression*. Cette impression peut être forte sans cesser d'être vague ; sous l'image incomplète règne une sourde agitation, et comme un fourmillement de velléités, qui d'ordinaire se terminent par un geste expressif, une métaphore, un résumé sensible. Tel est notre état ordinaire vis-à-vis des choses que nous avons plusieurs fois expérimentées ; une image vague, qui correspond à la portion commune de nos diverses expériences, un fouillis de tendances à peu près égales et contraires qui correspondent à leurs circonstances diverses, une notation nette qui désigne et concentre le tout en une idée.

Cette loi d'effacement s'étend fort loin, car elle s'applique non-seulement aux diverses apparences du même objet, mais encore aux divers objets de la même classe ; or tous les objets de la nature se groupent en classes. Un homme qui, ayant parcouru une allée de peupliers, veut se représenter un peuplier, ou qui, ayant regardé une grande basse-cour, veut se représenter une poule, éprouve un embarras. Ses différents souvenirs se *recouvrent*; les différences qui distinguaient les deux cents peupliers ou les cent cinquante poules s'effacent l'une par l'autre ; il garde une image bien plus exacte et bien plus intacte, s'il a vu un seul peuplier debout dans une prairie, ou une seule poule juchée sur un hangar. — Toutes nos images subissent un émoussement semblable ; que le lecteur essaye d'imaginer un lapin, une carpe, un brochet, un bœuf, une rose, une tulipe, un bouleau, ou tout autre objet d'espèce très-répandue dont il a vu beaucoup d'individus, et d'autre part un éléphant, un hippopotame, un magnolia, un grand aloès, ou tout autre objet d'espèce rare dont il a rencontré seulement un ou deux échantillons ; dans le premier cas, l'image est vague, et tous ses alentours ont disparu ; dans le second, elle est précise, et on peut indiquer l'endroit du jardin des plantes, la serre parisienne, la villa italienne où l'objet a été vu. — La multiplication de l'expérience est donc une cause d'effacement, et les images, s'annulant l'une l'autre, retombent l'une par l'autre à l'état de tendances sourdes que leur contrariété et leur égalité empêchent de prendre l'ascendant.

On arrive ainsi à concevoir par une vue d'ensemble l'histoire des images et partant celle des idées dans un esprit humain. Chaque sensation faible ou forte, chaque expérience grande ou petite, tend à renaître par une image intérieure qui la répète et qui peut se répéter elle-même, après de très-longues pauses, et cela indéfiniment. Mais comme les sensations sont nombreuses, et à chaque instant remplacées par d'autres, sans trêve ni fin, jusqu'au terme de la vie, il y a conflit de prépondérance entre ces images, et, quoique toutes tendent à renaître, celles-là seules renaissent qui possèdent les prérogatives exigées par les lois de la renaissance ; toutes les autres demeurent inachevées ou nulles, selon les lois de l'effacement. — Incessamment, en vertu de cette double loi, des groupes d'aptitudes efficaces deviennent inefficaces, et les images retombent de l'existence réelle dans l'existence possible. Ainsi, la mémoire humaine est un vaste bassin où l'expérience journalière déverse incessamment divers ruisseaux d'eaux tièdes ; ces eaux plus légères restent à la surface, recouvrant les autres ; puis, refroidies à leur tour, elles descendent au fond par portions et par degrés, et c'est l'afflux ultérieur qui fait la nouvelle superficie. Parfois tel ruisseau, plus gonflé et tombant de plus haut, réchauffe jusque dans les bas-fonds d'anciennes couches inertes ; elles remontent alors à la lumière ; le hasard de l'afflux et les lois de l'équilibre ont échauffé telle couche pour la mettre au-dessus des autres. La forme du bassin, les accidents de la température, les diverses qualités de l'eau, parfois même les secousses du sol y contribuent encore, et divers exemples authentiques montrent tantôt des couches profondes ramenées tout d'un coup et tout entières à la surface, tantôt des couches superficielles plongées tout d'un coup et tout entières à fond.

C'est que les images, ainsi qu'on le verra plus tard, ont pour conditions certains états de l'encéphale ; dès lors on comprend qu'une altération, un afflux, un appauvrissement du sang, un changement quelconque de la substance cérébrale puisse empêcher ou rétablir l'éveil de certains groupes d'images. « Je descendis [1] le même jour, dit sir Henry Holland, dans deux mines très-profondes des montagnes du Hartz, et je restai plusieurs heures sous terre dans chacune des deux. Étant dans la seconde mine et épuisé de fatigue et d'inanition, je me sentis absolument incapable de parler davantage avec l'inspecteur allemand qui m'ac-

1. Winslow, *on Obscure Diseases*, 345.

compagnait. Tous les mots et toutes les phrases allemandes avaient déserté ma mémoire ; c'est seulement après que j'eus pris de la nourriture et du vin et que je me fus reposé quelque temps que je les retrouvai. »
— Des accidents semblables ne sont point rares après les fièvres cérébrales ou les grandes pertes de sang. Une dame, dit Winslow [1], après une large hémorrhagie utérine, « avait oublié où elle demeurait, qui était son mari, combien de temps elle avait été malade, le nom de ses enfants et même son propre nom. Elle ne pouvait désigner aucune chose par la vraie dénomination, et, en essayant de le faire, elle commettait les plus singulières méprises. Avant sa maladie, elle avait eu l'habitude de parler français au lieu de parler anglais. Mais alors elle sembla avoir perdu toute connaissance du français ; car, lorsque son mari lui parlait dans cette langue, elle ne paraissait pas comprendre le moins du monde ce qu'il disait, quoiqu'elle pût converser en anglais sans difficulté. » Au bout de sept ou huit semaines, ces lacunes de la mémoire se remplirent un peu, et, au bout de quelques mois, elles étaient tout à fait comblées. Pareillement un gentleman cité par Abercrombie [2], ayant reçu un coup sur la tête, perdit tout d'un coup la connaissance du grec, tous ses autres souvenirs demeurant intacts.
— La défaillance porte quelquefois sur une période de la vie antérieure. « Un clergyman [3], sortant d'une attaque d'apoplexie, avait perdu le souvenir de quatre années et de quatre années seulement. Il se rappelait parfaitement tout ce qui avait précédé cette période.

---

1. Winslow, *on Obscure Diseases*, 344.
2. *Inquiry into the intellectual powers*, p. 150.
3. *Ibidem*.

CH. II. RENAISSANCE ET EFFACEMENT DE L'IMAGE 153

Il guérit par degrés. » Un autre malade, qui était venu à Édimbourg depuis dix à douze ans, ne se rappelait plus rien de cette portion de sa vie ; au contraire, la portion antérieure qu'il avait passée dans un autre pays lui était très-présente. — Dernièrement, on a vu en Russie un célèbre astronome oublier tour à tour les événements de la veille, puis ceux de l'année, puis ceux des dernières années, et ainsi de suite, la lacune gagnant toujours, tant qu'enfin il ne lui resta plus que le souvenir des évènements de son enfance ; on le croyait perdu ; mais, par un arrêt soudain et un retour imprévu, la lacune se combla en sens inverse, les événements de la jeunesse redevenant visibles, puis ceux de l'âge mûr, puis les plus récents, puis ceux de la veille. La mémoire était restaurée tout entière quand il mourut.

Ces sortes de réparations graduelles ont été observées aussi après des chutes violentes ; et la fêlure de la mémoire s'est bouchée tantôt par un bout, tantôt par un autre. « Il y a quelques années, dit Abercrombie [1], je vis un enfant qui, en tombant d'un mur, s'était heurté la tête contre une pierre. Il fut rapporté au logis dans un état d'insensibilité. Il revint bientôt à lui, mais sans se souvenir en aucune façon de l'accident. Il sentait que sa tête était blessée, mais ne soupçonnait pas comment il avait reçu la blessure. Après un peu de temps, il se rappela qu'il s'était frappé la tête contre une pierre, mais ne put se rappeler comment cela lui était arrivé. Après un autre intervalle, il se rappela qu'il avait été sur la crête d'un mur et qu'il en était tombé, mais ne put se souvenir de l'endroit où était

---

1. *Inquiry*, etc., 147.

le mur. Après un autre intervalle plus long, il retrouva le souvenir de toutes les circonstances. » D'autres blessés oublient l'accident tout seul, mais non les circonstances ; d'autres, les circonstances toutes seules, mais non l'accident. — Quelquefois l'altération est plus bizarre et ne retranche qu'un certain genre d'associations [1]. Une dame, après une attaque d'apoplexie, retrouva ses idées des choses, mais ne pouvait plus les nommer. Elle ne pouvait se faire comprendre qu'en allant dans la maison et en montrant du doigt les divers objets. — Un gentleman avait cessé de comprendre les noms *prononcés,* mais entendait très-bien les noms *écrits.* Comme il dirigeait une ferme, il avait dans sa chambre une liste des mots qui avaient chance de se rencontrer dans les discours de ses ouvriers. Quand un de ceux-ci désirait l'entretenir sur un sujet, le gentleman l'écoutait d'abord sans rien saisir des paroles, sauf le son. Il regardait alors les mots de sa liste écrite, et, toutes les fois que les mêmes mots écrits frappaient ses yeux, il les comprenait parfaitement [2]. »

1. *Inquiry,* etc., 150.
2. Autres faits analogues dans le *Dict. d'hist. naturelle,* publié par M. Guérin, article de Grimaud de Caux. (Duval Jouve, *Logique,* p. 159.)
« Un homme de soixante ans et bien portant laisse se fermer un ulcère qu'il avait depuis longtemps à la jambe. Bientôt il ressentit une attaque d'apoplexie légère, suivie de la perte de la mémoire des mots, puis de la langue française. Ce qu'il y a d'étonnant, c'est qu'il se rappelait très-bien la langue piémontaise.
« A son départ pour la Grèce, un de nos savants fut renversé de sa voiture par une violente secousse ; une boîte, peu lourde pourtant, lui tomba sur la tête ; il ne s'ensuivit ni douleur ni plaie des téguments ; mais le blessé oublia totalement le pays d'où il était sorti, le but de son voyage, le jour de la

CH. II. RENAISSANCE ET EFFACEMENT DE L'IMAGE 155

Cette suppression des aptitudes ordinaires fait comprendre la résurrection d'aptitudes perdues. Telle disposition organique nouvelle peut être défavorable aux premières ; pareillement, telle disposition organique nouvelle peut être favorable aux secondes. Les premières cessent d'être actives, comme un nerf soudainement paralysé ; les secondes redeviennent actives, comme un nerf paralytique soudainement électrisé. On en a vu un cas chez cette jeune fille ignorante qui, dans son délire, récitait des morceaux de grec et d'hébreu rabbinique, chez cette servante qui, prise de fièvre chaude, parlait le gallois que, bien portante, elle n'entendait pas [1]. « Un homme, dit Abercrombie, né en France, avait passé la plus grande partie de sa vie en Angleterre, et, depuis plusieurs années, avait perdu entièrement l'habitude de parler français. Ayant été placé entre les mains de M. Abernethy, à la suite d'une blessure à la tête, il parlait toujours français. » En d'autres cas, la même réviviscence a été observée pour d'autres langues. « Un célèbre médecin de mes amis, dit encore le même auteur, m'apprend qu'ayant un jour la fièvre, mais sans aucun délire, il répéta de longs passages d'Homère, chose qu'il ne pouvait faire

---

semaine, le repas qu'il venait de faire, toute l'instruction qu'il avait acquise. Enfin il avait oublié le nom de ses parents, de ses amis ; il ne se rappelait que le sien, celui de ses enfants, et le symbole de la Trinité. Il remonta en voiture pour se faire soigner, et, au bout d'une demi-heure de cahots par un chemin très-pierreux, guérit tout à coup. »

162. « Les uns oublient les noms propres. Dietrich a conservé l'histoire d'un individu qui avait oublié la moitié des mots et se rappelait les faits. On en a vu oublier entièrement une langue étrangère, les faits historiques, ou les dates, etc., et se souvenir de tout le reste. »

1. Abercrombie, *Inquiry*, etc., 141, 143.

étant bien portant. » Un autre, qui, en santé, était fort mal doué pour la musique et avait presque oublié la langue gaélique, chantait, étant malade, des chansons gaéliques, et cela avec une grande précision, quoique la mélodie fût difficile et qu'auparavant il fût tout à fait incapable de les chanter.

A présent, concevons dans le même individu deux états distincts, comme ceux que l'on vient de décrire. Supposons que dans le premier tel groupe d'images, dans le second tel autre groupe d'images puisse seul se réveiller, ce qui doit se produire si dans les deux états la disposition organique générale est différente, et si cette différence est nettement tranchée. L'individu aura deux mémoires, la première ne rappelant que les évènements du premier état, et la seconde ne rappelant que les évènements du second état [1]. Une jeune dame américaine [2], dit Macnish, au bout d'un sommeil prolongé, perdit le souvenir de tout ce qu'elle avait appris. Sa mémoire était devenue table rase.

---

1. « Chez les individus qu'on hypnotise deux fois, nous voyons survenir, au réveil, l'oubli complet des pensées et des actes artificiellement produits, tandis qu'ils en retrouvent le souvenir distinct quand ils rentrent dans l'état artificiel. M. Braid affirme avoir eu des sujets très-intelligents qui se rappelaient avec une exactitude minutieuse ce qui s'était passé, six années auparavant, durant leur sommeil, et qui en faisaient le récit toutes les fois qu'on les hypnotisait, tandis qu'ils n'en avaient aucun souvenir quand ils étaient éveillés. »
(*De la Folie artificielle*, par le Dr Tuke, *Annales médico-psychologiques*, 4e série, tom. VI, p. 271.)

2. Macnish, *Philosophy of Sleep*, p. 215. — Dr Azam, *De l'amnésie périodique ou doublement de la vie*. Le cas de Felida X. est analogue, quoique moins tranché. La malade présente tour à tour deux états, l'un triste, l'autre gai ; dans l'état gai, elle se rappelle tous les états antérieurs, gais ou tristes ; dans l'état triste, elle ne se rappelle que les états tristes, elle n'a aucun souvenir des états gais.

Elle fut obligée d'apprendre de nouveau à épeler, à lire, à écrire, à calculer, à connaître les objets et les personnes qui l'entouraient. Quelques mois après, elle fut reprise d'un profond sommeil, et, quand elle s'éveilla, elle se retrouva telle qu'elle était avant son premier sommeil, ayant toutes ses connaissances et tous ses souvenirs de jeunesse, par contre, ayant complètement oublié ce qui s'était passé entre ses deux accès. » Pendant quatre années et au delà, elle a passé périodiquement d'un état à l'autre, toujours à la suite d'un long et profond sommeil.... « Sa première manière d'être, elle l'appelle maintenant l'ancien état, et sa seconde, le nouvel état. Elle a aussi peu conscience de son double personnage que deux personnes distinctes n'en ont de leurs natures respectives. Par exemple, dans l'ancien état, elle possède toutes ses connaissances primitives. Dans le nouvel état, elle a seulement celles qu'elle a pu acquérir depuis sa maladie. Dans l'ancien état, elle a une belle écriture ; dans le nouveau, elle n'a qu'une pauvre écriture maladroite, ayant eu trop peu de temps pour s'exercer. Si un monsieur ou une dame lui sont présentés dans un des deux états, cela ne suffit pas ; elle doit, pour les connaître d'une manière suffisante, prendre connaissance d'eux dans les deux états. Il en est de même des autres choses. A présent, la dame et sa famille sont capables de conduire l'affaire sans trop d'embarras ; ils savent seulement qu'elle est dans l'ancien ou dans le nouvel état, et se gouvernent en conséquence. » — Cette double vie se rencontre souvent chez les somnambules [1]. La plupart d'entre eux oublient, une fois

1. Maury, *Du sommeil,* 210. — Todd, *Cyclopædia,* article SLEEP, 692. — Puel, *Mémoire sur la catalepsie.*

réveillés, ce qu'ils ont fait étant endormis, et sont tout surpris de se trouver hors de leur lit ou dans la rue. Mais maintes fois l'oubli cesse au second accès. « Le somnambule, dit M. Maury, reprend alors la chaîne de ses idées interrompues par la veille. La malade du docteur Mesnet poursuivait ainsi dans un accès des projets de suicide conçus durant l'accès antérieur et oubliés dans l'intervalle lucide; elle se rappelait alors toutes les circonstances de l'autre accès. M. Macario a cité l'exemple très-significatif d'une jeune femme somnambule à laquelle un homme avait fait violence et qui, éveillée, n'avait plus aucun souvenir, aucune idée de cette tentative. Ce fut seulement dans un nouveau paroxysme qu'elle révéla à sa mère l'outrage commis sur elle. » Dans ces deux cas, la veille ne rappelait que la veille; l'état somnambulique ne rappelait que l'état somnambulique, et les deux vies alternantes faisaient chacune un tout à part.

Des correspondances et des séparations semblables, mais partielles et temporaires, se rencontrent dans la vie courante[1]. « M. Combes mentionne le cas d'un Irlandais, porteur commissionnaire d'une maison de commerce, qui, étant ivre, laissa un paquet à une fausse adresse, et, revenu à lui, ne put se rappeler ce qu'il en avait fait. Mais, s'étant enivré de nouveau, il se souvint de l'endroit où il l'avait laissé et y alla. » M. Maury cite aussi des rêves oubliés à l'état de veille et qui plus tard, dans un nouveau sommeil, sont rappelés. — D'autre part, notre mémoire ordinaire ne rappelle qu'une moitié de nos états. Nous rappelons nos pensées de la veille, mais non celles de

---

[1]. Machish, *ibid.*, 96.

CH. II. RENAISSANCE ET EFFACEMENT DE L'IMAGE 159

la nuit pendant laquelle nous avons dormi ; si vives qu'elles aient été, quand même elles auraient provoqué des actions ou des commencements d'action, des cris, des gestes et tout ce qu'un homme agité fait en dormant, il est bien rare qu'au réveil nous puissions en ressaisir quelques parcelles [1]. Chose étrange, on sort d'un rêve intense et plein d'émotions ; il semble qu'un état si violent doive aisément et longtemps se reproduire. Point du tout ; au bout de deux ou trois minutes, les objets si nettement aperçus se fondent en vapeurs ; et ces vapeurs s'évanouissent ; une demi-heure après, j'aurais peine à dire mon rêve ; pour m'en souvenir plus tard, je suis obligé de l'écrire à l'instant. — C'est que l'état physiologique et l'afflux du sang dans le cerveau ne sont pas les mêmes dans le sommeil et dans la veille, et que le second état, favorable au réveil de ses images, n'est pas favorable au réveil des images du premier état.

Mais quel que soit le phénomène, rudimentaire et normal, ou anormal et complet, il montre comment nos images, en se liant, composent ce groupe qu'en langage littéraire et judiciaire on appelle la personne morale. Si deux groupes sont bien tranchés, de telle façon que nul élément de l'un n'éveille aucun élément de l'autre, on aura, ainsi que le montre la malade citée par Macnish, deux personnes morales dans le même individu. Si dans l'un des deux états les images ont des associations très-exactes et très-délicates, si, comme on le voit chez plusieurs somnambules [2], des aptitudes supérieures se déclarent, si,

---

1. Macnish, *ibid.*
2. Maury, *ibid.*, 125.

comme on le remarque dans l'ivresse et après plusieurs maladies, les passions prennent un autre degré et un autre tour, non-seulement les deux personnes morales seront distinctes, mais il y aura entre elles des disproportions et des contradictions monstrueuses. — Sans doute, quoique, chez les somnambules, les personnes hypnotisées et les extatiques, des contrastes semblables opposent la vie ordinaire à la vie anormale, leurs deux vies ne sont point nettement ni entièrement séparées ; quelques images de l'une s'introduisent toujours ou presque toujours dans l'autre ; et la supposition que nous avons faite reste, quand il s'agit de l'homme, une simple vue de l'esprit. — Mais dans les animaux elle rencontre des cas où elle s'applique avec exactitude ; tel est celui des batraciens et des insectes qui subissent des métamorphoses. L'organisation et le système nerveux, en se transformant chez eux, amènent tour à tour sur la scène deux et trois personnes morales dans le même individu : dans la chrysalide, dans la larve et dans le papillon, les instincts, les images, les souvenirs, les sensations et les appétits sont différents ; le ver à soie qui file et son papillon qui vole, la larve vorace de hanneton avec son terrible appareil d'estomacs et le hanneton lui-même, sont deux états distincts du même être à deux époques de son développement, deux systèmes distincts de sensations et d'images entés sur deux formes distinctes de la même substance nerveuse. — Si un sommeil pareil à celui de la chrysalide nous surprenait au milieu de notre vie et si nous nous réveillions avec une organisation et une machine nerveuse aussi transformées que celles du ver devenu papillon, la rupture **entre nos deux** personnes morales

CH. II. RENAISSANCE ET EFFACEMENT DE L'IMAGE

serait visiblement aussi forte chez nous que chez lui. — Le lecteur voit maintenant les suites infinies de cette propriété des sensations et des images que nous avons appelée l'aptitude à renaître ; elle assemble en groupes nos événements internes, et, par-dessus la continuité de l'être physique que constitue la forme permanente, elle constitue, par le retour et par la liaison des images, la continuité de l'être moral.

LIVRE TROISIÈME

LES SENSATIONS

CHAPITRE PREMIER

LES SENSATIONS TOTALES DE L'OUÏE ET LEURS ÉLÉMENTS

SOMMAIRE.

I. Réduction des idées à une classe d'images et des images à une classe de sensations. — Énumération des principales sortes de sensations. — Ce que signifie le mot sensation. — Distinction entre la propriété du corps extérieur qui provoque la sensation et la sensation elle-même. — Distinction entre la sensation brute et la position apparente que la conscience lui attribue. — Distinction entre la sensation et l'état du nerf ou des centres nerveux. — Caractères propres et primitifs de la sensation.
II. Classification des sensations d'après Gerdy, Mueller, Longet et Bain. — Sa commodité pratique et son insuffisance scientifique. — En quoi les sensations classées diffèrent des autres faits également classés. — Nous ne démêlons pas les éléments des sensations. — Les sciences physiques et physiologiques ne peuvent démêler ces éléments, mais seulement les conditions des sensations totales. — Les sensations semblent irréductibles à d'autres données plus simples. — La psychologie semble, par rapport à elles, comme la chimie est par rapport aux corps simples.
III. La psychologie est, par rapport à elles, comme la chimie était par rapport aux composés chimiques avant la découverte des corps simples. — Analyse des sensations de son. — Diverses sortes de sons. — En apparence, elles sont irréductibles l'une à l'autre. — Roue de Savart et sirène d'Helmholtz. — Son musical. — La sensation continue se compose alors de sensations élémentaires successives. — Cas des sons

très-graves. — Nous pouvons alors démêler les sensations élémentaires successives. — Chacune d'elles a une durée et passe d'un minimum à un maximum d'intensité. — Cas des sons musicaux quelconques. — Expérience de Savart. — Nombre énorme des sensations élémentaires qui se succèdent en une seconde pour former la sensation totale d'un son aigu. — Ce nombre croît à mesure que le son devient plus aigu. — En ce cas, les sensations élémentaires cessent d'être démêlées par la conscience. — Aspect que doit prendre la sensation totale. — Elle le prend en effet. — Les caractères de grave, d'aigu, de haut, de bas, de large, d'effilé, d'uni, de vibrant, que nous trouvons dans la sensation totale, s'expliquent par l'arrangement des sensations élémentaires.
IV. Suite de l'analyse des sensations de son. — Explication de la sensation d'intensité. — Explication de la sensation du timbre. — Découverte d'Helmholtz. — Explication de la sensation de bruit. — Construction de toutes les sensations totales de son au moyen des sensations élémentaires de son. — Analyse de la sensation élémentaire de son. — Elle se compose d'un minimum, d'un maximum et d'une infinité d'intermédiaires.

I. De réduction en réduction, nous sommes arrivés au fait primitif et en apparence irréductible, dont tous les autres, images et idées, ne sont que les répétitions plus ou moins transformées et déguisées. Il s'agit de la sensation, et avant de la définir, c'est-à-dire de montrer sa nature, il convient de la désigner, c'est-à-dire de la démêler et de la faire reconnaître dans l'amas de faits où elle est comprise. — Lorsqu'un instrument tranchant s'enfonce dans notre chair, nous souffrons, et cette douleur, prise en elle-même et toute seule, est une sensation proprement dite. Il y a un grand nombre de faits semblables, quoique différents par l'espèce et le degré. Telles sont les sensations de contact, de pression, de chatouillement, qui ordinairement s'éveillent en nous lorsqu'un corps extérieur touche d'une certaine façon certaines portions de notre corps; telles sont les sensations de température qui se produisent lorsqu'un certain degré de chaleur est ajouté ou ôté à notre température propre; telles sont les sensations d'activité musculaire, ainsi nommées parce qu'elles nous avertissent de la tension ou du relâchement de nos muscles; telles sont enfin les sensations excitées en nous par les particules liquides d'un objet que nous goûtons, par les particules volatiles d'un objet que nous flairons, par les vibrations de l'air qui frappe notre appareil acoustique, par les vibrations de la lumière qui frappe notre appareil optique, et qu'on nomme ordinairement sensations de saveur, d'odeur, de son et de couleur.

Plusieurs de ces noms sont ambigus, et les mots saveur, odeur, son, couleur, chaleur désignent tantôt une propriété plus ou moins mal connue des corps environnants, des particules liquides ou volatiles, des vibrations aériennes ou lumineuses, tantôt l'espèce bien connue des sensations que ces corps, particules et vibrations, excitent en nous. Mais la distinction est aisée à faire; car la propriété appartient à l'objet et non à nous, tandis que la sensation appartient à nous et non à l'objet. Le jus de citron a une saveur acide; cela signifie que le jus de citron possède une propriété inconnue capable d'éveiller en nous une sensation bien connue, celle de la saveur acide. Cette feuille de papier est de couleur blanche; cela signifie que, en vertu de sa texture particulière, cette feuille de papier, une fois éclairée, peut éveiller en nous la sensation de la couleur blanche. — Deux autres distinctions moins faciles ne sont pas moins nécessaires. Quand nous éprouvons une sensation, nous la situons;

nous rapportons telle douleur, telle impression de chaleur, telle sensation de contact à la main, à la jambe, à tel ou tel endroit du corps, telle sensation d'odeur à l'intérieur du nez, telle sensation de saveur au palais, à la langue, ou à l'arrière-bouche. Mais, comme on le verra plus tard, c'est là une opération ultérieure engendrée par l'expérience ; un groupe d'images s'est associé la sensation pour lui attribuer cette position ; ce groupe lui donne une situation qu'elle n'a pas, et d'ordinaire la place à l'extrémité du nerf dont l'action la provoque. Parfois même, une seconde opération surajoutée la place plus loin ; les sons et les couleurs, qui ne sont que des sensations, nous semblent aujourd'hui situés, non dans nos organes, mais au loin, dans l'air ou à la surface des objets extérieurs ; le lecteur verra, dans l'examen de la perception extérieure, comment l'éducation des sens produit ce recul apparent. En attendant, il doit, pour bien comprendre la sensation, la séparer de cet accompagnement, laisser de côté tous les appendices que le temps vient souder sur elle, la considérer simple et brute. — Enfin, il faut la distinguer, au moins provisoirement, de l'état du nerf et des centres nerveux qui, par leur ébranlement, la font naître. A la vérité, cet état est sa condition suffisante et nécessaire ; mais il n'est pas sûr qu'elle soit la même chose que lui ; au premier regard, elle en diffère, et, certainement, elle ne nous est pas connue au même degré que lui ni de la même façon. Car elle est aperçue directement, complètement, à l'instant même, tandis qu'il est constaté indirectement, incomplètement et fort tard ; il a fallu une infinité de recherches anatomiques et physiologiques pour nous apprendre que la sensation dépend de lui ; encore aujourd'hui nous ignorons tout à fait en quoi il consiste, s'il est une vibration propagée, un flux électrique, un changement chimique ou toute autre chose. La rigueur de la méthode exige donc qu'en ce moment nous le laissions à part pour étudier d'abord la sensation à part. — Ainsi circonscrite, elle est ce premier évènement intérieur, connu sans intermédiaire, accompagné d'images associées qui le situent, excité par un certain état des nerfs et des centres nerveux, état inconnu et qui d'ordinaire est provoqué en nous par le choc des objets extérieurs.

II. Voilà un fait d'importance capitale, car ses variétés et ses arrangements font l'étoffe de toutes nos connaissances. Quand nous considérons de près une de nos conceptions, celle d'une plante, d'un animal, d'un minéral, nous trouvons toujours que les fils primitifs dont elle est tissée sont des sensations et rien que des sensations ; on en verra plus tard la preuve. Mais on l'a déjà, si l'on se souvient que nos images ne sont que des sensations renaissantes, que nos idées ne sont que des images devenues signes, et qu'ainsi la trame élémentaire subsiste plus ou moins déguisée à tous les étages de notre pensée. — Ces fils primitifs sont d'espèces diverses. Depuis longtemps, selon la méthode ordinaire, on a distribué les sensations en classes et sous-classes, plus ou moins heureusement, d'abord d'après le genre de service qu'elles nous rendent, ensuite d'après les circonstances particulières où elles naissent et d'après l'endroit où les images associées les situent, enfin, d'après les ressemblances assez grossières que l'observation intérieure trouve en elles [1]. — On a fait une première famille avec celles qui dénotent les divers états du corps sain ou malade, et qui sont moins des éléments de connaissance que des stimulants d'action ; on les a nommées sensations de la vie organique, et, d'après l'appareil ou la fonction qui les provoque, on les a divisées en genres et en espèces : ici l'effort, la fatigue, et diverses douleurs déterminées par l'état des muscles, des os et des tendons ; un peu plus loin, l'épuisement nerveux et les souffrances nerveuses déterminées par l'état propre des nerfs ; ailleurs les angoisses de la soif et de la faim déterminées par l'état de la circulation et de la nutrition ; là-bas, la suffocation et un certain état tout opposé de bien-être déterminés par l'état de la respiration ; ailleurs encore, les sensations de froid et de chaud, déterminées par un état général de tous les organes ; ailleurs enfin, d'autres, comme les sensations digestives, déterminées par l'état du canal alimentaire. — A côté de cette famille, on en a formé une seconde dont les premiers genres touchent aux derniers de la précédente ; elle comprend les sensations qui ne nous renseignent point sur la santé ou sur la maladie de notre corps, et qui sont moins des stimulants d'action que des éléments de connaissance. On les nomme sensations de la vie intellectuelle, et, d'après les organes spéciaux qui les éveillent, on les divise en sensations de l'odorat, du goût, du toucher, de l'ouïe et de la vue. Dans chacun de ces genres, on a introduit des espèces. Dans les sensations du goût, on a distingué les saveurs [2] parentes

---

1. Gerdy, *Physiologie des sensations et de l'intelligence.* — Bain, *Senses and Intellect*, 87, 250.
2. *Relishes*, distingués des *tastes*. — Bain, *Senses and Intellect.*

des sensations alimentaires, capables suivant l'état de l'estomac de provoquer l'appétit ou le dégoût, et les saveurs proprement dites, divisibles elles-mêmes en plusieurs groupes, celles de l'amer, du doux, du salé, de l'alcalin, de l'acide, de l'astringent. Dans les sensations de l'odorat, on a distingué de même les odeurs parentes des sensations respiratoires, composées ou mêlées d'une sensation de fraîcheur ou d'étouffement, et les odeurs proprement dites, divisibles elles-mêmes en parfumées, infectes, piquantes, éthérées, etc. Des classifications semblables interviennent pour distribuer les sensations des autres sens; et on les trouvera un peu différentes, selon les divers auteurs [1].

Mais ces différences importent peu, car on n'aboutit par là qu'à une sorte de revue; on a fabriqué un casier commode, garni de cases, où l'on retrouve aisément la sensation qu'on veut considérer; on n'a rien fait de plus. On ne sait pas en quoi consiste la sensation elle-même; si l'on en considère une, par exemple celle de l'odeur de rose, on la trouve comprise dans l'espèce des odeurs parfumées avec celle de lis, de violette, de musc, et une infinité d'autres. Mais, tout en la distinguant des autres, on ne peut dire en quoi elle en diffère; on voit vaguement qu'elle est plus forte que celle de violette, moins forte que celle de lis; à cela se réduit notre connaissance. Nous ne pouvons énumérer et préciser ses éléments comme lorsqu'il s'agit de deux espèces minérales ou végétales; nous n'avons pas ici d'éléments comparables, capables de s'additionner ou de s'orienter les uns par rapport aux

---

[1]. Voyez les *Manuels de Physiologie* de Longet, de Mueller de Carpenter, de Todd et Bowman.

autres, comme la grandeur, la forme, la position, le nombre ; les qualités mathématiques et géométriques, qui servent de fondement aux sciences physiques, nous manquent. — Et, d'autre part, les points de vue d'après lesquels on construit les sciences morales nous manquent aussi. Nous n'avons point ici ces éléments communs, images, représentations, idées générales, auxquels se réduisent les diverses inventions humaines et les diverses combinaisons sociales. Nous sommes au point central de la connaissance, sorte de nœud placé entre la tige infiniment ramifiée et la racine infiniment ramifiée, enfermant dans son étroite enceinte l'origine des fibres qui, en haut, en bas, par leur multiplication et leur arrangement, constituent la plante entière. — Mais, justement parce que nos sensations sont les éléments dont se compose le reste, nous ne pouvons les décomposer comme le reste ; nous ne trouvons pas d'éléments à ces éléments. Nous pouvons montrer comment avec elles nous formons les images, les représentations, les idées générales, comment avec elles nous formons les notions de grandeur, de position, de forme, de nombre ; mais, de quoi elles-mêmes elles se forment, nous ne le savons pas.

Il semble donc qu'elles échappent à la science ; et, en effet, quand on lit les livres qui traitent d'elles, on n'apprend guère que ce que l'on savait déjà ; la lecture faite, on les trouve bien rangées dans son esprit ; voilà tout. Si l'on s'est instruit, c'est ailleurs, en physiologie et en anatomie, par la connaissance des appareils, organes et mouvements desquels elles dépendent. Même avec les espérances les plus vastes, on ne découvre à l'horizon qu'une connaissance plus étendue de ces appareils, de ces mouvements et de ces organes ; peut-être un jour, si le microscope devient plus puissant, lorsque la théorie de l'électricité, la chimie organique et la physique moléculaire auront fait quelque grand pas, les expérimentateurs démêleront dans un nerf les diverses fibres primitives, définiront exactement leur mouvement intestin, expliqueront la structure des centres nerveux, préciseront le changement d'état que l'action du nerf y provoque. — Au mieux, et en supposant la science complète, on entrevoit une formule mathématique, capable de résumer en une loi les diverses positions et relations de toutes les particules nerveuses. — Mais ces progrès, si grands qu'on les imagine, n'ajoutent rien à notre idée des sensations ; ils nous éclairent sur leurs conditions, et non sur elles. Qu'on me définisse le mouvement moléculaire produit dans les glossopharyngiens et cet autre mouvement moléculaire qui, par contre-coup, se développe dans les centres nerveux lorsqu'une dissolution de sucre ou de coloquinte passe sur ma langue et dans mon arrière-bouche ; je n'en serai pas plus instruit sur la nature de la sensation du doux et de l'amer. Je saurai les circonstances où elle naît ; je ne connaîtrai pas ses éléments, ni même si elle en a. Tout au plus trouverai-je peut-être quelque loi qui relie l'accroissement de l'amertume au développement de telle forme du mouvement moléculaire, pareille à la loi qui fait croître l'acuité des sons avec le nombre des vibrations transmises au nerf auditif.

La chose est bien plus visible encore si l'on compare entre elles, non plus deux sensations différentes du même sens, mais les sensations de deux sens différents, même lorsqu'elles sont produites par la même cause extérieure, par exemple le chatouillement de la peau et le son produit par les mêmes vibrations de l'air, la sensation de douleur et le cercle lumineux produit par la même compression de l'œil, les sensations de lumière éclatante, de son sifflant, de choc ou de picotement, produites par la même électricité appliquée aux différents sens. Chacun de ces sens forme un domaine à part; ni l'odeur, ni la saveur, ni la couleur, ni le son, ni la sensation du contact ne peuvent être ramenés l'un à l'autre, et, dans chaque sens, il y a plusieurs domaines non moins séparés entre eux; la saveur salée, la saveur amère et la saveur sucrée, comme le bleu, le rouge et le jaune, comme les sensations de chaleur, de pression, de chatouillement, semblent également irréductibles entre elles. — La seule donnée intrinsèque qu'on trouve commune à tous ces domaines si profondément distincts, c'est le degré d'intensité ; chaque sensation est capable de plus et de moins ; elle est un degré dans une grandeur ; l'odeur, la saveur, le son, la clarté, la pression, peuvent être plus ou moins forts. Il en est de même pour les groupes secondaires compris dans les groupes principaux; toute sensation spéciale, celle de l'amer, du chatouillement, du bleu, a un maximum et un minimum au delà desquels elle cesse ou entre dans une autre espèce. — Mais chacune d'elles est une sorte de corps simple qui, capable en lui-même d'augmentation et de diminution, ne se laisse ramener à aucun des autres. Il y en a soixante et plus en chimie ; il y en a bien davantage, pour tel sens, l'odorat par exemple ou le goût; car il n'est presque pas de matière volatile odorante qui ne forme un type à part ; à côté de la sensation qu'elle provoque, on en peut mettre parfois deux ou trois autres tout au plus, comme l'odeur de l'ail et de la vapeur d'arsenic à côté de l'odeur de l'étain ; ainsi les espèces sont innombrables, et les genres presque nuls ; à cet égard, comptez les odeurs des plantes parfumées dans un parterre, et des gaz désagréables dans un laboratoire de chimie. — En sorte qu'au commencement de la psychologie nous sommes obligés, ce semble, de poser un nombre très-grand de données mutuellement irréductibles, comme les corps simples en chimie, comme les espèces animales en zoologie, comme les espèces végétales en botanique, mais avec ce désavantage particulier qu'en chimie, en botanique, en zoologie, les différences et les ressemblances sont constituées par des éléments homogènes et précis, le nombre, la force et la forme, tandis que, dans les sensations, nul élément pareil ne pouvant être isolé, nous sommes réduits à l'affirmation brute de quelques ressemblances grossières et à la constatation sèche de différences indéfinissables en nombre indéfini.

III. Cependant les sensations ont des éléments, et on va s'en assurer par divers exemples. Chacun sait que dans un accord il y a deux sons, que dans une couleur ordinaire il y a plusieurs couleurs ; il faut avancer d'un pas et voir si les sensations de son, de couleur et les autres qui nous paraissent simples ne sont pas, elles aussi, composées de sensations plus simples. — La psychologie est aujourd'hui en face des sensations prétendues simples, comme la chimie à son début était devant les corps prétendus simples. En effet, intérieure ou extérieure, l'observation, à son premier stade, ne saisit que des composés ; son affaire est de les décomposer en leurs éléments, de montrer les divers groupements dont les mêmes éléments sont capables, et de construire avec eux les divers composés. Le chimiste prouve qu'en combinant, avec une molécule d'azote, une, deux, trois, quatre, cinq molécules d'oxygène, on construit le protoxyde d'azote, le deutoxyde d'azote, l'acide azoteux, l'acide hypo-azotique, l'acide azotique, cinq substances qui, pour l'observation brute, n'ont rien de commun et qui pourtant ne diffèrent que par le nombre des molécules d'oxygène comprises dans chacune de leurs parcelles. Le psychologue doit chercher si, en joignant telle sensation élémentaire avec une, deux, trois autres sensations élémentaires, en les rapprochant dans le temps, en leur donnant une durée plus longue ou plus courte, en leur communiquant une intensité moindre ou plus grande, il ne parvient pas à construire ces blocs de sensations que saisit la conscience brute et qui, irréductibles pour elle, ne diffèrent cependant que par la durée, la proximité, la grandeur et le nombre de leurs éléments.

Or il est un groupe de sensations dans lequel la réduction peut être complète; ce sont celles de l'ouïe, et de celles-ci on peut à bon droit conclure aux autres : la solution partielle atteinte indique la solution générale qu'on atteindra. — En apparence, les espèces de sons sont fort nombreuses, et l'observation ordinaire y démêle beaucoup de qualités qui semblent simples. Deux sons produits par le même instrument peuvent être l'un plus aigu, l'autre plus grave. Deux sons également graves ou aigus ont des timbres différents, s'ils sont produits l'un par un violon, l'autre par une flûte. Deux sons également graves ou aigus et du même timbre peuvent être plus ou moins forts ou intenses. Deux sons peuvent être l'un musical, l'autre non musical, c'est-à-dire que l'un est une sensation continue et dont toutes les parties sont semblables entre elles, tandis que l'autre est une sensation discontinue et composée de parties non semblables entre elles. Enfin ce dernier genre contient beaucoup d'espèces qui paraissent irréductibles l'une à l'autre, explosions, cliquetis, grincements, bourdonnements, bruissements, et qu'on est obligé de désigner par le corps et la condition extérieure qui les produisent, son d'un marteau, d'une vitre, d'un morceau de bois, du papier froissé, etc. — Dans ce grand amas, on distingue deux qualités capables de degrés, l'intensité et l'acuité; à cet égard, les divers sons font une échelle; à tous les autres égards, ils sont juxtaposés, vaguement rapprochés les uns des autres, comme les odeurs et les saveurs, sans que personne puisse dire en quoi consiste ce rapprochement; par exemple, le timbre, comme le bruit, est une chose qu'on ne définit pas. Le même *sol* chanté avec la même force par une clarinette, une flûte, un violon, un cor, un basson, s'empreint, selon les divers instruments, d'un caractère spécial; il est plus perçant dans le violon, plus éclatant dans le cor, plus doux dans la flûte, plus mordant dans la clarinette, plus étouffé dans le basson. Mais tous ces adjectifs ne le définissent pas; ils indiquent seulement quelque analogie lointaine entre notre impression totale et des impressions d'une autre nature; ils sont de simples étiquettes littéraires comme les noms que nous employons à l'endroit des odeurs, lorsque nous disons que l'odeur de l'héliotrope est fine, celle du lis pleine et riche, celle du musc pénétrante, etc. Ces épithètes disent quelque chose de notre sensation, mais fort peu de chose ; en tout cas, elles ne nous disent pas les sensations élémentaires dont est construite notre sensation.

Par bonheur, les physiciens et les physiologistes, en poussant leurs recherches, ont avancé les nôtres, et leurs découvertes sur les ondulations et les nerfs nous permettent de trouver ce que nous cherchions. — Ce qui provoque la sensation de son, c'est l'ébranlement du nerf acoustique ordinairement excité par la vibration de l'air extérieur ; de plus, on remarque en fait qu'en choisissant des ébranlements tous exactement semblables on provoque des sensations de son toutes exactement semblables. Tel est le cas pour la sirène de Cagniard Latour ou d'Helmholtz et pour la roue de Savart ; quand cette roue tourne d'un mouvement uniforme, ses dents également distantes frappent tour à tour une latte en passant, et cette succession régulière d'ébranlements pareils éveille en nous une succession régulière de sensations pareilles de son semblable. Or, tant que la roue tourne assez lentement, les sensations, étant discontinues, sont distinctes ; et chacune d'elles, étant composée, est un bruit. Mais si la roue se met à tourner avec une vitesse suffisante, *une sensation nouvelle s'élève*, celle d'un son musical. Parmi des restes de bruits qui persistent encore et continuent à être distincts, elle se dégage comme un évènement d'espèce différente ; entre les diverses sensations élémentaires, qui constituaient chaque bruit, il en est une que l'opération a séparée ; désormais celle-ci n'est plus distincte de la *sensation élémentaire semblable* qui la suit dans chacun des bruits suivants. *Toutes ces semblables font maintenant ensemble une longue sensation continue;* leurs limites mutuelles se sont effacées; l'expérience, comme une analyse chimique, a retiré une sensation élémentaire du groupe complexe où elle était incluse, pour la joindre à une sensation élémentaire absolument pareille et faire un composé nouveau, la sensation de son musical [1].

Mais si, parmi les sons musicaux, on en choisit un très-grave, par exemple l'octave inférieure de l'orgue, on s'aperçoit que les sensations élémentaires, quoique formant alors un tout continu, ce qui est nécessaire pour que le son soit musical, y restent cependant distinctes jusqu'à un certain degré [2]. « Plus le son est bas, mieux l'oreille y distingue les pulsations successives de l'air. » Il est encore très-voisin d'un bourdonnement, c'est-à-dire d'un simple bruit. On y démêle les sensations élémentaires; on reconnaît que chacune d'elles comprend un renflement et un abaissement, c'est-à-dire une augmentation et une diminution d'intensité; on peut remarquer les limites de chacune d'elles; ces limites ne sont qu'à demi effacées. Si on la compare à la sensation élémentaire correspondante d'un son plus aigu, elle occupe plus d'étendue dans le temps. De plus, son maximum ou renflement est plus éloigné dans le temps du maximum ou renflement de la suivante. La sensation totale est ainsi composée de molécules plus grosses et de maxima plus espacés. A ce titre, elle est ce qu'on nomme un son large ou

---

1. Mueller, II, 273 et 462. On voit par la roue de Savart qu'une seconde sensation élémentaire est nécessaire et suffisante pour opérer cette extraction et faire le composé nouveau.

2. Helmholtz, *Conférences scientifiques* de Bonn (*Revue des Cours scientifiques*, 10 fév. 1867), p. 78.

grave. Nous saisissons ici la sensation élémentaire dont les combinaisons différentes suffisent à expliquer toutes les sensations du son.

Considérons d'abord les sons musicaux. On sait par l'acoustique qu'un son musical a pour condition une série uniforme de vibrations de l'air; que chacune de ces vibrations a telle longueur et dure telle fraction de seconde; que, plus sa longueur diminue et plus sa durée est courte, plus le son devient aigu. Toutes les analogies montrent qu'ici, comme dans le cas du son très-grave, il y a des sensations élémentaires, et l'expérience scientifique vient confirmer ces inductions. — Soit une roue à deux mille dents qui fait une révolution en une seconde; elle donne deux mille chocs en une seconde et partant deux chocs en 1/1000e de seconde; si on lui ôte toutes ses dents, sauf deux contiguës, les deux chocs qu'elle donnera en tournant de nouveau n'occuperont que 1/1000e de seconde [1]. Or ces deux chocs forment un son déterminé et appréciable. Donc le son qu'elle donne en une seconde, lorsqu'elle est pourvue de toutes ses dents, comprend mille sons pareils, successifs et perceptibles à la conscience. En d'autres termes, la sensation totale qui dure une seconde est formée par une suite continue de mille sensations pareilles qui durent chacune 1/1000e de seconde et qui sont toutes *perceptibles à la conscience*. Mais, comme on vient de le voir, chacune de celles-ci comprend elle-même au moins deux sensations élémentaires successives, lesquelles, *isolées, ne tombent pas sous la conscience* et ont besoin, pour être perceptibles, de s'agglutiner deux à deux en un

---

[1]. Mueller, II, 273 et 462. Expériences de Savart.

total. Voilà les éléments de la sensation qui dure une seconde et les éléments de ses éléments.

Maintenant, dans le passage du grave à l'aigu, que deviennent ces sensations élémentaires dont nous avons conscience ? Il est clair que chacune d'elles dure de moins en moins longtemps et que son maximum est de plus en plus voisin du maximum de la suivante ; c'est pourquoi elle doit être de moins en moins distincte, et on finira par ne plus apercevoir en elle de maximum ni de minimum ; ce qui arrive : à mesure que le son devient plus aigu, le nombre et la pluralité qui apparaissaient encore, quoique voilés, dans le son grave, disparaissent et s'évanouissent tout à fait. La conscience ne distingue plus même vaguement les petites sensations composantes ; le son total paraît un et uni. — En même temps, il revêt une nouvelle apparence ; il semble aminci et effilé. C'est que les maxima plus resserrés et les molécules plus courtes de la sensation occupent moins de temps, quoique en même nombre. Par suite, pour la conscience, nos sensations de son se disposent en pyramide : à la base sont celles de son très-grave, composées de sensations élémentaires plus longues et de maxima plus espacés ; au sommet sont celles de son très-aigu, composées de sensations élémentaires plus brèves et de maxima plus resserrés ; c'est pourquoi les sons sont dits les uns plus hauts, les autres plus bas, et se superposent sur une échelle. — D'où l'on voit que les qualités de grave et d'aigu, de haut ou de bas, de large ou d'effilé, de vibrant ou d'uni, par lesquelles nous distinguons les divers sons de la gamme, sont constituées par les degrés de brièveté de la sensation élémentaire et par les degrés de proximité de ses maxima. Ici déjà la qualité se ramène à la quantité.

IV. Elle s'y ramène encore aux autres points de vue. — D'abord, pour l'intensité, la réduction est toute faite. Les divers degrés de force ou d'intensité de la même sensation de son sont les divers degrés par lesquels elle passe de son minimum à son maximum, et l'on sait que ces degrés ont pour condition suffisante et nécessaire les divers degrés de condensation de l'onde aérienne. Or, les mathématiques montrent que, dans chaque onde élémentaire, il y a un minimum et un maximum de condensation, ce qui explique pourquoi dans chaque sensation élémentaire il y a un minimum et un maximum d'intensité. En outre, les mathématiques montrent que, dans les deux séries d'ondes produites par deux sons chantés à l'unisson, les condensations s'ajoutent et deviennent deux fois plus fortes ; ce qui explique pourquoi, dans les sensations de son ainsi produites, les intensités s'ajoutent et deviennent deux fois plus grandes. Donc, étant donnée la loi qui lie la sensation élémentaire avec sa condition, on peut suivre la sensation élémentaire sous tous ses aspects et à tous ses degrés, bien au delà de la portée de la conscience, en suivant par les mathématiques les changements et les degrés de sa condition.

En second lieu, une analyse indirecte vient d'expliquer, avec le succès le plus complet, cette qualité indéfinissable qui semblait résister à tous les efforts de l'analyse directe, le timbre [1]. Une même note chantée

---

1. Helmholtz, *Die Lehre von den Tonempfindungen.*

par divers instruments de timbre différent n'est pas un son simple, mais un composé de sons, dont le principal, le même pour tous les instruments, est la note fondamentale, et dont les autres, variables selon les divers instruments, sont des notes supplémentaires plus faibles, nommées harmoniques supérieures, constituées par des vibrations deux, trois, quatre, cinq, six, sept, huit, neuf, dix fois plus rapides que celles de la note fondamentale. Ainsi, dans le piano, on entend facilement les six premières harmoniques de chaque note, mais non la septième et la neuvième. Le violon, sous l'archet, donne plus faiblement les six premières harmoniques ; mais les plus aiguës depuis la sixième jusqu'à la dixième y sont très-distinctes. Les tuyaux d'orgues couverts donnent un son creux qui provient de l'isolement des harmoniques impaires. La clarinette donne un son nasal où il n'y a pareillement que des harmoniques impaires, mais où dominent les plus aiguës. D'où il suit que les différences de timbre consistent en l'addition au son fondamental de différentes harmoniques. En suivant ce principe et au moyen d'un instrument appelé résonnateur, on a constaté que la même circonstance explique les différentes voyelles de la voix humaine, c'est-à-dire les nuances que présente la même note quand tour à tour on la prononce *u, a, e, i, o, eu, ou*. Des considérations analogues montrent comment les sons deviennent tantôt stridents ou rudes, tantôt veloutés ou unis. En sorte que ces différences de la sensation, jusqu'ici irréductibles et notées par des métaphores lâches, se réduisent à l'intervention de petites sensations subsidiaires et complémentaires de la même espèce, qui, se collant sur la sensation principale, lui donnent un caractère propre et un aspect unique, sans que la conscience, qui voit le total et seulement le total, puisse démêler ces faibles auxiliaires, ni partant reconnaître que, inférieurs en force à la sensation principale, ils sont les mêmes en nature, et que, tous semblables entre eux, ils ne diffèrent, de timbre à timbre, que par le nombre et l'acuité.

Cela établi, on est en mesure d'expliquer les sensations de bruit, et leurs diversités innombrables ; sans entrer dans le détail de chacune d'elles, l'acoustique montre leur mode général de formation. Comme les sensations de sons musicaux, elles sont des composés. Mais, tandis que la sensation de son musical correspond à une suite de vibrations égales en longueur et en vitesse, celle du bruit correspond à une suite de vibrations inégales en vitesse et en longueur ; d'où l'on conclut que dans le premier cas les sensations élémentaires sont semblables, et dans le second dissemblables ; ce qui explique le nombre infini des sensations de bruit, et l'impossibilité de les grouper, comme celles de son musical, en une seule série ; il n'y a pas de limites aux combinaisons des dissemblables ; n'ayant pas de rapport fixe entre eux, ils ne produisent que le chaos.

On voit maintenant en quoi consistent toutes les différences et toutes les particularités du son. Étant données deux sensations élémentaires continues, l'une précédente, l'autre suivante, toutes deux réunies forment pour la conscience une sensation totale unique que nous nommons sensation du son. — Si toutes deux sont semblables, le son est musical ; si elles sont dissemblables, le son est un bruit. — Si, dans le couple ainsi formé, les éléments sont de durée plus longue, le son est plus grave; s'ils sont de durée plus courte, le son est plus aigu. — Dans chaque sensation élémentaire, il y a un maximum; et à mesure que les deux maxima se rapprochent dans le temps, le son est plus uni. — Si les maxima d'un couple sont plus grands que ceux d'un autre, le son total du premier couple est plus intense que le son total du second. — Si au son total s'ajoutent des sons complémentaires moins intenses et deux, trois, quatre ou plusieurs fois plus aigus, les timbres varient avec la variation des complémentaires. — Concevez deux données, d'une part la sensation élémentaire, d'autre part cette quantité qu'on appelle le temps; vous avez les matériaux nécessaires pour construire les sensations de son. — Deux sensations élémentaires sont discontinues ou continues, c'est-à-dire séparées par une portion appréciable ou non de cette quantité; alors le son est nul ou appréciable. — Elles occupent des portions égales ou inégales de cette quantité; alors le son est musical ou non musical. — Les portions ainsi occupées sont plus grandes ou plus petites; le son est plus grave ou plus aigu. — Concevez maintenant la grandeur ou intensité de la sensation élémentaire elle-même; avec cette nouvelle donnée, la construction s'achève. — La sensation élémentaire ayant un maximum de grandeur, les maxima de deux sensations élémentaires peuvent être discontinus ou continus, c'est-à-dire séparés par une portion de temps appréciable ou non; alors le son est composé de portions appréciables ou uni. — Les maxima de deux sensations élémentaires sont plus ou moins grands que les maxima de deux autres; alors le son est plus ou moins intense. — Au même son s'ajoutent divers groupes de sons moins intenses, mais dont l'acuité est un multiple de la sienne ; alors le son a tel ou tel timbre. — En sorte que toutes les différences de son, en apparence irréductibles, se réduisent à des différences de grandeur introduites dans la même sensation élémentaire, ces différences étant fournies tantôt par la grandeur ou intensité de la sensation elle-même, tantôt par cette grandeur particulière que nous nommons le temps.

A présent, considérons la sensation élémentaire elle-même. Dans le bruit qui précède le son musical [1], elle est unie avec des sensations élémentaires de durée inégale et forme avec elles un composé hétérogène. Dans le son musical qui naît des bruits accélérés et rapprochés, elle s'unit avec des sensations élémentaires de durée égale à la sienne, et forme avec elles un composé homogène. Mais il lui faut toujours une de ces deux unions pour arriver à la conscience ; elle a besoin d'être grossie pour être distinguée. Isolée, le sens intérieur ne l'aperçoit pas ; elle existe néanmoins, puisque, dans le son musical très-grave, nous l'apercevons comme incessamment répétée et composante ; et d'ailleurs il est clair que nul composé ne peut exister sans composants. — D'autre part, on a vu que, dans le son aigu comme dans le son très-grave, la sensation élémentaire a un maximum ; nous démêlons ce maximum dans le son très-grave, nous ne le démêlons pas dans le son aigu ; il existe cependant dans l'un comme dans l'autre ; mais, dans le son très-grave, la distance plus grande de deux maxima nous permet de les distinguer, et, dans le son aigu, la proximité trop

---

1. Voir la roue de Savart, et les sirènes.

grande de deux maxima nous empêche de les distinguer. — Bien plus, chaque sensation élémentaire, pour passer de son minimum à son maximum, passe, dans la courte durée qu'elle occupe, par une infinité de degrés ; à plus forte raison ces degrés sont-ils invisibles à la conscience ; en sorte que, dans un son aigu, la sensation élémentaire indistincte comprend, outre deux états extrêmes indistincts, une infinité d'états intermédiaires indistincts.

Nous entrevoyons ici, par une échappée, le monde obscur et infini qui s'étend au-dessous de nos sensations distinctes. Elles sont des composés et des totaux. Pour que leurs éléments soient perceptibles à la conscience, il faut que, s'ajoutant les uns aux autres, ils fassent une certaine grandeur et occupent une certaine durée ; si leur assemblage reste au-dessous de cette grandeur et dure moins que cette durée, nous ne remarquons en nous aucun changement d'état. Il y en a un pourtant ; mais il nous échappe ; notre vue intérieure a des limites ; au delà de ces limites, nos évènements intérieurs, quoique réels, sont pour nous comme s'ils n'étaient pas. Ils prennent des accroissements, ils subissent des diminutions, ils se combinent, ils se décomposent, sans que nous en ayons connaissance [1]. Ils peuvent même, comme on vient de le voir

---

1. Leibnitz, *Des perceptions insensibles*, p. 65. Nouveaux essais sur l'entendement, Ed. Jacques. — « Pour entendre le bruit de la mer quand on est sur le rivage, il faut bien qu'on entende les parties qui composent le tout, c'est-à-dire le bruit de chaque vague, quoique chacun de ces petits bruits ne se fasse connaître que dans l'assemblage confus de tous les autres ensemble et qu'il ne se remarquerait pas si cette vague qui le fait était seule. Car il faut qu'on soit affecté un peu par le mouvement de cette vague et qu'on ait quelque perception de

pour les sensations du son, avoir divers degrés de composition et de recul au delà des prises de la conscience. Les sensations élémentaires qui composent directement nos sensations ordinaires sont elles-mêmes des composés de sensations moindres en intensité et en durée, et ainsi de suite. Il se fait ainsi en nous un travail souterrain, infini, dont les produits seuls nous sont connus, et ne nous sont connus qu'en gros. Quant aux éléments et aux éléments des éléments, la conscience ne les atteint pas, le raisonnement les conclut ; ils sont aux sensations ce que les molécules secondaires et les atomes primitifs sont aux corps ; nous n'en avons qu'une conception abstraite, et ce qui nous les représente est non une image, mais une notation.

ces bruits, quelque petits qu'ils soient ; autrement on n'aurait pas celle de cent mille vagues, puisque cent mille riens ne sauraient faire quelque chose. » — Cf. Hamilton cité par Mervoyer, *De l'association des idées*, p. 337.

CHAPITRE II

LES SENSATIONS TOTALES DE LA VUE, DE L'ODORAT, DU GOUT, DU TOUCHER ET LEURS ÉLÉMENTS

SOMMAIRE.

I. Les sensations totales de la vue. — Le spectre. — Nombre infini des sensations totales de couleur. — Il y a au moins trois sensations élémentaires de couleur. — Il suffit d'en admettre trois. — Théorie de Young et d'Helmholtz. — Confirmation expérimentale de la théorie. — Paralysie partielle de l'aptitude à éprouver les sensations de couleur. — Expériences qui portent au maximum la sensation du violet et du rouge. — Les trois sensations élémentaires sont celles du rouge, du violet et probablement du vert.
II. Construction des diverses sensations de couleur spectrale par les combinaisons de ces sensations élémentaires. — Sensation du blanc. — Couleurs complémentaires. — Loi qui régit le mélange des couleurs spectrales. — Leur saturation et leur proximité du blanc. — Sensation du noir ou manque de la sensation rétinienne. — Elle fournit un nouvel élément pour composer les diverses sensations totales de couleur. — Divers exemples. — Résumé. — Nous ne pouvons démêler par la conscience les éléments des sensations élémentaires de couleur. — Pourquoi. — Analogie de ces sensations élémentaires et des sensations élémentaires du son. — Preuve qu'il y a des éléments dans les unes comme dans les autres. — Expérience de Wheatstone. — Nombre énorme des éléments successifs qui composent une sensation élémentaire de couleur. — Indices et conjectures sur les derniers de ces éléments. — La conscience n'aperçoit que des totaux.

III. Les sensations totales de l'odorat et du goût. — Difficultés plus grandes. — Raison de ces difficultés. — Distinctions préalables. — L'odorat. — Des sensations d'odeur proprement dites, il faut séparer celles du toucher nasal. — Exemples. — Et aussi celles des nerfs du canal alimentaire. — Exemples. — Et aussi celles des nerfs des voies respiratoires. — Exemples. — On isole ainsi les sensations de pure odeur. — Leurs types. — Le goût. — Des sensations de saveur proprement dites, il faut séparer les autres sensations adjointes. — Sensations adjointes d'odeur et de contact nasal. — Sensations adjointes de température et de contact dans la bouche. — Les sensations de saveur proprement dites sont diverses selon les diverses parties de la bouche. — Expériences de Guyot et Admyrault. — Complication extrême des sensations de saveur ordinaire et même des sensations de saveur pure. — Leurs types. — L'action des nerfs olfactifs et gustatifs a probablement pour antécédent immédiat une combinaison chimique, c'est-à-dire un système de déplacements moléculaires. — Analogie de cet antécédent et de la vibration éthérée qui provoque l'action de la rétine. — Indices sur le mode d'action des nerfs olfactifs et gustatifs. — Très-probablement il consiste en une succession d'actions semblables et très-courtes qui excitent chacune une sensation élémentaire d'odeur ou de saveur. — Théorie des quatre sens spéciaux. — Chacun d'eux est un idiome spécial construit pour représenter un seul ordre de faits. — Théorie générale des sens. — Tous sont des idiomes. — Le sens du toucher est un idiome général.

IV. Sensations totales du toucher. — Difficultés croissantes. — Raison de ces difficultés. — Distinctions préalables. — Premier groupe des sensations du toucher, les sensations musculaires. — Paralysies où elles manquent. — Cas pathologiques. — Second groupe des sensations du toucher, les sensations de la peau. — Paralysies où elles manquent. — Observations de Landry. — Les deux groupes de nerfs sont distincts. — Les deux groupes de sensations sont semblables. — Trois espèces de sensations pour tous les nerfs du toucher. — Sensation de contact, sensation de température, sensation de plaisir et de douleur. — Chacune de ces espèces peut être conservée ou abolie isolément. — Observations sur les malades. — Conditions connues de chaque espèce. — Expériences et observations. — Opinion de Weber. — Ces conditions sont des types distincts d'action pour le même nerf. — Expériences de Fick. — Les caractères différents que nous trouvons dans les sensations totales de contact, de tempéra-

CHAP. II. SENSATIONS DES AUTRES SENS 191

ture, de plaisir et de douleur, s'expliquent par l'arrangement différent des mêmes sensations élémentaires.

V. Résumé. — Lacunes de la théorie. — Recherches qui pourront les combler. — L'action nerveuse qui provoque une sensation n'est jamais qu'un déplacement de molécules nerveuses. — A ce déplacement élémentaire correspond une sensation élémentaire. — Les différences des sensations totales ont toutes pour cause les diversités du groupement des mêmes sensations élémentaires. — Procédé général et voie économique que suit la nature dans la construction de l'esprit.

I. Une réduction semblable, mais un peu moins complète, peut être pratiquée sur les sensations de la vue [1]. Tout le monde sait qu'un rayon de lumière blanche est divisé par le prisme en plusieurs rayons de couleur différente. Il s'étale en un spectre où les couleurs font une gamme continue. Au commencement de la gamme est le rouge; viennent ensuite l'orangé et les divers jaunes, puis le vert, les divers bleus, l'indigo, enfin le violet [2], et chacun de ces tons passe par des intermédiaires dans le ton précédent et dans le ton suivant. — Voilà une infinité de sensations distinctes et reliées par des intermédiaires. Cherchons leurs conditions extérieures. L'optique nous montre que, s'il y a un spectre, c'est que les divers rayons contenus dans la lumière blanche se sont infléchis, les uns moins, les autres davantage, en passant par le prisme; ils se sont d'autant plus infléchis que leurs ondes sont plus courtes et plus rapides; partant, si l'on suit, du rouge au violet, la série des rayons qui

1. Helmholtz, *Physiologische Optik*, 2ᵉ partie.
2. M. Helmholtz distingue les couleurs successives suivantes : le rouge, l'orangé, le jaune d'or, le jaune pur, le jaune vert, le vert pur, le bleu vert, le bleu d'eau, le bleu cyanéen, l'indigo, le violet et l'ultraviolet.

font le spectre, on trouve que le raccourcissement et l'accélération des ondes vont croissant. Donc, du rouge au violet, chaque sensation correspond à des ondes plus rapides et plus courtes que celles de la sensation précédente, moins rapides et moins courtes que celles de la suivante. Un accroissement de vitesse et une diminution de longueur dans les ondes suffisent pour déterminer toutes les variations que notre sensation de couleur subit du rouge au violet.

Cela posé, considérons le rouge; à mesure que l'on descend dans le spectre, la sensation du rouge diminue; elle passe de son maximum à son minimum. Il y a donc une sensation élémentaire qui décroît à mesure que les ondes deviennent plus courtes et plus rapides. — Mais il y en a plus d'une; car, s'il n'y en avait qu'une, à mesure qu'on avancerait vers le violet, elle faiblirait avec le raccourcissement et l'accélération croissante des ondes, et le spectre tout entier ne présenterait que les degrés d'intensité du rouge, tandis que, de fait, au minimum apparent du rouge nous voyons naître une seconde sensation distincte, celle du jaune. Il y a donc au moins deux sensations élémentaires de couleur. — N'y en a-t-il que deux? S il n'y en avait que deux, celle du rouge et celle du jaune par exemple, celle du rouge ayant son maximum au sommet du spectre, et celle du jaune ayant son maximum au centre du jaune, la première décroissant par l'accélération et le raccourcissement des ondes, la seconde décroissant sitôt que la vitesse et la longueur des ondes sont au-dessous ou au-dessus du degré de vitesse et de longueur qui correspond au centre du jaune, on verrait, en descendant le spectre au-dessous de ce centre, le jaune s'affaiblir indéfiniment jusqu'au bout du spectre, sans subir aucun autre changement. Ce qui n'a pas lieu; car au minimum inférieur du jaune on voit apparaître une nouvelle sensation distincte, celle du vert. — Il y a donc au moins trois sensations élémentaires, et, en étudiant la composition du spectre, on trouve qu'il suffit d'en admettre trois, l'une analogue à celle du rouge, l'autre analogue à celle du violet, la dernière analogue à celle du vert.

Toutes les trois sont éveillées par chaque rayon du spectre; mais chacune des trois est éveillée différemment par le même rayon. — La première est à son maximum à peu près au centre du rouge; à mesure que l'on descend vers le violet et que les ondes deviennent plus courtes et plus rapides, son intensité diminue et approche du minimum. — La seconde est à son maximum à peu près au centre du violet; à mesure qu'on remonte vers le rouge et que les ondes deviennent plus longues et plus lentes, son intensité diminue et approche du minimum. — La troisième est à son maximum à peu près au centre du vert; à mesure que l'on remonte vers le rouge ou que l'on descend vers le violet, c'est-à-dire à mesure que les ondes deviennent d'abord plus longues et plus lentes, ensuite plus courtes et plus rapides, son intensité diminue et approche du minimum. — Ainsi, à mesure que, du rouge au violet, on descend tous les degrés du spectre, les trois sensations composantes varient d'un degré à chaque degré, mais chacune en un sens particulier, la première passant insensiblement du maximum au minimum, la seconde du minimum au maximum, la troisième allant d'abord du minimum au maximum, puis du maximum au minimum, ce qui explique à la fois le passage insensible par lequel, dans le spectre, chaque sensation composée se relie à la suivante, et la diversité des dix ou douze principales sensations composées [1].

On voit aisément le but de cette disposition de notre être. Si un rayon simple n'éveillait en nous qu'une seule sensation de couleur, elle aurait un maximum, un minimum et des degrés intermédiaires, rien de plus; et, faute de pouvoir l'opposer à une autre, nous ne la remarquerions pas [2]; nous n'aurions pas l'idée de couleur; les ondes lumineuses ne feraient, en croissant ou en décroissant de vitesse et de longueur, que rendre la sensation plus intense ou plus faible; les objets ne différeraient que par leur teinte plus ou moins foncée; ils ressembleraient aux diverses parties

---

1. Helmholtz, *ib.*, 191. Le fonds de cette explication appartient à Young. Il suppose que chaque fibre nerveuse de la rétine est composée de trois fibres élémentaires, différemment excitables par le même rayon. Selon la remarque d'Helmholtz, on peut supposer que chaque fibre nerveuse de la rétine possède trois activités différentes, excitables par le même rayon. — Mais on peut se passer de toute supposition, en admettant, au lieu de trois fibres nerveuses ou de trois activités nerveuses, trois sensations élémentaires. Dans l'hypothèse anatomique ou physiologique, le fait admis est incertain; car il n'est pas certain qu'il y ait dans chaque nerf trois fibres différentes ni qu'une fibre ait trois genres d'actions. Dans l'explication psychologique, le fait admis est positif; car il est certain que les trois sensations du violet, du rouge et du vert existent. — Je fais donc les changements nécessaires à l'exposé d'Helmholtz. « Cette hypothèse d'Young, dit-il, donne une vue d'ensemble et une explication extraordinairement claire et simple de tous les phénomènes qui appartiennent à la science physiologique des couleurs. »

2. « Les personnes affectées d'achromatopsie ne distinguent que les degrés du clair et du sombre, ne voient les objets que tels qu'ils sont rendus par la photographie. »

(Wecker, *Maladies des yeux*, II, 432.)

d'un dessin où toutes les différences sont celles du blanc, du gris et du noir. — D'autre part, si chaque rayon simple éveillait seulement deux sensations de couleur, nous aurions encore l'idée de couleur; nous distinguerions encore deux couleurs principales, leurs maxima, leurs minima, leurs intermédiaires et leurs composés; mais quantité de sensations de couleur nous manqueraient, et toute l'économie de nos sensations de couleur serait renversée. — C'est ce que l'on observe en étudiant divers cas de maladie ou d'infirmité congénitale, et la théorie qui réduit nos sensations élémentaires de couleur aux trois sensations du rouge, du violet et du vert, reçoit ici de l'expérience la plus frappante confirmation [1]. — Certaines personnes n'ont pas la sensation du rouge [2]; d'autres n'ont pas celle du vert [3]; en prenant de la santonine, on perd pour plusieurs heures la sensation du violet.

1. Helmholtz, 294, 848, 293, et Wecker, *ibidem*.
« L'ingestion de la santonine détermine une variété particulière de daltonisme en rendant la rétine insensible aux rayons violets.... » Certains sujets « ne perçoivent pas le bleu ; cet état coïncide toujours avec l'insensibilité de la rétine aux rayons rouges. D'autres ne confondent aucune couleur avec le blanc, le gris, le noir, mais confondent entre elles les diverses couleurs. Chez d'autres, la rétine est insensible au violet, les autres couleurs étant perçues à condition que les nuances soient pures et l'éclairage intense. »

2. Un prêtre écossais, affecté d'anérythropsie, choisit un jour du drap rouge écarlate pour s'en faire une soutane noire. (Helmholtz.)

3. Mathias Duval, *Structure et Usages de la rétine*, p. 16, cas d'une femme qui voit différemment des deux yeux. L'œil gauche est sain, l'œil droit n'a pas la sensation du vert. Cet œil ne distingue pas le violet du bleu, mais les voit tous deux comme une couleur « lilas, avec une pointe rose ». On conclut de là que le violet est une couleur primitive, que le vert en est une autre, et que, si la femme ne distingue pas le bleu du violet, c'est faute de la sensation du vert.

Dans tous ces cas, non-seulement une sensation principale manque, mais beaucoup d'autres sont altérées, et ces lacunes comme ces altérations sont justement celles que doit produire le manque de la sensation élémentaire. — Enfin une vérification plus délicate et définitive s'est rencontrée [1]. D'après la théorie, le rouge et le violet du spectre, même aux points où ils nous semblent le plus intenses, sont des sensations composées; car, à la sensation élémentaire qui est alors au maximum, sont jointes les deux autres, qui sont alors au minimum; la première est donc mélangée, affaiblie; elle n'est pas absolument pure ni la plus forte possible. Elle le sera donc davantage si on lui ôte ces causes d'impureté et d'affaiblissement. Or, il est un cas où on peut les lui ôter : c'est lorsqu'on a émoussé la sensibilité de l'œil pour les deux autres. Dans cette occasion, on doit voir un rouge ou un violet plus intenses que ceux du spectre; ce qui arrive. En ce cas, qui est unique, nous parvenons à isoler une de nos sensations élémentaires de couleur. Par un heureux coup de chimie psychologique, nous la retirons du composé ternaire où l'enfermait le cours ordinaire des choses et où la théorie seule la démêlait.

II. Avec les trois sensations élémentaires de couleur, on peut construire toutes les autres. D'abord, en figurant par une courbe la croissance et la décroissance que subit chacune d'elles à mesure que l'on descend le spectre, on voit les trois variations différentes de leurs intensités respectives produire les

---

1. Helmholtz, *ib.*, 369, 370.

diverses couleurs du spectre [1]. — Les ondes les plus longues et les plus lentes, situées au sommet du spectre, excitent fortement la sensation élémentaire du rouge et faiblement les deux autres; le produit est la sensation du rouge spectral. — Plus bas, au point désigné par le jaune, les ondes, déjà moins longues et moins lentes, excitent avec une force moyenne les sensations élémentaires du rouge et du vert, et faiblement celle du violet; nous avons alors la sensation du jaune spectral. — Vers le milieu du spectre, les ondes qui ont là une vitesse et une longueur moyennes excitent fortement la sensation élémentaire du vert et beaucoup plus faiblement les deux autres; notre sensation totale est celle du vert spectral. — Plus bas dans le spectre, quand les ondes s'accélèrent et se raccourcissent, les sensations élémentaires du violet et du vert sont excitées avec une force moyenne, et celle du rouge l'est faiblement; nous voyons alors le bleu du spectre. — Vers le bas du spectre, lorsque l'accélération et le raccourcissement des ondes augmentent encore, la sensation élémentaire du violet est forte, celles du rouge et du vert sont très-faibles; alors naît la sensation composée que nous appelons le violet.

D'autre part, quand les trois sensations élémentaires sont à peu près d'égale force et qu'aucune ne prédomine sur les autres, nous avons la sensation du blanc ou des couleurs blanchâtres. Ce qui arrive en plusieurs cas; d'abord lorsque tous les rayons du spectre, rassemblés de nouveau par un autre prisme, viennent frapper le même point de la rétine et excitent ainsi le maximum, le minimum et tous les degrés

---

1. Helmholtz, 291.

de chaque sensation élémentaire ; ensuite lorsque, deux rayons ayant été choisis dans le spectre, l'inégalité des trois sensations élémentaires excitées par le premier est compensée par l'inégalité en sens contraire des trois sensations élémentaires excitées par le second. En ce cas, les deux couleurs spectrales produites par les deux rayons sont dites complémentaires l'une de l'autre et forment un couple distinct. Parmi ces couples, on en compte quatre principaux, le rouge et le vert bleuâtre, l'orangé et le bleu cyanéen, le jaune et l'indigo, le jaune verdâtre et le violet ; réunies deux à deux, ces couleurs nous donnent la sensation du blanc, et l'on voit sur le spectre qu'elles sont séparées par une distance moyenne. — Au contraire, prenons sur le spectre les couleurs séparées par la plus grande distance possible, le rouge et le violet ; leur assemblage produit une sensation de couleur distincte, celle du pourpre. — Ces deux remarques donnent la loi qui régit tous les mélanges de couleurs spectrales. — Deux couleurs étant données pour être mélangées, leur distance sur le spectre, comparée à cette distance moyenne qui produit le blanc, en diffère d'une quantité plus ou moins grande. Donc, plus cette quantité sera petite, plus la couleur formée par leur mélange sera voisine du blanc ou blanchâtre ; et, au contraire, plus cette quantité sera grande, plus la couleur formée par leur mélange sera exempte de blanc ou « saturée ». — D'autre part, cette quantité pourra surpasser la distance moyenne ou rester en dessous. Plus elle surpassera la distance moyenne et approchera de l'écartement extrême, plus la couleur produite par le mélange sera voisine du pourpre qui est produit par l'écartement extrême ; au contraire, plus elle restera au-dessous de la distance moyenne et approchera de l'écartement nul, plus la couleur produite par le mélange sera voisine de la couleur intermédiaire, dans laquelle l'écartement de deux couleurs spectrales composantes est nul [1]. Toutes conclusions que l'expérience vient confirmer.

Reste une dernière couleur, le noir, qui n'est pas une sensation, mais le manque ou le minimum de toute sensation de lumière en un point donné et à un moment donné quand on compare ce point et ce moment à d'autres où la sensation de lumière est présente. Mais la conscience connaît si mal nos évènements intérieurs, qu'elle range sur la même ligne, à titre de couleurs, nos sensations et nos manques de sensation ; ce qui la frappe, ce sont des différences entre nos états, et, à cause de cela, elle met ensemble, comme des faits semblables, le passage du repos à l'action et le passage de l'action au repos, en les notant comme contraires, sans démêler que l'un est négatif et l'autre positif. Les différents degrés du noir ou du manque de sensation viennent donc compliquer les couleurs déjà construites. « On constate par l'analyse prismatique que le gris est identique au blanc, le brun au jaune, le rouge brun au rouge, le vert olive au vert, quand le blanc, le jaune, le rouge, le vert sont faiblement lumineux. »

Cela établi, on a tous les éléments necessaires pour expliquer toutes les sensations de couleur, et l'on voit les éléments de la sensation former des composés qui, s'unissant entre eux, forment des composés plus complexes et ceux-ci de même, comme on voit les atomes

---

1. Helmholtz, 279.

physiques former les molécules chimiques, celles-ci les composés chimiques et ceux-ci enfin les minéraux ordinaires de la nature. — Au plus profond de l'analyse, on atteint trois sensations élémentaires qui toutes ensemble, mais chacune différemment, sont excitées par un rayon simple du prisme. Leur assemblage fait une couleur spectrale. — Plusieurs couleurs spectrales réunies forment le blanc, le pourpre, et une infinité de composés d'après une loi fixe ; et l'addition du noir, c'est-à-dire l'affaiblissement de la sensation totale, introduit encore une infinité de nuances dans tous ces produits. — Ces produits eux-mêmes, en se combinant, forment les couleurs ordinaires que nous observons dans le monde environnant.

Ici s'arrête la science positive ; nous ne pouvons remonter par l'expérience au delà des trois sensations élémentaires de couleur. Nous avons affaire à un instrument bien plus compliqué que l'ouïe. En effet, nous avons pour chaque ondulation trois sensations au lieu d'en avoir une. En outre, dans le son, les vibrations se succèdent assez lentement pour qu'en certains cas nous puissions distinguer la sensation élémentaire qui correspond à chacune d'elles ; il n'y en a que seize et demie par seconde dans l'*ut* du tuyau d'orgue de trente-deux pieds ; nous remarquons alors que notre sensation totale est composée de petites sensations successives ayant toutes un maximum et un minimum ; nous démêlons presque nettement ces sensations composantes. Pour la vue, au contraire, à l'extrême rouge, à l'endroit du spectre où les vibrations se succèdent le plus lentement [1], il y en a 451 billions

---

[1]. Mueller, II, 307, et Helmholtz, p. 32. — 451 billions pour cs plus lentes, 789 billions pour les plus rapides.

par seconde ; il est clair que, lors même que nous pourrions isoler la sensation du rouge des deux autres sensations élémentaires, nous ne pourrions jamais distinguer les unes des autres, dans la sensation du rouge, des sensations composantes si prodigieusement nombreuses et qui durent chacune un temps si prodigieusement court. Tout ce que nous pouvons admettre avec assurance, c'est que la sensation élémentaire du rouge, comme la sensation de l'*ut* le plus bas, est formée de sensations successives. Car nous savons par les expériences de Wheatstone qu'une lumière comme celle de l'étincelle électrique suffit pour produire une sensation sur la rétine ; que cette lumière est, pour ainsi dire, instantanée ; qu'elle dure moins d'un millionième de seconde ; qu'ainsi une sensation de lumière qui dure une seconde est composée au moins d'un million de sensations successives. Le nombre n'a pu en être fixé ; il est probablement beaucoup plus grand ; peut-être, pour l'ondulation éthérée comme pour l'ondulation aérienne, il suffit de deux vibrations successives pour produire une sensation perceptible encore à la conscience ; en ce cas, la plus courte sensation de lumière perceptible à la conscience serait composée, comme la plus courte sensation de son perceptible à la conscience, de deux sensations élémentaires imperceptibles à la conscience et douées chacune d'un maximum, d'un minimum et d'intermédiaires. — Sans pousser l'induction si loin, le cas de l'étincelle électrique montre que la sensation de lumière, comme la sensation d'un son très-aigu, est composée d'une suite continue de sensations très-nombreuses, successives et semblables qui, pour nous, forment un bloc indécomposable et simple. Nouvelle preuve du travail sourd qui se passe au plus profond de notre être, hors des prises de notre conscience, et nouvel exemple des combinaisons latentes, compliquées, innombrables dont nous n'apercevons que les totaux ou les effets.

III. On ne doit point s'attendre à trouver pour l'odorat et le goût des réductions aussi avancées. Nous connaissons le mode d'action de l'air ou de l'éther ; c'est une ondulation dont nous calculons la longueur et la vitesse ; nous pouvons donc en tirer des inductions sur les sensations correspondantes. D'ailleurs, ce mode d'action est uniforme, et de plus le nerf est construit spécialement pour le recevoir ; la preuve en est dans la structure savante de tout l'organe dont le nerf fait partie et dans la similitude des sensations qu'un coup, un flux électrique sur l'œil ou sur l'oreille excitent à travers le nerf. Le nerf est donc lui-même capable d'actions uniformes ; c'est pourquoi il est naturel que les sensations excitées par son action se laissent elles-mêmes ramener à un type simple, comme il arrive pour celles de son, ou à des types peu nombreux, comme il arrive pour celles de couleur. — Tout au rebours pour les autres groupes de sensations. Nous ignorons le mode d'action des substances volatilisées qui agissent sur les nerfs olfactifs et des substances liquéfiées qui agissent sur les nerfs gustatifs ; nous admettons qu'il est chimique, mais à cela se réduit notre connaissance ; nous ne savons pas s'il est une ondulation ou tout autre mouvement ; nous n'avons pas la plus petite idée de ses éléments ; nous ne pouvons nous servir de cette idée pour former aucune induction sur les sensations correspondantes. —

Et cependant, de cette seule donnée qu'il est chimique, nous pouvons conclure quelque chose sur la composition des sensations que, par l'entremise du nerf, il éveille en nous.

Avant d'entrer dans cette recherche, il faut distinguer les sensations d'odeur et de saveur proprement dites, des sensations adjointes. Car, d'ordinaire, ce que nous appelons une odeur ou une saveur est une sensation fort compliquée ; les nerfs olfactifs ou gustatifs n'y contribuent que pour une part ; une autre part fort considérable appartient à des nerfs du toucher, semblables à ceux qui sont répandus dans tout le reste du corps et nous donnent les sensations de contact, de contraction musculaire, de chaleur, de froid, de douleur locale, et toutes leurs espèces. — Considérons d'abord l'odorat [1]. Un grand nombre de sensations dites d'odeur en renferment d'autres. Et d'abord on doit diviser en deux toute sensation d'odeur piquante ; elle renferme une sensation de tact et peut-être n'est-elle rien d'autre : telle est l'odeur d'ammoniaque qui est surtout un picotement, comme en transmettent les nerfs non spéciaux ; l'ammoniaque en vapeur en produit un pareil sur la conjonctive. Ce picotement pourrait subsister quand même la sensation d'odeur proprement dite serait abolie ; certaines personnes, après avoir beaucoup prisé, deviennent insensibles aux parfums et à la fétidité, et cependant prisent toujours, parce qu'elles sentent encore le picotement du tabac. — On doit encore diviser en deux les odeurs appétissantes ou nauséabondes. La sensation d'odeur proprement dite y est compliquée d'une autre

---

1. Bain, *Senses and Intellect*, 173.

qui cesse, s'accroît ou se renverse selon l'état de l'estomac ; la même odeur, celle d'un plat de viande fumante, est agréable pendant la faim et désagréable pendant une indigestion ; probablement, dans ce cas, il y a d'autres nerfs profonds du canal alimentaire qui entrent aussi en action ; la sensation totale est composée d'une sensation du nerf olfactif et de plusieurs sensations adjointes. — On peut enfin diviser en deux les odeurs fraîches ou suffocantes, c'est-à-dire, d'un côté, celles des sels volatils, de l'eau de Cologne, du goudron, du tan, et, de l'autre côté, celles du renfermé, celle d'une pâtisserie, d'une manufacture de coton, d'un magasin de laine ; visiblement ici, à la sensation d'odeur proprement dite s'ajoute une sensation de bien-être et de malaise qui vient des voies respiratoires et qui a pour canaux des nerfs de contact et de douleur. — Je pense aussi que dans plusieurs cas, par exemple lorsqu'on respire de l'alcool, une faible sensation de chaleur vient compliquer la sensation d'odeur proprement dite. — Restent les pures sensations d'odeur, agréables ou désagréables par elles-mêmes, celles de la violette et de l'assa fœtida par exemple ; il y en a un nombre infini desquelles on ne peut rien dire, sinon qu'elles sont agréables ou désagréables ; par elles-mêmes, elles résistent à l'analyse, et pour les désigner nous sommes obligés de nommer le corps qui les produit.

Quant au goût, ce que nous appelons ordinairement une saveur renferme, outre la sensation de saveur proprement dite, une quantité de sensations d'une autre espèce. — D'abord, en beaucoup de cas, comme l'arrière-bouche communique avec le nez, le nerf olfactif fonctionne en même temps que les nerfs gustatifs[1]. « Vos yeux et vos narines étant fermés, faites déposer successivement sur votre langue diverses espèces de confitures par exemple, puis des crèmes aromatisées, l'une avec de la vanille, l'autre avec du café, etc.; vous ne percevrez dans tous les cas qu'une saveur douce et sucrée, sans pouvoir jamais discerner les diverses substances employées. » Par le même procédé on constate que « la saveur urineuse que nous attribuons aux bases alcalines fixes n'appartient pas à ces substances, mais bien à l'ammoniaque qui est mise en liberté par la réaction des bases alcalines fixes sur les sels ammoniacaux contenus dans la salive. » Ici encore, une sensation d'odeur ou plutôt de tact nasal est incluse parmi les sensations de saveur. — En second lieu, les sensations de saveur proprement dites se compliquent en beaucoup de cas d'une sensation différente, tantôt agréable et attrayante, tantôt désagréable et répugnante, qui appartient à d'autres nerfs du canal alimentaire. Cette sensation adjointe varie sans que les autres varient; le même bon plat de viande est agréable ou désagréable selon que l'estomac est vide ou surchargé. De plus, elle naît autrement; elle n'a pas besoin, comme l'autre, d'une action chimique pour se produire; un simple contact l'excite; une barbe de plume, les doigts enfoncés dans le gosier donnent la sensation du dégoût. — En troisième lieu[2], « beaucoup d'impressions réputées sapides sont uniquement tactiles » : telles sont les saveurs âcres, irritantes, astringentes; elles sont des sensations du tact, et non du

1. Longet, *Traité de physiologie*, II, 171. — Bain, *Senses and Intellect*, 157.
2. Vernier, cité par Longet, *Traité d'anatomie et de physiologie du système nerveux*, II, 170. — Et Bain, *ibid.*

goût. — En quatrième lieu, certaines saveurs sont mélangées d'une sensation de chaud ou de froid ; on connaît la sensation de chaleur qui entre comme élément dans la saveur des liqueurs fortes, et la sensation de fraîcheur qui entre comme élément dans la saveur de plusieurs bonbons. — Enfin les divers points de la bouche, soumis à l'action du même corps, éveillent des sensations différentes, non-seulement différentes sensations adjointes, mais différentes sensations de saveur proprement dite [1]. « Un très-grand nombre de corps, et particulièrement les sels, présentent ce fait très-remarquable, que la sensation produite par eux sur les parties antérieures de la langue est entièrement différente de celle qu'ils donnent à la partie postérieure. Ainsi l'acétate de potasse solide, d'une acidité brûlante la partie antérieure de la bouche, est fade, amer et nauséeux à la partie postérieure, où il n'est plus du tout acide ni piquant. L'hydrochlorate de potasse, simplement frais et salé en avant, devient douceâtre en arrière. Le nitrate de potasse, frais et piquant en avant, est en arrière légèrement amer et fade. L'alun est frais, acide et surtout styptique lorsqu'il est broyé en avant de la bouche, tandis qu'il donne en arrière une saveur douceâtre sans la moindre acidité. Le sulfate de soude est franchement salé en avant, et franchement amer en arrière. » L'acétate de plomb, frais, piquant, styptique en avant, devient sucré en arrière. — Il suit de là qu'une sensation ordinaire de saveur, outre les quatre éléments qui peuvent lui être fournis par les sensations adjointes, peut posséder par elle-même plusieurs éléments distincts.

---

[1]. Longet, *Traité de physiologie*, II, 167.
Expériences de Guyot et Admyrault.

Car, outre les nerfs non gustatifs, des nerfs gustatifs différents interviennent pour la faire naître. La bouche est donc, non pas un organe simple, mais une succession d'organes, et une saveur, même proprement dite, peut être une succession de saveurs.

Simplifions le fait ; ajournons tout ce qui dans cette sensation appartient au tact, âcreté, astringence, irritation, chaleur, fraîcheur, sensation musculaire spontanée et irradiée vers le canal alimentaire ; considérons seulement les sensations des nerfs gustatifs eux-mêmes, et mettons-les sur la même ligne, soit qu'elles naissent à l'avant, soit qu'elles naissent à l'arrière de la bouche ; leurs principaux types sont les sensations de l'amer et du sucré avec leurs variétés innombrables ; quand nous les avons nommées, nous sommes au bout de notre science, comme tout à l'heure quand nous avons nommé les sensations d'odeur fétide ou parfumée. — Voyons cependant ce que nous pouvons apprendre sur les unes et sur les autres en nous aidant des réductions précédentes, et en étudiant les circonstances où elles naissent. Comme toutes les autres, elles ont pour stimulant direct une action du nerf transmise aux centres nerveux ; or, conformément à tous les faits connus, on admet que deux sensations différentes indiquent deux états différents des centres nerveux, et, si le nerf est le même, deux actions différentes du nerf. — Il reste donc à savoir de quelle façon agit le nerf olfactif ou gustatif, et, pour y parvenir, il faut déterminer l'évènement extérieur à la suite *immédiate* duquel il entre en action

Rien de plus facile que de savoir les précédents de cet évènement ; mais l'évènement lui-même est difficile à préciser. Nous voyons, du premier coup et par l'expérience ordinaire, que tel corps excite en nous telle sensation d'odeur ou de saveur, que tel corps excite en nous la sensation de bleu ou de rouge ; mais l'un et l'autre n'éveillent la sensation que par des intermédiaires ; il a fallu faire l'optique pour trouver que le second a comme intermédiaire des ondulations éthérées de telle vitesse et de telle longueur ; il faudrait aussi avoir recours à une science toute faite pour trouver l'intermédiaire par lequel agit le premier. — Cherchons pourtant cet évènement dernier et immédiat à la suite directe duquel le nerf olfactif ou les nerfs gustatifs entrent en action. Un corps n'a de saveur que s'il est en dissolution ; il a plus de saveur [1] s'il est remué et pressé sur la membrane gustative ; il faut de plus que cette membrane ne soit pas sèche, ni glacée par l'air froid. Enfin les nerfs gustatifs sont probablement protégés par une membrane colloïde, perméable, comme tous les colloïdes, aux substances non colloïdes, presque imperméable aux colloïdes, d'où il arrive que les substances colloïdes n'ont pas de saveur, et que les substances non colloïdes en ont une. Tous ces faits conduisent à cette conclusion que les molécules dissoutes du corps sapide pénètrent dans le tissu de la langue jusqu'au contact de ses papilles nerveuses, et que là, sous l'influence de la chaleur animale, elles forment avec nos liquides sécrétés une *combinaison chimique,* variable avec la variation de ces liquides [2]. — Pareillement un corps n'a d'odeur que s'il est à l'état gazeux ; il faut en outre que la mem-

---

1. Bain, *Senses and Intellect,* 156 et 168.
2. Longet, I, 164 : « Les aliments les plus délicats sont sans saveur, terreux ou amers quand l'estomac est malade... L'encéphale et les nerfs sensoriaux sont demeurés ce qu'ils étaient ;

brane pituitaire ne soit pas sèche; de plus, on a constaté que, pour être odorant, un gaz doit se combiner sur la membrane pituitaire avec l'oxygène. Tous ces faits conduisent à une même conclusion : c'est que les molécules du gaz se dissolvent dans l'humidité de la membrane pituitaire au contact des filets olfactifs, et là forment une *combinaison chimique* avec l'oxygène de l'air. — En sorte que l'action du nerf olfactif, comme celle des nerfs gustatifs, semble avoir une combinaison chimique pour antécédent immédiat.

Or qu'est-ce qu'une combinaison chimique? Les chimistes répondent qu'un corps homogène est composé de molécules toutes semblables et extraordinairement petites; que chacune d'elles, si le corps n'est pas simple, est elle-même composée de plusieurs atomes différents, beaucoup plus petits encore, et situés les uns par rapport aux autres de façon à demeurer en équilibre; qu'une combinaison chimique s'opère lorsque la molécule, recevant un atome d'une autre espèce, passe à un autre état d'équilibre; qu'en ce cas les atomes quittent leurs positions respectives pour en prendre de nouvelles; que ces déplacements d'atomes, s'opérant à des distances extrêmement petites, sont extrêmement petits; que, ces atomes étant prodigieusement petits, on est obligé, pour expliquer leur force active, de leur attribuer, quand ils se déplacent, des vitesses prodigieusement grandes, et que partant chaque combinaison chimique distincte est constituée par un système distinct de déplacements prodigieusement petits et rapides dont nous ne

mais la langue s'est couverte d'un enduit muqueux ou bilieux, et tout produit sur elle une impression fade ou amère. »

Mueller, II, 484. « Lorsque j'ai mâché de la racine de roseau aromatique, le lait et le café me semblent aigres ensuite. »

pouvons aujourd'hui indiquer les éléments ni préciser le type [1]. Voilà l'antécédent immédiat de l'action de chaque filet olfactif ou gustatif; et il est impossible de ne pas remarquer combien il ressemble à l'antécédent immédiat de l'action du nerf optique, sauf cette différence que, dans le second cas, le type et les éléments de l'antécédent sont connus. En effet, dans une vibration de l'éther, les particules agissantes sont aussi d'une petitesse extraordinaire ; leurs déplacements sont aussi prodigieusement rapides et petits; ils forment aussi une quantité de systèmes distincts. Seulement nous savons que ces systèmes sont tous des ondes, et nous mesurons la vitesse de chaque onde et sa longueur ; à cause de cela, nous pouvons définir exactement le déplacement élémentaire dont la répétition forme chaque système, montrer que, d'un système à l'autre, les déplacements élémentaires ne diffèrent que par la quantité, les ramener tous à un type unique, désigner l'action élémentaire correspondante du nerf optique et du cerveau, conclure à l'existence d'une sensation optique élémentaire dont les répétitions prodigieusement rapides et multipliées constituent les sensations totales de couleur que nous remarquons en nous. — Par malheur, la chimie n'est pas aussi avancée que l'optique; elle ne fait que constater ses systèmes de déplacements, tandis que l'autre définit et mesure les siens; il faut attendre qu'elle puisse, comme sa rivale, figurer les évènements prodigieusement petits dont elle ne sait que l'effet final. — Mais, visiblement, dans les deux cas le problème et la solu-

---

[1]. « La chimie n'a encore été faite qu'au point de vue des masses ; il reste à la faire au point de vue des vitesses. »
(Saigey, *de l'Unité des forces physiques*, p. 184.)

tion sont semblables. Dans l'un et dans l'autre, il s'agit de mouvements dont la petitesse, la vitesse et le nombre sont tout à fait disproportionnés aux grandeurs ordinaires que nous pouvons apprécier dans le temps et dans l'espace. On peut donc comparer une onde éthérée à un système de mouvements atomiques, et une succession d'ondes éthérées semblables à une succession de systèmes semblables de mouvements atomiques. Par suite, grâce au premier cas, nous pouvons, jusqu'à un certain point, nous représenter le second.

Une molécule arrive au contact d'une fibrille olfactive ou d'une papille gustative ; là se produit dans la molécule un système de mouvements atomiques, et dans la fibrille une action correspondante suit ; une seconde molécule semblable arrive au même point ; un second système semblable de mouvements atomiques se produit, et dans la même fibrille une seconde action correspondante toute semblable suit. Les deux actions nerveuses semblables ont éveillé deux actions cérébrales semblables et deux sensations élémentaires semblables. Mais le nombre de ces sensations, de ces actions et de ces systèmes de mouvements qui se succèdent en une seconde est énorme, et la sensation totale d'odeur ou de saveur, comme la sensation totale de couleur, n'est que la somme de toutes les sensations élémentaires successives dont la suite occupe un certain temps [1].

---

1. Certaines concordances nous montrent déjà la liaison de nos sensations de saveur et d'odeur avec la constitution atomique, partant avec le changement de constitution atomique, des molécules (Bain, 152, 165).

Trois atomes d'oxygène avec deux atomes d'un métal font un composé de saveur douce ou sucrée. — Tous les alcalis organiques sont fortement amers. — Presque tous les acides

Nous pouvons maintenant nous faire une idée des quatre sens spéciaux. Le trait distinctif de leurs sensations, c'est que chacune d'elles, même la plus simple, lorsqu'elle arrive à la conscience, est constituée par une succession de sensations élémentaires très-nombreuses et de très-petite durée, dont le rhythme correspond au rhythme spécial d'un évènement extérieur, à une ondulation aérienne ou éthérée, à un système de mouvements atomiques, qui est l'antécédent extérieur et naturel en vue duquel le sens a été construit, et par la présence duquel ordinairement il fonctionne. — Ce qui constitue un nerf spécial, c'est la capacité d'éveiller de telles sensations élémentaires. Celles que suscite le nerf acoustique correspondent à des ondulations aériennes comprises entre deux limites. Celles que provoque le nerf optique correspondent à des ondulations éthérées comprises aussi entre deux limites. Celles que font naître les nerfs olfactifs et gustatifs correspondent à des mouvements moléculaires dont la forme est déterminée.

Comparez par exemple les deux sensations qu'éveillent les mêmes ondulations aériennes par les nerfs du toucher et par les nerfs de l'ouïe, c'est-à-dire, d'une part, le tremblement et le chatouillement plus ou moins forts, et, d'autre part, le son plus ou moins intense et aigu. Dans les deux cas, l'antécédent extérieur est le même; mais les sensations élémentaires excitées par l'entremise du nerf acoustique corres-

ont un goût acide. — Presque tous les sels de fer ont un goût d'encre, etc. — Les substances dont l'odeur est parfumée sont des hydrogènes carbonés. — Les substances d'odeur infecte ont presque toutes de l'arsenic ou du soufre dans leurs bases, etc.

pondent aux éléments de l'ondulation aérienne, ce qui n'a pas lieu pour les sensations élémentaires excitées par l'entremise des nerfs tactiles. Car, en fait, tous les détails et toutes les variations de l'ondulation aérienne sont représentés dans la sensation totale de l'ouïe et ne sont pas représentés dans la sensation totale du toucher. Dans la sensation de l'ouïe, la vitesse plus ou moins grande des ondes est traduite par l'acuité plus ou moins grande du son; le timbre, par un groupe supplémentaire de sensations plus faibles; chaque onde, par une sensation élémentaire; l'épaisseur des ondes, par l'intensité du son; les degrés de condensation de chaque onde, par les degrés d'intensité du son. Au contraire, dans la sensation du toucher, la traduction est imparfaite; nous éprouvons seulement que le tremblement devient plus fort et dégénère en chatouillement, quand l'ondulation aérienne devient plus rapide et que ses ondes subissent des condensations plus fortes. — Pareillement un même évènement extérieur, l'ondulation éthérée, est traduit de deux façons, par la sensation tactile de chaleur ou de froid, et par la sensation visuelle de couleur et de lumière. Dans la seconde traduction, tous les degrés de vitesse et de longueur que peut prendre l'onde éthérée sont représentés exactement, mais seulement quand leur vitesse et leur longueur atteignent la limite du rouge et ne dépassent pas la limite du violet. Au contraire, la première traduction représente non-seulement les ondres comprises entre le rouge et le violet, mais beaucoup d'autres ondes situées au-dessus ou au-dessous; seulement aucune onde n'y est représentée spécialement, et la sensation de froid ou de chaud ne fait que traduire en gros la différence d'intensité qui sépare deux systèmes d'ondulations successives.

Ainsi les quatre sens spéciaux sont quatre langues spéciales, chacune appropriée à un sujet différent, chacune admirable pour exprimer un ordre de faits et un seul ordre de faits. Au contraire, le toucher est une langue générale appropriée à tous les sujets, mais médiocre pour exprimer les nuances de chaque sujet. En général, un sens est un système d'écriture spontanée et de notation automatique, semblable à ces instruments de mesure dont on se sert en physique et en chimie. Tantôt ils sont délicats et spéciaux, comme le thermo-multiplicateur, ou la machine qui enregistre elle-même les mouvements du cœur; tantôt ils sont moins délicats et d'usage universel, comme la balance qui note seulement dans une expérience l'augmentation ou la diminution finale de la pesanteur. Tantôt la sensation élémentaire correspond, trait pour trait, à l'élément dont la répétition constitue tel évènement extérieur; en ce cas, la sensation élémentaire transcrit, une à une, avec leur ordre et leur grandeur, toutes les variations de cet élément; mais, si on la met en rapport avec des éléments d'une autre espèce, elle est nulle, ou confuse, ou extrême, et impropre à les bien représenter. Tantôt la sensation élémentaire ne correspond point, trait pour trait, à l'élément dont la répétition constitue tel ou tel évènement extérieur, et ne transcrit point, une à une, les variations de cet élément; mais, quel que soit l'évènement extérieur, il éveille une somme de sensations élémentaires, dont le total traduit son total sans finesse ni précision.

IV. Tel est le caractère du toucher, et l'on voit que, au rebours des autres sens, ses sensations élémentaires ne correspondent à aucun évènement élémentaire extérieur et partant ne peuvent être rapportées à aucun type connu. Nous voici donc en face d'une difficulté nouvelle. Nous n'avons pas ici d'évènement spécial qui, comme auparavant, nous serve de guide pour démêler les sensations élémentaires. Nous sommes obligés de chercher une nouvelle voie ; avant d'y entrer, voyons, parmi les sensations du toucher, celles qui peuvent se ramener à d'autres ; il faut déblayer un terrain avant de le labourer.

En étudiant les paralysies partielles, les physiologistes ont trouvé d'abord deux groupes de sensations primitives, l'un qui comprend les sensations des muscles et l'autre qui comprend les sensations de la peau, les premières ayant pour point de départ l'excitation des extrémités nerveuses qui se trouvent dans les muscles, les secondes ayant pour point de départ l'excitation des papilles nerveuses qui se trouvent dans le derme. Chacun de ces deux groupes peut manquer, l'autre étant conservé.

Si c'est le premier qui manque, on voit manquer toutes les sensations de contraction et de détente musculaires, avec tous leurs degrés jusqu'à l'effort douloureux, la fatigue et la crampe, en outre les diverses sensations de froid, de chaud, de contact, de douleur, de secousse électrique qu'un excitant appliqué aux muscles excite à l'état normal [1]. « Dès que ces malades cessent de voir leurs membres, ils n'ont plus conscience de leur position ni même de leur

---

1. Axenfeld, *Des névroses*, 339.

existence. Au lit, ils les perdent pour ainsi dire et sont obligés d'aller à leur recherche, ne sachant plus où ils sont. Ils font parfois effort pour étendre ou fléchir un membre déjà étendu ou fléchi. Ont-ils fait un mouvement, ils en ignorent l'étendue et souvent ne savent pas s'il a eu lieu. Si, lorsqu'ils ont l'intention d'en exécuter un, on les en empêche, c'est tout à fait à leur insu, et ils croient l'avoir exécuté, parce qu'ils en ont eu la volonté. On leur communique des mouvements passifs à l'aide d'un appareil électrique, sans qu'ils le soupçonnent. Leurs membres leur semblent privés de pesanteur. Qu'on leur plonge la main dans l'eau, ils savent que c'est un liquide à cause de l'impression cutanée, mais en agitant la main ils n'éprouvent pas cette molle résistance qui fournit la notion de fluidité aqueuse, et ils ne savent s'ils se remuent dans l'air ou dans l'eau. La pression, le pincement, le massage des muscles ne donnent lieu chez eux à aucune sensation distincte. Ils ne perçoivent plus le passage d'un courant électrique intense. On peut impunément leur enfoncer un instrument piquant dans les chairs, à condition, bien entendu, qu'ils n'en soient pas avertis par la sensibilité persistante de la peau. » Partant, quoiqu'ils aient gardé toute leur vigueur musculaire et que même ils ne puissent plus connaître la fatigue, ils marchent très-difficilement, quand ils sont dans l'obscurité, ou quand, avec les yeux, ils cessent de surveiller leurs mouvements; il faut que chez eux les sensations de la vue soient toujours là pour suppléer aux sensations musculaires absentes. Si ce second régulateur manque comme le premier, « ils ne peuvent se tenir debout sans chanceler ou risquer de tomber; leurs mouvements ont trop ou trop peu d'ampleur; ils laissent facilement échapper les objets qu'ils ont entre les doigts, ou d'autres fois les brisent par une contraction trop énergique. » Aucune autre sensation ne leur manque; ils peuvent encore éprouver toutes les sensations cutanées de chatouillement, de contact, de pression passive, de température et de douleur superficielles. En d'autres termes, ces malades ne peuvent plus apprécier l'état de leurs muscles; mais ils peuvent encore très-bien apprécier l'état de leur peau.

Réciproquement, d'autres malades ne peuvent plus apprécier l'état de leur peau, mais peuvent encore apprécier très-bien l'état de leurs muscles [1]. — Un ouvrier cité par Landry avait les doigts et les mains insensibles à toute impression de contact, de douleur et de température; mais chez lui les sensations musculaires étaient intactes. Si, après lui avoir fermé les yeux, on lui plaçait un objet assez volumineux dans la main, il s'étonnait de ne pouvoir la fermer; il avait la sensation d'une résistance, mais rien de plus; il ne pouvait rien dire de l'objet, quelles étaient sa forme, sa grandeur, son espèce, s'il était froid ou chaud, piquant ou émoussé, ni même s'il y en avait un. On lui attacha avec un lacet, et sans le prévenir, un poids d'un kilogramme au poignet; il supposa qu'on lui tirait le bras.

Voilà donc deux groupes de sensations et deux groupes de nerfs, aussi distincts que ceux de la jambe et du bras [2], et, l'on peut ajouter, aussi semblables.

---

1. Landry, *Traité des paralysies,* I, 195, 182, 199.
2. Brown-Séquard, *Journal de physiologie,* tome VI, pages 124, 615.

Selon Brown-Séquard, « les impressions sensitives, doulou-

Car les nerfs des muscles comme ceux de la peau peuvent donner naissance aux sensations de contact, de froid et de chaud, de plaisir et de douleur [1]. « Outre la douleur que détermine un coup d'épée ou de bistouri, les blessés perçoivent aussi fort souvent le froid de la lame et sa présence dans l'épaisseur des tissus, et, chez beaucoup de paralytiques, quoique la peau soit complètement insensible à toute espèce d'excitation, une pression, un choc, la piqûre d'une épingle enfoncée dans les parties molles, sont perçus comme sensations profondes de contact, de choc et de douleur. » En outre, traversés par l'électricité ou

reuses et tactiles se transmettent d'une façon croisée dans la moelle épinière, c'est-à-dire que la transmission à l'encéphale des impressions provenant d'une des moitiés du corps s'opère dans la moitié latérale de la moelle épinière du côté opposé. Au contraire, les impressions du sens musculaire se propagent sans s'entre-croiser jusqu'à la partie supérieure de la moelle épinière. » Par conséquent, « les conducteurs du sens musculaire diffèrent radicalement des conducteurs des autres impressions sensitives. » Et l'auteur ajoute : « Non-seulement ces conducteurs ne s'entre-croisent pas dans la moelle épinière, mais encore ils sortent de cet organe surtout, sinon uniquement, par les racines spinales antérieures. »

Les preuves très-fortes de cette théorie sont des observations faites sur des blessures et des altérations latérales de la moelle épinière. On voit les sujets perdre d'un côté, à droite par exemple, la capacité d'éprouver les sensations du toucher, de la douleur, du froid, du chaud, du chatouillement, et conserver de ce même côté non-seulement la capacité de mouvoir leur membre, mais encore celle de le diriger exactement et d'apprécier tous les degrés de la contraction musculaire ; du côté gauche, c'est l'inverse. (Voir surtout les cas cités aux pages 238 et 582.) — D'après cette théorie, les nerfs et les conducteurs des sensations musculaires non-seulement sont distincts des nerfs et des conducteurs des autres sensations tactiles, mais encore leur trajet anatomique est autre, et, dans la moelle, on peut indiquer ce trajet.

1. Landry, *ibid.*, 201.

excités par une contraction musculaire très-forte, ces mêmes nerfs provoquent une souffrance; excités par la détente qui suit la fatigue et le massage, ils provoquent une jouissance. A tous ces égards, leur action est la même que celle des nerfs de la peau; ils n'en diffèrent donc que parce que, se terminant dans les muscles, ils sont excités par l'allongement ou le raccourcissement des muscles. Mais ce n'est point là une différence d'action, c'est une différence d'excitant; il n'y a dans la sensation musculaire proprement dite qu'une espèce de tiraillement semblable aux autres, et capable comme les autres de devenir douleur s'il est poussé loin.

On arrive ainsi à démêler, pour les nerfs des muscles comme pour les nerfs de la peau, trois espèces, et seulement trois espèces de sensations, celles de contact, celles de froid et de chaud, celles de plaisir et de douleur. — De plus, on les retrouve toutes les trois, plus ou moins vagues, partout où il y a des nerfs tactiles. « La face interne des parois abdominales sent très-bien les mouvements de l'intestin... On éprouve, après l'administration d'un lavement froid, une sensation de froid très-manifeste qui semble marcher dans la direction du côlon ascendant et transverse [1]. » Le pharynx, l'œsophage et même l'estomac sentent, avec un certain degré d'exactitude, le passage, la chaleur et la présence des aliments. Et, en général, considérez tour à tour les innombrables sensations internes, agréables, pénibles ou indifférentes de la vie organique, celles qui constituent la faim, la soif et la plénitude, celles qui accompagnent la digestion, la

---

1. Landry, *ibid.* Longet, *Traité de physiologie*, II, 179.

respiration, la circulation, l'accouplement ou l'émission de la voix, celles que développent le vin, les médicaments, les diverses substances introduites dans la circulation, outre cela toutes les sensations spontanées, picotements, démangeaisons, frissons, toutes les douleurs variées et difficiles à définir qui servent de symptômes dans les maladies, toutes les sensations de tact spécial et plus délicat, comme celles qu'on rencontre à la conjonctive, sur la langue et dans l'intérieur des narines, toutes les sensations de tact général et émoussé, comme on en trouve à la surface d'une plaie d'amputation récente. Vous y verrez des sensations de contact, de froid ou de chaud, de plaisir ou de douleur, plus ou moins obscures, plus ou moins mal délimitées, plus ou moins irradiées, les mêmes en somme, mais diversifiées par leur emplacement, l'ordre de leurs phases et le degré de leur intensité [1].

1. Quantité de sensations qui nous semblent avoir un type spécial et *sui generis* sont composées de sensations élémentaires de contact. « Si on enduit, dit M. Landry, une surface polie d'une légère couche de talc, et qu'on engage une personne non prévenue à y promener la pulpe du doigt, elle croit toucher un corps gras ou huileux.... » — Soit une table de marbre où l'on a semé des gouttes d'eau. Quand, les yeux fermés, on pose tour à tour la pulpe d'un doigt sur les points secs et sur les points mouillés, on ne les distingue pas les uns des autres. Il n'y a donc pas ici de sensation spéciale de l'humide ni du visqueux, mais une *sensation composée de contact*. « Cette sensation, dit M. Gratiolet, se développe quand la peau se détache d'une chose qui lui est *adhérente*, comme le serait par exemple un corps enduit de diachylon. Elle est surtout vive et distincte au moment où, l'adhérence cessant, la peau, d'abord tiraillée, revient brusquement sur elle-même. De cette sensation, quand elle est forte, résulte l'idée de viscosité, et, quand elle l'est infiniment peu, celle d'humidité. L'idée opposée de sécheresse résulte d'un défaut absolu d'adhérence. Cela est si vrai que la main plongée dans l'eau ne perçoit point l'humidité, non plus que, plongée dans l'huile, elle ne perçoit l'oléagineux. En effet,

Nous n'y découvrons point d'autres éléments, et, par cette première réduction, nous ramenons les sensations tactiles à trois types et seulement à trois.

Non-seulement ceux-ci sont distincts, mais ils sont séparables : chacun d'eux, du moins dans les sensations de la peau, peut être aboli isolément, les deux autres étant conservés [1]. — En certains cas, la sensation de douleur est seule abolie. Les malades peuvent éprouver encore les autres sensations cutanées, celles de chaleur, de contact, de chatouillement, reconnaître l'attouchement d'un doigt, le frottement d'une barbe de plume, le contact d'une épingle ; mais, si au même endroit on enfonce l'épingle, la douleur ne se produit pas. « Je sens bien, dit l'un d'eux, que vous me piquez, que vous me pincez, mais vous ne me faites pas de mal. » Cela va si loin que parfois l'application d'un cautère rougi à blanc ne provoque aucune douleur. A l'hôpital Saint-Antoine, une jeune fille hystérique, ayant pris dans sa main une boule d'eau bouillante, ne s'aperçut de son imprudence qu'en voyant plus tard de grosses cloches lever sur sa main. — Chez d'autres malades, la sensation de chaleur ou de froid est la

les corps qu'une couche intermédiaire d'eau fait *adhérer* n'adhèrent plus quand ils sont plongés dans l'eau ; de même, des corps plongés dans l'huile.... La peau peut recevoir des impressions par les deux faces, l'une superficielle, l'autre profonde. La sensation de pression commence quand la sensibilité de la face profonde entre en jeu. » (Gratiolet, *Anatomie comparée du système nerveux*, II, 409. — Landry, *Paralysies*, 159, 179.)

1. Beau, *Archives générales de médecine*, janvier 1848. — Delacour, thèse, janvier 1850. — Landry, *Recherches sur les sensations tactiles*. — *Traité des paralysies*. — Axenfeld, *Des névroses*, 332.

Cette séparation n'a pas été constatée pour les sensations des nerfs musculaires ; quand l'une d'elles est abolie, toutes les autres le sont aussi.

seule qui manque. « Je sens, dit alors le malade, la forme et la consistance du corps qui me touche, mais je ne saurais dire s'il est chaud ou froid. » — Chez d'autres enfin, la sensation de contact disparaît seule. Par exemple, le malade ne sent pas les petits corps qu'on lui met entre les extrémités de deux doigts ; « cependant, dans les mêmes points, les piqûres, même les plus superficielles, sont très-bien senties. » — D'autre part, chaque type de sensation peut subsister seul, les deux autres étant abolis. Certains malades, qui n'éprouvent plus les sensations de douleur ni de température, éprouvent encore sur les mêmes points celles de contact. D'autres, plus nombreux, n'éprouvent plus les sensations de douleur et de contact, mais seulement celles de température. D'autres enfin, qui éprouvent encore celles de douleur, n'éprouvent plus celles de température et de contact. Il est clair que chacun des trois types de sensation a des conditions propres qui, étant abolies ou conservées isolément, entraînent son abolition isolée ou sa conservation isolée.

Parmi ces conditions, l'expérience en a dévoilé quelques-unes. Si l'on refroidit un membre jusqu'à un certain degré déterminé, il conserve la sensation de contact, mais n'éprouve plus celle de douleur ; par exemple, « appliquez autour d'un genou, pendant trois minutes, un mélange composé de deux parties de glace pilée et d'une partie de sel marin, la peau devient exsangue, et vous pouvez y faire des cautérisations transcurrentes sans que le malade perçoive d'autre sensation que la pression du fer. » Ainsi, la sensation de douleur est sujette à une condition particulière ; pour qu'elle se produise, il faut que la circulation du sang, et partant les désassimilations et les assimilations moléculaires du nerf, se fassent avec un certain degré de vitesse. A un degré moindre, le nerf n'est plus capable de ce type spécial d'action qui éveille la sensation de douleur, quoique à ce degré il soit encore capable de ce type spécial d'action qui éveille la sensation de pression et de contact. — On voit que la sensation de douleur exige pour se produire une condition *de plus* que la sensation de contact; d'où il suit qu'elle peut être abolie aisément sans entraîner l'abolition de la sensation du contact, et que le contraire n'est pas vrai ; ce qui est conforme à l'expérience. Très-souvent, les malades qui ont perdu les sensations de douleur conservent les sensations de contact. Très-rarement, les malades qui ont perdu les sensations de contact gardent encore celles de douleur [1].

Cet exemple nous met sur la voie de l'explication qui nous manquait. En effet, nous n'avons pas besoin de supposer avec plusieurs physiologistes qu'il y a trois sortes de nerfs chargés de nous transmettre, les uns l'impression du contact, les autres l'impression du froid et du chaud, les autres l'impression de la douleur, chacune de ces trois classes de nerfs pouvant être paralysée isolément et nous retrancher ainsi une sorte de sensation, sans que pour cela les deux autres soient abolies. La seule chose que les faits attestent, c'est que les trois sortes de sensations ont des conditions spéciales, et que ces conditions peuvent être détruites isolément. — Quelles sont ces conditions? On

---

[1]. Axenfeld, *ibid.*, 332. — « L'inverse s'observe rarement : lorsque le tact est aboli, du même coup la douleur se perd, ou, en d'autres termes, l'existence de l'anesthésie proprement dite implique *presque* toujours celle de l'analgésie. »

peut en concevoir de plusieurs sortes. — Elles peuvent être anatomiques : telle est la réponse des physiologistes précédents, de Landry, de Brown-Séquard, de Lhuys. En effet, il suffit, pour expliquer ces abolitions isolées, qu'il y ait trois sortes de nerfs ; cette solution parle aux yeux ; on est tenté de l'adopter. Mais il y en a d'autres; car, de ce qu'il y a une condition spéciale, il ne suit pas forcément que cette condition soit la présence d'un nerf spécial. — Deux autres explications sont possibles. En premier lieu, la condition peut être un état spécial du même nerf, ce qui semble le cas dans l'expérience où le genou refroidi devient exsangue. En second lieu, la condition peut être un état spécial des parties qui environnent le nerf et à travers lesquelles l'excitant extérieur agit sur le nerf; en ce cas, le même nerf, soumis au même excitant extérieur, transmettrait des sensations différentes, selon que les parties intermédiaires entre lui et son excitant seraient en des états différents. Ce sont là des solutions plus abstraites, mais elles s'accordent mieux avec les faits.

A cet égard, des expériences de Weber me paraissent concluantes [1]. — Trempez dans l'eau froide un

[1] Article Tastsinn, 498, dans le *Handbuch der Physiologie* de Rudolf Wagner.
Cf. Fick, *Anatomie und Physiologie der Sinnes Organe*, 28, 30, 42, 43. D'après la structure anatomique des organes tactiles, il indique, par approximation et par hypothèse, les divers types d'action qui, dans le même nerf, excitent en nous des sensations différentes, la sensation de chaleur ou de froid, celle de pression ou de contact. « Il est vraisemblable que l'excitation des nerfs, dans la sensation de chaud et de froid à la périphérie sensible de la peau, n'est point développée immédiatement par un changement de température de la substance nerveuse elle-même, mais par des changements simultanés qui surviennent dans les relations mécaniques des corpuscules terminaux. »

gros tronc nerveux, le nerf cubital, par exemple, à l'endroit où il fait saillie entre les deux os du coude ; selon une loi bien connue, vous reportez dans l'avant-bras et dans les deux derniers doigts de la main la sensation que l'action nerveuse située aux environs du coude vous fait éprouver ; or, cette sensation n'est point celle du froid ; vous n'éprouvez que de la douleur. Par conséquent, lorsque vous avez une sensation du froid, ce n'est point l'action immédiate du froid sur le nerf qui vous la donne ; car tout à l'heure vous ne l'avez point eue, lorsque le froid agissait immédiatement sur le nerf cubital. Pour que vous l'ayez, il faut que le froid agisse indirectement, c'est-à-dire à travers certains alentours du nerf, certains organes disposés pour cela ; ce sont eux qui agissent directement sur le nerf ; le froid les modifie, et leur modification imprime au nerf un type spécial d'action qui éveille en nous la sensation spéciale de froid. — Au contraire, détruisez isolément dans ces alentours, et sans paralyser le nerf, la propriété qu'ils ont d'imprimer au nerf ce rhythme d'action ; nous n'aurons plus la sensation spéciale de froid ; quand alors le froid viendra agir sur le nerf, il n'éveillera plus en nous la sensation spéciale de froid, mais seulement, comme tout à l'heure lorsqu'il agissait sur le nerf cubital, la sensation de douleur. C'est le cas pour certains malades. A ce sujet M. Axenfeld m'écrit : « Chez les ataxiques, qui sont parmi les moins sensibles anesthésiques, j'ai souvent constaté que le froid était désagréable sans être apprécié comme froid. « Cela fait mal ! » Voilà tout ce qu'ils disent quand on les interroge sur le caractère de leur perception. » — On arrive à la même conclusion en considérant les sensations des personnes dont le corps, à la suite d'une amputation ou de quelque autre plaie, présente une large cicatrice. « Les parties de la peau, dit Weber, où les organes tactiles ont été détruits et ne se sont pas complètement reproduits, ne peuvent pas distinguer la chaleur et le froid. » — Des expériences semblables indiquent pour la sensation de pression des intermédiaires semblables. Pressez avec le doigt le nerf cubital entre les deux os du coude; vous n'éprouverez pas dans les doigts et l'avant-bras une sensation de pression, mais seulement une sensation de douleur sourde. « Partant, dit encore Weber, la sensation de pression et le discernement de ses degrés si nombreux et si différents ne sont possibles que lorsque la pression agit sur les organes du tact, et à travers eux, sur les extrémités des nerfs tactiles; cette sensation ne naît point quand les nerfs tactiles sont directement comprimés. » — Par conséquent la sensation de pression a pour condition spéciale, non pas la pression du nerf, mais une certaine modification de certains organes ou alentours du nerf. Détruisez isolément ces organes ou supprimez isolément la capacité qu'ils ont de subir cette modification; la sensation de pression sera abolie isolément.

Ainsi dans tous les cas, ce qui s'éveille en nous, c'est un type spécial d'action pour le nerf, et ce qui éveille dans le nerf ce type spécial d'action, c'est une modification spéciale de ses appendices et de ses dépendances. — Par conséquent, pour expliquer les trois sortes de sensations tactiles, et pour comprendre qu'elles peuvent être abolies isolément, nous n'avons pas besoin de supposer qu'elles sont excitées en nous par des nerfs distincts et de trois espèces différentes;

c'est là une hypothèse gratuite que nulle vivisection, nulle observation micrographique n'a confirmée. Il suffit d'admettre que le même nerf ou le même groupe de nerfs est capable de plusieurs types ou rhythmes d'action différents, et que chacun de ces rhythmes est provoqué directement par la modification spéciale que les agents extérieurs impriment aux alentours du nerf, soit aux tubes qui le contiennent, soit au sang qui le baigne, soit à tout autre de ses accompagnements intérieurs.

Quant aux différences de ces rhythmes, il n'est pas impossible de s'en faire une idée. « Chaque filet nerveux du toucher ne peut, dit Fick, transmettre qu'une seule et même sensation, laquelle n'est capable que de degrés.... Mais les excitants extérieurs ordinaires n'atteignent point des filets élémentaires isolés ; ils atteignent un groupe de filets pris ensemble. On peut supposer que la chaleur atteint les éléments nerveux *dans un autre ordre* que la pression. » — « De fait, plus on s'approche d'une sensation vraiment élémentaire, plus la différence entre la sensation de température et celle d'un excitant mécanique semble s'évanouir. Par exemple, on distingue à peine la piqûre d'une fine aiguille et l'attouchement d'une étincelle de feu. » — Autre analogie : on sait que, portées à un certain degré, les sensations de chaleur et de froid, comme celles de pression, se changent en douleur pure. — « Enfin posez sur la peau un corps mauvais conducteur, par exemple un papier percé d'un trou de deux à cinq millimètres de diamètre ; à travers ce trou touchez la peau, tantôt avec un excitant mécanique, comme une pointe de bois, un pinceau ou un flocon de laine, tantôt avec un excitant calorifique, comme le rayonnement d'un morceau de métal échauffé ; » les deux sensations, ainsi limitées à ce minimum d'éléments nerveux, sont si semblables que très-souvent le patient juge que celle du contact est une sensation de chaleur et que celle de chaleur est une sensation de contact. — Au contraire, lorsque les éléments nerveux sont en grand nombre, c'est-à-dire lorsqu'un large morceau de peau subit les mêmes épreuves, la même confusion n'a pas lieu. — Évidemment, ici comme ailleurs, la sensation ordinaire est un total ; et, ici comme ailleurs, deux sensations totales peuvent être en apparence irréductibles l'une à l'autre, quoique leurs éléments soient les mêmes ; il suffit pour cela que les petites sensations composantes diffèrent par le nombre, la grandeur, l'ordre ou la durée ; leurs totaux forment alors des blocs indivisibles pour la conscience, et semblent des données simples, différentes d'essence et opposées de qualité.

Très-probablement, la sensation de douleur n'est qu'un maximum ; car toutes les autres, celles de pression, de chatouillement, de chaud, de froid se transforment en elle quand on les accroît au delà d'une certaine limite. — Très-probablement la sensation de pression ne diffère de la sensation de contact que parce que dans la pression « les corpuscules terminaux du système profond sont, en outre, intéressés, et que dans le contact ils ne le sont pas [1] ». — Très-probablement, la sensation de chatouillement n'est

[1]. Voir Fick et Gratiolet aux endroits indiqués. Les cicatrices n'ont plus la sensation de température, n'ont qu'une sensation obtuse de contact, et ont encore la sensation de pression. C'est que les corpuscules terminaux épithéliaux leur manquent, tandis que les corpuscules profonds de Pacini sont encore présents.

qu'un excès de la sensation de contact ; car, m'écrit M. Axenfeld, « je l'ai toujours trouvée abolie en même temps que le tact. » Et, de fait, quoique produite par un contact en apparence faible, elle est produite par un contact effectivement excessif ; la barbe de plume ou le bout de fil qui, promené lentement sur la joue ou le nez, effleure imperceptiblement l'extrémité d'une papille nerveuse, provoque visiblement un ébranlement considérable dans la molécule terminale de la papille ; car la sensation est très-vive et survit plusieurs secondes à l'attouchement. Le changement d'équilibre qu'elle indique dans le nerf est donc bien plus grand et bien plus lent à disparaître que lorsqu'une pression refoule uniformément un groupe entier de papilles ; si alors le déplacement total des chairs est beaucoup plus grand, le déplacement relatif des molécules nerveuses est beaucoup moindre. C'est pourquoi, si la sensation finale a bien moins d'étendue, elle a bien plus de vivacité.

En somme, tout ce que l'observation nous montre dans les nerfs du toucher, ce sont des systèmes différents de déplacements moléculaires transmissibles. Composés d'éléments semblables, ils constituent des types ou rhythmes dissemblables ; indéfinissables pour nous dans l'état présent de la science, ils sont, comme tout déplacement, définissables en eux-mêmes par la vitesse, la grandeur et l'ordre de leurs éléments ; et nous pouvons admettre que, selon l'ordre de leurs éléments, ils éveillent en nous tantôt la sensation de température, tantôt la sensation de contact ou de pression ; qu'au minimum de vitesse et de grandeur, ils éveillent en nous les sensations faibles de pression, de contact et de température ; qu'au maximum de vitesse et de grandeur, ils éveillent en nous la sensation de douleur.

V. Tâchons de jeter sur tous ces faits une vue d'ensemble. Une sensation dont nous avons conscience est un composé de sensations plus simples, qui sont elles-mêmes composées de sensations plus simples, et ainsi de suite. Ainsi la sensation d'un accord de tierce, *ut mi*, est composée de deux sensations *simultanées* de son, *ut* et *mi*. De son côté, la sensation d'*ut*, comme celle de *mi*, est composée d'une sensation plus forte, celle d'*ut* ou de *mi*, et, en outre, d'autres sensations simultanées plus faibles, celles des harmoniques supérieures. Quant à cette sensation plus forte et à ces sensations plus faibles, elles sont composées chacune de sensations *successives* plus courtes, lesquelles, isolées, peuvent encore être aperçues par la conscience, et dont le nombre est égal à celui des ébranlements aériens divisé par deux. A son tour, chacune de ces petites sensations est composée de deux sensations élémentaires *successives*, lesquelles isolées ne sont pas aperçues par la conscience. Enfin, chacune de ces sensations élémentaires est elle-même une série infinie de sensations *successives*, également imperceptibles à la conscience, infiniment courtes, et croissantes d'un minimum à un maximum à travers une infinité de degrés intermédiaires. Le total est la sensation de l'accord *ut mi*, un composé du cinquième degré, comme tel produit en chimie organique. — Pareillement, la sensation du blanc est d'abord composée d'autant de sensations de blanc partielles et *simultanées* qu'il y a de filets nerveux mis en action sur la rétine. En second lieu, chaque sensation partielle de blanc est constituée par les sensations *simultanées* de deux ou plus de deux couleurs complémentaires, par exemple le jaune et l'indigo. En troisième lieu, la sensation du jaune, comme celle de l'indigo, est composée des trois sensations élémentaires et *simultanées* de couleur, le rouge, le violet et le vert, chacune avec un degré particulier d'intensité. En quatrième lieu, chacune de ces trois sensations élémentaires est composée de sensations *successives* et continues de la même couleur, sensations encore perceptibles à la conscience et si nombreuses qu'il y en a au moins un million en une seconde. En cinquième lieu, chacune de ces sensations successives si prodigieusement courtes est, selon toutes les analogies, composée, comme celles du son, de sensations plus courtes encore et *successives*, comme les sensations primitives du son imperceptibles à la conscience. Enfin, si l'on suit jusqu'au bout les analogies, on arrive à concevoir la sensation excitée par chaque onde élémentaire éthérée sur le modèle de la sensation excitée par chaque onde élémentaire aérienne, c'est-à-dire comme une série infinie de sensations *successives* infiniment courtes et croissantes d'un minimum à un maximum à travers une infinité de degrés. Telle est la sensation du blanc, un composé du cinquième ou du sixième degré.

Cette analyse dégage trois principes importants. — Le premier est que deux sensations successives qui, séparées, sont nulles pour la conscience, peuvent, en se rapprochant, former une sensation totale que la conscience aperçoit. — Le second est qu'une sensation indécomposable pour la conscience, et en apparence simple, est un composé de sensations successives et simultanées, elles-mêmes fort composées. — Le troisième est que deux sensations de même nature et qui diffèrent seulement par la grandeur, l'ordre et le nombre de leurs éléments, apparaissent à la conscience comme irréductibles entre elles et douées de qualités spéciales absolument différentes. — Armés de ces trois principes, nous concevons la nature et la diversité des sensations des autres sens. D'après le second et le troisième, les odeurs qui, comme le blanc, paraissent des sensations simples, sont, comme le blanc, des sensations composées, et les diverses odeurs qui, comme les divers timbres, semblent irréductibles entre elles, sont, comme les divers timbres, des totaux qui, composés des mêmes éléments, ne diffèrent que par la grandeur, l'ordre et le nombre de leurs éléments. Nous concluons de même à l'endroit des saveurs et des sensations tactiles. — Mais ici une différence se présente. Nous pouvons faire à propos des saveurs et des odeurs un pas que nous ne pouvons faire à propos des sensations tactiles. Nous pouvons nous former une idée des sensations élémentaires qui constituent les odeurs et les saveurs, mais non des sensations élémentaires qui constituent les sensations tactiles. Nous constatons que l'antécédent spécial et immédiat qui met en action les nerfs olfactifs et gustatifs est un système de déplacements moléculaires ; nous concevons que ce système de déplacements se traduit en eux par un système correspondant d'actions nerveuses, et se traduit en nous par un système correspondant de sensations élémentaires de saveur et d'odeur ; nous définissons jusqu'à un certain point ces sensations élémentaires inconnues en disant qu'elles correspondent aux mouvements moléculaires du travail chimique, comme les sensations élémentaires connues de l'ouïe ou de la vue correspondent aux ondes de l'ondulation aérienne et éthérée. — Rien de pareil pour le toucher; nous n'avons aucun moyen de déterminer ou de conjecturer le rhythme d'action que les nerfs tactiles reçoivent et transmettent aux centres nerveux. L'action élémentaire nerveuse et, partant, la sensation élémentaire tactile, restent hors de nos prises. Tout ce que nous savons, c'est qu'il y a une telle action et, partant, une telle sensation; car, quel que soit l'excitant, le nerf tactile et les centres auxquels il aboutit fonctionnent toujours de même et d'une façon qui leur est propre; leur rhythme d'action est spécial et ne change pas; la preuve en est que ce rhythme provoque toujours en nous la même sorte de sensations, et que cette sorte de sensations n'est provoquée que par lui.

Voilà de grandes lacunes; elles ne seront comblées que du jour où la physiologie sera assez avancée pour déterminer la forme et la vitesse du mouvement moléculaire dont la répétition constitue l'action nerveuse. En attendant, la théorie des sensations est comme un édifice dont une partie est achevée et une partie indiquée. — Mais cette construction incomplète suffit pour nous donner une idée de l'ensemble. Nous voyons que les innombrables sensations que nous rapportons à un même sens peuvent se ramener, pour chaque sens, à une sensation élémentaire dont les différents totaux constituent les différentes sensations de ce sens. Nous concevons, d'après les trois principes posés, que les sensations élémentaires des cinq sens peuvent être elles-mêmes des totaux composés des mêmes éléments, sans autre différence que celle du nombre, de l'ordre et de la grandeur de ces éléments, et que, partant, comme les diverses sensations de l'ouïe ou de la vue, elles peuvent se réduire à un type unique. En ce cas, il n'y aurait qu'une sensation élémentaire capable de divers rhythmes, comme il n'y a qu'une texture nerveuse capable de divers types [1]. — Et de fait, quelle que soit la structure des nerfs et des centres nerveux dont l'action provoque une sensation, si diverse que vous supposiez cette structure, ce qui se transmet d'un bout à l'autre du nerf, jusqu'au dernier centre nerveux, n'est jamais qu'un déplacement moléculaire, plus ou moins rapide, plus ou moins grand, plus ou moins compliqué. Une particule avait telle situation par rapport aux autres; cette situation change, rien de plus ; au bout de toutes les sciences qui traitent des corps, on n'aperçoit jamais que la mécanique; en sorte que les diverses actions nerveuses qui provoquent les diverses sensations ne peuvent être conçues que comme des systèmes de mouvements : ainsi toutes ces actions, diverses en quantité, sont les mêmes en qualité. —

[1]. Fick, *Lehrbuch der Anatomie und Physiologie der Sinnesorgane*, 5.
Der Erregungsvorgang, welche Form er auch immer haben mag, ist in allen nervösen Elementen gleicher Art, also insbesondere, in allen Nervenfasern, derselbe, sei dieser Faser im Hirn, im Rückenmark, oder in einem peripherischen Nervenstamm.... Indessen ist doch sehr wahrscheinlich, dass der Erregungsvorgang in den nervösen Elementen in gewissen Drehungen oder Umgruppirungen electromotorischen Molecülen besteht.

Voyez aussi : *De la vibration nerveuse et de l'action réflexe dans les phénomènes intellectuels*, par le D**r** Onimus. — Plusieurs physiologistes admettent que ce déplacement des molécules nerveuses peut être comparé à une vibration, ou mouvement de va-et-vient. En tout cas, il s'agit d'un ordre de positions qui s'altère, puis se rétablit.

Donc, d'après la correspondance connue entre la sensation et l'action nerveuse, les sensations diverses en quantité sont les mêmes en qualité ; nous arrivons par la déduction au but que nous indiquait l'analogie. — Au fond de tous les évènements corporels, on découvre un évènement infinitésimal, imperceptible aux sens, le mouvement, dont les degrés et les complications constituent le reste, phénomènes physiques, chimiques et physiologiques. Au fond de tous les évènements moraux, on devine un évènement infinitésimal, imperceptible à la conscience, dont les degrés et les complications constituent le reste, sensations, images et idées. Quel est ce second évènement, et l'un de ces évènements est-il réductible à l'autre?

En attendant, nous touchons les fondements de notre connaissance, et nous pouvons évaluer leur solidité. — On a vu que nos sens sont des idiomes, dont quatre sont spéciaux et le dernier général. Une sensation est un représentant mental, signe intérieur du fait extérieur qui la provoque. Les sensations spéciales de la vue, de l'ouïe, de l'odorat et du goût, sont des représentants délicats et limités qui, par leurs caractères, traduisent rigoureusement et uniquement un ordre spécial de faits extérieurs. Les sensations générales du toucher sont des représentants grossiers et universels, qui, par leurs caractères, traduisent à peu près tous les ordres de faits extérieurs. Ainsi toute sensation normale correspond à quelque fait extérieur qu'elle transcrit avec une approximation plus ou moins grande, et dont elle est le *substitut* intérieur. Par cette correspondance, les évènements du dedans cadrent avec ceux du dehors, et les sensations, qui sont les éléments de nos idées, se trouvent naturellement et d'avance ajustées aux choses, ce qui permettra plus tard à nos idées d'être conformes aux choses et partant vraies. — D'autre part, on a vu que les images sont des *substituts* de sensations passées, futures, possibles, que les noms individuels sont des *substituts* d'images et de sensations momentanément absentes, que les noms généraux les plus simples sont des *substituts* d'images et de sensations impossibles, que les noms généraux plus composés sont des *substituts* d'autres noms, et ainsi de suite. — Il semble donc que la nature se soit donné à tâche d'instituer en nous des représentants de ses évènements, et qu'elle y soit parvenue par les voies les plus économiques. Elle a d'abord institué la sensation qui traduit le fait avec une justesse et une finesse plus ou moins grande ; puis la sensation survivante et capable de résurrection indéfinie, c'est-à-dire l'image, qui répète la sensation et qui par suite traduit le fait lui-même ; puis le nom, sensation ou image d'une espèce particulière, qui, en vertu de propriétés acquises, représente le caractère général de plusieurs faits semblables, et remplace les sensations et images impossibles qui traduiraient ce caractère isolé. Au moyen de cette correspondance, de cette répétition et de ce remplacement, les faits du dehors, présents, passés, futurs, particuliers, généraux, simples, complexes, ont leurs représentants internes, et ce représentant mental est toujours le même évènement interne plus ou moins composé, répété et déguisé.

LIVRE QUATRIÈME

LES CONDITIONS PHYSIQUES DES ÉVÉNEMENTS MORAUX

CHAPITRE PREMIER

LES FONCTIONS DES CENTRES NERVEUX

SOMMAIRE.

I. Fin de l'analyse psychologique. — Commencement de l'analyse physiologique.
II. L'événement physique extérieur est une condition accessoire et lointaine de la sensation. — Il ne provoque la sensation que par un intermédiaire, l'excitation du nerf. — Diverses espèces de nerfs sensitifs. — Chacune d'elles a son jeu propre. — Le jeu de chacune d'elles est différent. — Chaque nerf peut jouer spontanément. — Sensations subjectives et consécutives. — Sensations altérées. — Expériences et observations des physiologistes.
III. Le nerf est un conducteur. — L'action moléculaire doit se propager depuis son bout terminal jusqu'à son bout central. — Quel que soit le point de son trajet d'où parte l'action moléculaire, la sensation est la même. — Illusion des amputés. — L'action du nerf ne provoque la sensation que par un intermédiaire, l'action des centres nerveux. — En quoi consiste le mouvement moléculaire qui se propage dans le nerf. — Il peut se propager dans les deux sens. — Expériences de Bert et de Vulpian. — Si tel nerf excité provoque telle sensation, c'est parce que son bout central est en rapport avec telle portion des centres nerveux. — La simple excitation des centres nerveux suffit pour provoquer la sensation. — Preuve par les hallucinations. — Cas observés par les aliénistes. — Hallucinations qui suivent l'usage prolongé du microscope. — Observations de M. Robin. — La condition suffisante et nécessaire de la sensation est une action des centres nerveux.

IV. Les diverses portions de l'encéphale. — Le bulbe rachidien. — S'il est seul conservé, il n'y a plus de sensations proprement dites. — Expériences de Vulpian. — Distinction du cri réflexe et du cri douloureux. — La protubérance annulaire. — Expériences de Longet et de Vulpian. — L'action de la protubérance est la condition suffisante et nécessaire des sensations tactiles, auditives et gustatives. — Les tubercules bijumeaux ou quadrijumeaux. — Expériences de Flourens, Longet et Vulpian. — L'action de ces tubercules est la condition suffisante et nécessaire des sensations visuelles. — Existence probable d'un autre centre dont l'action est la condition suffisante et nécessaire des sensations olfactives.

V. L'action de ces centres est la condition suffisante et nécessaire des sensations brutes. — Concordance des conclusions de la physiologie et de la psychologie. — Structure de l'encéphale. — Les lobes ou hémisphères cérébraux. — Leur substance grise. — Rapport de l'intelligence avec leur volume et avec l'étendue de cette substance grise. — L'action des lobes cérébraux est la condition suffisante et nécessaire des images ou sensations réviviscentes, et par suite de toutes les opérations mentales qui dépassent la sensation brute. — Expériences de Flourens et Vulpian. — Concordance des observations pathologiques.

VI. Structure interne des lobes cérébraux. — Leur substance blanche n'est que conductrice. — Fonctions de leur substance grise. — Preuves physiologiques et pathologiques. — Lacunes de la physiologie. — Les divers départements de la substance grise remplissent les mêmes fonctions et sont un groupe d'organes répétiteurs et multiplicateurs. — Preuves pathologiques et physiologiques. — Un hémisphère supplée l'autre. — Une portion des hémisphères, pourvu qu'elle soit assez grande, supplée le reste. — Application des données psychologiques. — Un élément des hémisphères répète l'action des centres sensitifs et la transmet aux autres éléments. — Pourquoi la grandeur des hémisphères et le développement de leur couche corticale accroissent l'étendue de l'intelligence. — Mécanisme de la formation, de la survivance et de la répétition indéfinie des images. — Causes physiologiques du conflit, de la prépondérance et de la succession des images. — Images affaiblies et latentes. — Coexistence de plusieurs groupes d'images mentales et d'actions corticales. — En quoi consiste la prépondérance d'une image. — Le premier plan dans la conscience et dans l'écorce cérébrale. — La contraction musculaire pensée confine à la contraction musculaire effectuée. — Abouchement du courant intellectuel et du cou-

CHAP. I. FONCTIONS DES CENTRES NERVEUX   241

rant moteur. — Découverte du point d'abouchement. — La troisième circonvolution de Broca. — Les centres psycho-moteurs de Ferrier. — Une image atteint son maximum d'énergie et d'éclat quand elle arrive au point de l'écorce où elle se transforme en impulsion motrice.

VII. Résumé. — Au-dessous des totaux observables à la conscience sont leurs éléments invisibles à la conscience. — Caractères et signes des évènements moraux élémentaires. — Phénomènes réflexes. — Expériences de Vulpian, Landry, Dugès, Claude Bernard. — Indices d'évènements moraux dans les centres nerveux inférieurs et secondaires. — Les segments de la moelle. — Analogie probable de ces évènements et des sensations élémentaires. — Degrés successifs et correspondance constante du mouvement moléculaire d'un centre nerveux et de l'évènement moral.

VIII. Géographie et mécanique des centres nerveux. — Difficulté des recherches. — Éléments d'un centre nerveux. — Type simplifié. — Type réel. — Dispositions anatomiques préétablies. — Adaptations physiologiques acquises. — Hiérarchie des centres nerveux. — Centres supérieurs, la moelle allongée, les ganglions de la base, les lobes cérébraux et le cervelet. — Les quatre circuits de plus en plus longs du courant nerveux. — Le courant nerveux considéré en lui-même. — Points de vue mécanique, physique, chimique, physiologique et graphique. — Le jeu de la cellule comparé à une figure de danse. — Correspondance nécessaire de l'acte physiologique et de l'acte mental. — Conjectures sur les divers types de cellules sensitives. — Cinq types de danse diversifiés par la diversité des rhythmes d'impulsion. — Dispositions anatomiques requises pour que les cellules puissent communiquer. — Indices fournis par les vivisections. — Indices fournis par la psychologie. — Fibres ascendantes reliant les cellules du même type, et, par suite, prolongation de la sensation sous forme d'image. — Fibres transversales reliant des cellules de type différent, et, par suite, association des images d'espèce différente. — Les associations comparées à des clichés. — Mécanisme du clichage. — A quoi sert le nombre énorme des cellules et des fibres corticales. — Comment se réveille un souvenir lointain qui n'a point reparu pendant un long intervalle. — Travail ordinaire de l'écorce cérébrale. — Son œuvre est une combinaison incessante des impressions actuelles et des clichés anciens.

I. Il faut nous arrêter maintenant et changer de voie; nous sommes au bout de l'analyse psychologique; voyons où l'analyse physiologique nous conduira.

Nous avons exploré en géologues un grand pays, depuis ses plus hauts sommets jusqu'à ses côtes, et, à travers tous les accidents du sol, nous avons reconnu une même assise qui supporte toutes les diversités du terrain. Depuis les idées les plus abstraites jusqu'aux sensations les plus animales, nous avons retrouvé la même couche fondamentale; les idées sont des sensations ou des images d'une certaine sorte; les images elles-mêmes sont des sensations capables de renaître spontanément. Au fond de tout il y a donc toujours la sensation. Mais, arrivé à la sensation, nous sommes à la limite du monde moral; de là au monde physique, il y a un abîme et comme une mer profonde; nous ne pouvons plus pratiquer nos sondages ordinaires; l'eau nous empêche de vérifier si la couche que nous avons suivie d'un bout à l'autre de notre sol va rejoindre l'autre continent. Sur cinq points qui sont les cinq sens, nous avons tenté de dépasser la limite ordinaire; nous avons poussé jusqu'à une assez grande distance du côté des sensations de l'ouïe et du côté des sensations de la vue; nous avons fait un pas du côté des sensations de l'odorat et du goût; et nous avons vu que, du côté des sensations du toucher, on pourrait plus tard en faire un pareil. — D'après toutes ces indications, nous avons conclu que, dans le cercle de chaque sens et probablement de sens à sens, les sensations qui, en apparence, diffèrent de qualité, ne diffèrent qu'en quantité; que les mêmes sensations élémentaires peuvent, par leurs différences de nombre, d'intensité et de proximité, constituer les sensations totales que la conscience juge irréductibles entre elles, et que partant, si diverses que soient les apparences, il n'y a là probablement aussi qu'un même fait, sorte de roche primitive dont les divers aspects tiennent aux diverses profondeurs de l'eau. Nous avons constaté de plus qu'à un certain degré de profondeur cette roche qui disparaît n'en subsiste pas moins et se prolonge indéfiniment, puisque à un certain degré de brièveté ou de faiblesse la sensation, quoique imperceptible à la conscience, n'en est pas moins réelle et se trouve constituée par des éléments infinitésimaux. Ainsi, par delà le monde psychologique observable à la conscience, s'étend à l'infini un monde psychologique que la conscience n'atteint pas. Nous quittons ici la conscience qui ne peut plus nous rien apprendre et nous allons sur l'autre continent pour voir si l'anatomie et la physiologie ne nous montreront pas, sur leur terrain propre, quelque roche prolongée qui se relie au nôtre, au fond de la mer obscure qui semble séparer à jamais les deux pays.

II. Cherchons donc les données physiques dont dépendent nos évènements moraux et d'abord les conditions de la sensation. Elles sont directes ou indirectes, et forment une chaîne dont les premiers anneaux n'agissent qu'en tirant le dernier anneau.

Suivons cette chaîne. En premier lieu il y a l'évènement physique extérieur, ondulation aérienne ou éthérée, action chimique du corps liquide ou volatil, pression mécanique, changement de température qui, par la dilatation ou le resserrement des parties, vient agir sur le nerf. Visiblement, ce n'est là qu'une condition accessoire et lointaine. Quoique le nerf soit construit de façon à traduire plus particulièrement les mouvements extérieurs d'un certain type, il a son type d'action propre; c'est un ressort qui, de quelque façon qu'on le mette en jeu, a toujours le même jeu [1]. — Le nerf optique ébranlé ne nous donne jamais que des sensations de lumière; ses divers stimulants aboutissent au même effet. Une ondulation éthérée le frappe, et nous avons les sensations de couleur. On l'excite en comprimant le globe de l'œil, et nous voyons ces cercles brillants qu'on nomme phosphènes. On le tranche dans une opération chirurgicale, et au moment de la section le patient voit de grandes masses soudaines de clarté. On fait agir sur lui un courant électrique, et nous apercevons de vives lueurs. On introduit de la digitale dans le sang, et ce sang altéré provoque par lui des sensations de flamboiement. — Pareillement, le nerf acoustique [2] ne nous donne jamais que des sensations de son, quel que soit l'évènement extérieur qui le mette en branle, ondulation aérienne, électricité, irritation du sang, narcotiques introduits dans le sang. — Il en est de même pour les autres sens, notamment pour celui du toucher. Les nerfs tactiles, mieux que tous les autres, peuvent être mis en expérience; car ils sont excités par une quantité d'évènements extérieurs différents, contact et pression mécaniques, actions chimiques des caustiques, de l'air et du sang, changement de température, ondulations éthérées ou aériennes, section du bistouri; toujours leur action aboutit à une sen-

---

1. Mueller, *Manuel de Physiologie*, II, 263.
2. Dans la branche limacéenne. Expériences de Flourens. Au contraire, par la branche vestibulaire, il provoque la douleur; celle-ci appartient donc au groupe des nerfs tactiles.

sation de contact, de pression, de température ou de pure douleur.

Non-seulement chaque espèce de nerf a son jeu propre, mais le jeu de chaque espèce de nerfs est différent. L'évènement extérieur a beau être le même : s'il met en mouvement des nerfs d'espèce différente, les sensations excitées seront différentes. La même action électrique éveille, selon le nerf qu'elle met en jeu, ici une sensation de lumière, là une sensation de son, ailleurs encore une sensation de choc et de picotement. Le même coup violent éveille une sensation de pression et de douleur par l'entremise des nerfs tactiles, une sensation de lumière par l'entremise du nerf optique, une sensation de son par l'entremise du nerf acoustique. Le même narcotique, introduit dans le sang, éveille des flamboiements en agissant sur le nerf optique, des tintements en agissant sur le nerf acoustique, des fourmillements en agissant sur les nerfs tactiles. — Ainsi chaque nerf d'espèce distincte a son mode d'action personnel et distinct.

Il suit de là que tous les excitants extérieurs pourraient manquer; si, en leur absence, le nerf entrait de lui-même en action, nous aurions la même sensation en leur absence qu'en leur présence. — Et de fait, c'est ce qui arrive; nous éprouvons, sans leur concours, une quantité de sensations, qu'on appelle subjectives ou consécutives. Elles sont nombreuses surtout pour la vue; l'excitation du nerf optique, et partant la sensation des couleurs ou de la lumière, dure après que l'ondulation éthérée a cessé de frapper la rétine; en ce cas, les paupières fermées, ou l'œil tourné d'un autre côté, on continue à voir l'objet que l'on regardait d'abord; selon les cas, l'image est incolore ou colorée, de couleur persistante, ou de couleur changeante; et ces illusions sont soumises à des lois connues [1] par lesquelles s'expliquent une multitude de faits singuliers. — Les mêmes sortes de sensations spontanées se retrouvent dans l'ouïe [2]. « Tels sont les tintements et bourdonnements d'oreille chez les personnes qui ont les nerfs délicats, et chez celles dont le nerf auditif lui-même est siège d'une lésion; tel est encore le bruissement qu'on discerne dans ses oreilles après avoir longtemps couru dans une voiture dure. » — On constate moins aisément les sensations subjectives pour le goût et pour l'odorat. Si quelques malades se plaignent de sentir continuellement des odeurs infectes, il n'est pas certain que l'origine de leur sensation soit dans le nerf lui-même; elle peut se trouver dans les centres nerveux. — Mais rien de plus fréquent dans le toucher que l'action spontanée des nerfs; il suffit de citer les névralgies proprement dites; le jeu propre du nerf en l'absence de tout excitant appréciable éveille, maintient et réveille alors les plus vives et les plus diverses sensations de douleur.

C'est pourquoi, si l'état du nerf change, l'excitant a beau être le même, la sensation change de degré, ou même de qualité. Par exemple, si le nerf est devenu plus excitable, le moindre excitant développe en lui le plus grand jeu, et la sensation est d'une intensité terrible; tel est le cas des malheureux qui ont une hyperesthésie des nerfs optiques, acoustiques ou tactiles. Si, au contraire, le nerf est devenu moins

---

1. Helmholtz, *Handbuch der physiologischen Optik;* deuxième partie, § 22, 23, 24, 25.
2. Mueller, *ibid.*, II, 472, 260, 490.

excitable ou ne l'est plus du tout, les excitants les plus forts ne développeront en lui que des sensations faibles ou nulles; ce qui arrive quand il est coupé, lié, engourdi par le froid, paralysé par une maladie. Si enfin le nerf est devenu autrement excitable, son jeu, quoique provoqué par le même excitant, est différent, et la sensation n'est plus la même; dans l'indigestion ou la fièvre, les aliments n'ont plus qu'un goût terreux ou amer. — En somme, la condition directe de la sensation, c'est l'action ou mouvement moléculaire du nerf; peu importent les évènements du dehors, ou les autres évènements intérieurs du corps vivant; ils n'agissent que par l'intermédiaire de ce mouvement qu'ils provoquent; par eux-mêmes, ils ne font rien; on pourrait se passer d'eux. Il suffirait que l'action du nerf fût toujours spontanée, comme elle l'est parfois; si son action se produisait encore selon l'ordre et avec les degrés ordinaires, le monde extérieur, et tout ce qui dans notre corps n'est pas le système nerveux, pourrait être anéanti; nous aurions encore les mêmes sensations, partant les mêmes images et les mêmes idées. Voyons donc de plus près cette action nerveuse, puisqu'il n'y a pas de sensation sans elle, et puisque, par elle seule, elle suffit à provoquer la sensation.

III. Quand un nerf sensitif entre en action, un mouvement moléculaire se propage tout le long de son trajet jusqu'aux centres nerveux [1]. Le nerf est conducteur, comme l'air qui transmet les oscillations

---

1. Ce mouvement se produit dans le filament central du nerf, appelé cylindre d'axe. C'est la seule partie essentielle du nerf. Vulpian, *Leçons sur la physiologie du système nerveux*, p. 55.

d'une corde vibrante, comme le fil de fer qui transmet l'action électrique. On s'en assure par deux expériences. — S'il est comprimé, lié, coupé dans un point quelconque situé entre les centres nerveux et l'endroit excité, il n'y a plus de sensation; or les centres nerveux sont intacts, le bout terminal du nerf agit comme auparavant, c'est donc le bout central qui a cessé d'agir; il agissait donc auparavant; donc, lorsque à la suite d'une excitation terminale une sensation s'est produite, le nerf a fonctionné dans tous ses segments et sur tout son trajet. — D'autre part, sur toutes les parties de son trajet, cette action aboutit au même effet [1]. Quel que soit le point que l'on irrite, la sensation finale est la même. Cela va si loin que parfois nos images associées situent la sensation en des endroits insensibles ou absents. « Il y a des paralysies dans lesquelles les membres sont absolument insensibles aux irritations extérieures, bien que les douleurs les plus aiguës s'y fassent sentir. » C'est que les nerfs qui se rendent à ces membres, insensibles à leurs extrémités, sont encore irritables et irrités dans les portions supérieures de leur trajet. Par la même raison, toute section, compression ou irritation d'un tronc nerveux provoque une sensation qui paraît située dans les endroits où aboutissent les branches et les fibrilles terminales de ce tronc. Si, au moyen d'un tourniquet, vous comprimez votre bras jusqu'à le rendre insensible aux excitations du dehors, et si alors vous pressez le tronc nerveux qui est entre les deux os du coude, vous éprouvez une vive sensation, semblable à celle d'une commotion électrique, et cette sensation

---

1. Mueller, *ibid. De la mécanique des nerfs sensitifs*, I, 634, 643.

vous paraît située dans la main dont les nerfs sont engourdis. Tout le monde connaît l'illusion des amputés. « Ces illusions persistent toujours et conservent la même intensité pendant toute la vie ; on peut s'en convaincre par des questions adressées aux amputés longtemps après qu'ils ont subi l'opération. C'est à l'époque de l'inflammation du moignon et des troncs nerveux qu'elles sont le plus vives ; les malades accusent alors de très-fortes douleurs dans tout le membre qu'ils ont perdu. Après la guérison, il leur reste fréquemment pendant toute la vie un sentiment de formication ou même de douleur ayant en apparence son siège dans les parties extérieures qui n'existent plus. Ces sensations ne sont pas vagues, car l'amputé sent des douleurs ou le fourmillement dans tel ou tel orteil, à la plante ou sur le dos du pied, à la peau, etc. Il finit par s'y habituer et à la fin ne s'en aperçoit plus ; cependant, dès qu'il y fait attention, il voit la sensation aussitôt reparaître, et souvent il sent d'une manière très-distincte ses orteils, ses doigts, la plante du pied, la main. » En plusieurs cas, après sept ans, douze ans et même vingt ans, la sensation était aussi nette qu'au premier jour. — On voit que, pour provoquer la sensation, l'action du nerf lui-même est accessoire ; il n'est qu'un intermédiaire ; si le mouvement moléculaire qui se propage sur tout son trajet est efficace, c'est parce qu'il provoque un autre mouvement moléculaire dans les centres nerveux ; pareillement l'action électrique qui court le long du fil du télégraphe n'a d'importance que parce qu'arrivée à son terme elle déplace l'aiguille du cadran.

Quel est ce mouvement moléculaire qui se propage tout le long du nerf conducteur ? On l'ignore ; on sait seulement quelques-uns de ses caractères [1]. On constate que dans les nerfs sensitifs, quoique d'ordinaire il se dirige vers les centres, il peut se diriger aussi vers les extrémités. Implantez le bout de la queue d'un rat dans la peau de son dos, puis, la greffe étant terminée, coupez la portion basilaire de cette queue environ à un centimètre de son origine; après quelques mois, si l'on pince la queue greffée, l'animal souffre et se retourne pour mordre; l'irritation du nerf, qui, avant l'opération marchait dans le sens centripète, marche maintenant dans le sens centrifuge. — On constate en outre que le mouvement moléculaire est le même dans un nerf moteur et dans un nerf sensitif. Car, si l'on réunit bout à bout les fibres d'un nerf moteur comme l'hypoglosse et celles d'un nerf sensitif comme le lingual, d'un côté, très-visiblement l'irritation du nerf sensitif se propage le long du nerf moteur et produit des contractions musculaires; de l'autre côté, très-probablement l'irritation du nerf moteur se propage le long du nerf sensitif et provoque de la douleur. — On établit enfin « que toute excitation portée sur un point quelconque de la longueur d'une fibre nerveuse se transmet immédiatement et simultanément dans les deux sens, centripète et centrifuge », et l'on a quelques indications sur la vitesse de cette transmission [2]. — La conclusion de

---

1. Vulpian, *ibid.*, expériences d'Helmholtz 102, de Bert, 283, 287, de Philipeaux et Vulpian, 290. Dans les nerfs moteurs, ce mouvement moléculaire se propage en se renforçant. Ainsi le nerf est non-seulement un conducteur, mais encore un multiplicateur de l'ébranlement qu'il reçoit.

2. D'après les expériences les plus récentes, elle est de 29 mètres par seconde dans les nerfs du corps humain. Elle varie avec la température ambiante, et n'est pas uniforme dans toute la longueur du nerf.

tout ceci est que « les phénomènes intimes provoqués par une excitation dans les fibres nerveuses sont certainement identiques, que ces fibres soient motrices, sensitives ou sympathiques. » Si l'effet final est différent, c'est que les fibres nerveuses sont en rapport les unes avec les muscles, les autres avec telle ou telle partie des centres nerveux; de même des fils semblables et qui sont le théâtre de phénomènes électriques semblables, produisent, suivant l'appareil qui les termine, tantôt un coup de sonnette, tantôt un déplacement d'aiguille, tantôt le choc d'un bouton.

Il suit de là que la condition immédiate de la sensation se trouve dans les centres nerveux; il s'y produit un mouvement moléculaire inconnu sans lequel la sensation ne peut naître et qui suffit à la faire naître. Et de fait c'est ce qui arrive dans un grand nombre de cas. Beaucoup de sensations naissent en nous sans l'intervention des nerfs, par la seule excitation des centres nerveux. Telles sont les hallucinations proprement dites, et l'on en a vu de nombreux exemples [1]. La plupart du temps, on ne peut alors ni constater ni conjecturer aucune irritation du bout terminal ou d'une partie quelconque du trajet du nerf. — J'ai décrit ces visions qui précèdent le sommeil, et qu'on peut observer sur soi-même; en ce cas, on ferme les yeux, on écarte toutes les excitations du dehors, on pacifie tous ses nerfs, et justement, dans cette immobilité universelle de tous les conducteurs qui d'ordinaire mettent l'encéphale en action, nos images faibles et vagues deviennent intenses et nettes; elles se changent en sensations; nous rêvons, nous voyons des objets

---

1. Livre II, ch. i.

absents. Sauf l'absence des objets et l'inaction des nerfs, notre état est le même alors que dans la sensation ordinaire; l'encéphale agit donc alors comme dans la sensation ordinaire; et il agit seul, puisque les objets sont absents et les nerfs inactifs. — Qu'on l'excite seul et directement, des hallucinations, c'est-à-dire des sensations spontanées avec leurs images associées se produisent; c'est ce qui arrive quand l'encéphale est enflammé, quand il est irrité par le haschich. — D'ailleurs les observateurs ont enregistré plusieurs cas de malades en qui les nerfs étaient plus ou moins complètement détruits, quoique les hallucinations correspondantes fussent parfaites [1]. Esquirol cite, entre autres, « une Juive de trente-huit ans, aveugle et maniaque, qui néanmoins voyait les choses les plus étranges. Elle est morte subitement; j'ai trouvé les nerfs optiques atrophiés depuis leur entre-croisement jusqu'à leur entrée dans le globe de l'œil; certainement dans ce cas la transmission des impressions était impossible. » — « Deux individus avaient perdu un œil par phthisie du globe, et les hallucinations se produisaient chez eux aussi bien de ce côté que du côté sain. » — « Nous avons en ce moment à la Salpêtrière, dit Esquirol, deux femmes absolument sourdes qui n'ont d'autre délire que celui d'entendre diverses personnes avec qui elles disputent jour et nuit. » — A la rigueur on pourrait objecter que dans ces exemples la partie centrale et encore intacte du nerf est le point de départ de l'irritation; mais cela n'est point vraisemblable; l'hal-

---

[1]. Griesinger. *Traité des maladies mentales*, 101 et 102. Exemples nombreux.

lucination est trop systématique; si elle provenait du nerf, il faudrait que ses diverses fibres entrassent en action dans l'ordre compliqué et avec le degré exact que l'excitant extérieur peut seul leur imposer. « Une irritation directe, dit Griesinger, peut bien, dans la rétine, déterminer des taches lumineuses, des globes de feu, des images colorées, etc., mais non des formes compliquées, un homme, une maison, un arbre ; elle peut bien, dans l'oreille, déterminer des bourdonnements, des sons élevés ou bas, mais non pas des mots formés ou des mélodies. » — La distinction se marque mieux encore dans les hallucinations qui suivent l'usage du microscope; j'en donne le détail d'après une lettre que m'écrit un des plus illustres micrographes, M. Robin. « J'ai remarqué, dit-il, qu'après avoir longtemps regardé au microscope, surtout à l'aide d'une lumière vive, les figures des objets observés persistaient lorsque je fermais les yeux. — Elles persistaient encore lorsque je dirigeais mes yeux sur la table d'acajou qui porte mes instruments, sur mon carton à dessins, qui est de teinte bleu-grisâtre, ou sur mon papier à dessins. — Elles persistaient pendant deux ou trois minutes environ, en oscillant dans un cercle assez étroit; après avoir diminué de grandeur, puis disparu, elles reparaissaient plus pâles; après deux ou trois apparitions de plus en plus faibles, elles ne reparaissaient plus. — Elles disparaissaient plus vite lorsque je portais les yeux sur un papier blanc que lorsque je les tournais ou les portais sur ma table d'acajou foncé. — Je les voyais grisâtres comme sont les images des objets vus au microscope. Ces images sont l'ombre des objets qui se projette sur la rétine vivement éclairée autour d'eux dans tout le champ circulaire du microscope, comme *les ombres chinoises de la lanterne magique.* » A mon sens, ajoute M. Robin, ce n'est pas la rétine qui, en l'absence de l'objet, continue et recommence à agir, « c'est le centre cérébral de perception visuelle »; ayant agi une première fois, il rentre de lui-même en action deux ou trois fois encore. « Je ne crois pas que les extrémités des nerfs de sensibilité ou organes d'impression puissent s'ébranler spontanément de manière à transmettre au centre perceptif la forme, la couleur, etc., d'un objet ; ce que peut faire au contraire le centre de perception par son retour spontané à un état antérieur d'activité, sous l'influence de quelque congestion temporaire de ses vaisseaux, comme en produit l'usage prolongé du microscope ou l'introduction des alcaloïdes de l'opium, de la belladone, de l'absinthe. » En effet, les maladies de l'œil avec congestion rétinienne sans méningite ne ramènent pas sur la scène des images de ce genre, mais de tout autres ; pour éveiller celles-ci, il faut la méningite, l'ivresse de l'opium ou de l'absinthe, c'est-à-dire l'irritation des centres nerveux. — En résumé, l'irritation des nerfs et l'irritation des centres nerveux se reconnaissent à des signes très-différents. « La première, qu'on peut appeler pseudesthésie des extrémités périphériques, se manifeste par des étincelles, des éclats lumineux, des bruits, des chatouillements » et autres sensations isolées qui ne font pas un système et ne correspondent à aucun ensemble possible de caractères extérieurs. « La seconde, qu'on peut appeler pseudesthésie des centres perceptifs, » se manifeste par des images survivantes ou ressuscitantes complètes, comme celles du microscope, c'est-à-dire par des hallucinations ou sensations spontanées et organisées de couleur et de relief, de sons harmoniques et articulés, qui correspondent à un ensemble possible de caractères extérieurs.

IV. Nous arrivons donc a poser, comme condition suffisante et nécessaire de la sensation et partant des images, une certaine action ou mouvement moléculaire des centres nerveux, c'est-à-dire de l'encéphale; en effet, c'est là qu'aboutissent tous les nerfs sensitifs, soit directement, comme les nerfs crâniens, soit indirectement, comme les nerfs rachidiens, par l'intermédiaire des parties conductrices de la moelle [1].
— Il reste à chercher, parmi les diverses parties de l'encéphale, celles dont l'action est la condition nécessaire et suffisante de la sensation et des images. Les physiologistes emploient pour cela les vivisections, et à cet égard leurs expériences sont très-nettes. Voyons d'abord la pure sensation.

Si le lecteur veut regarder un encéphale préparé ou tout au moins les figures de quelque grand atlas anatomique, il trouvera qu'à sa partie supérieure la moelle épinière se renfle en un bulbe nommé moelle allongée ou bulbe rachidien, par lequel commence l'encéphale. Qu'on retranche à un animal tout l'encéphale, sauf ce bulbe; cet animal [2] exécute encore une quantité de ces mouvements systématiques et automatiques qu'on appelle réflexes, et que produisent les divers segments de la moelle sans l'intervention de

1. Brown-Séquard, *Journal de physiologie;* voyez ci-dessus, livre III, ch. II, p. 257.
2. Vulpian, ouvrage cité, 496, 510.

l'encéphale. Par exemple, il avale les aliments, les muscles de sa face se contractent encore d'une façon expressive, il articule des sons vocaux, il exécute tous les mouvements respiratoires ; mais il n'est plus capable d'éprouver des sensations proprement dites. Il crie, mais mécaniquement ; il ne souffre plus. Soit une section transversale faite en avant du bulbe : « On isole par là le bulbe et la moelle du centre encéphalique, comme quand on enlève le cerveau et la protubérance annulaire ; c'est ce que je fais sur ce rat. Je pince maintenant une patte ; vous entendez un petit cri bref. Je recommence, nouveau cri semblable. Je blesse maintenant profondément le bulbe rachidien ; je pince de nouveau un membre postérieur, il y a des mouvements réflexes ; mais il n'y a plus de cri... Remarquez bien les caractères de ces cris que vous venez d'entendre : ce sont des *cris réflexes*, bien différents des cris qui sont des manifestations de douleur. » Il y a dans le bulbe, comme dans les divers segments de la moelle, une mécanique qui peut agir, soit directement par l'irritation des nerfs sensitifs qu'elle reçoit, soit indirectement par l'effet des sensations éveillées dans le reste de l'encéphale. Lorsque le reste de l'encéphale manque, elle agit encore, et le cri se produit, sans qu'une sensation l'ait provoqué. — Au contraire, conservons de l'encéphale non-seulement le bulbe rachidien, mais encore la partie suivante, la protubérance annulaire dans laquelle passent les faisceaux du bulbe. Enlevons le reste, c'est-à-dire les lobes cérébraux, les corps striés, les couches optiques, les tubercules quadrijumeaux [1]. « Ainsi opérés,

---

1. Vulpian, ouvrage cité, 541. Expériences de Longet.

des chiens, des lapins témoignaient par une agitation violente, *par des cris plaintifs,* de la douleur qu'ils ressentaient lorsqu'on pinçait le nerf trijumeau dans le crâne ou qu'on soumettait l'animal à de vives excitations extérieures. Si on lésait alors profondément la protubérance, il n'y avait plus ni cris, ni agitation, sous l'influence de pincements violents; et cependant la circulation, la respiration et les autres fonctions continuaient à s'accomplir pendant quelque temps.... J'ai répété les expériences de M. Longet, et j'ai obtenu exactement les mêmes résultats que lui. Ce jeune lapin n'a plus ni cerveau proprement dit, ni corps striés, ni couches optiques; il ne reste plus dans son crâne que la protubérance annulaire, le bulbe rachidien, le cervelet et les tubercules quadrijumeaux[1]. Je pince fortement sa queue, vous le voyez immédiatement s'agiter violemment. Je pince une oreille, une lèvre : même agitation, mêmes cris. Ces cris peuvent-ils être considérés comme des phénomènes réflexes? »
— En aucune façon. « Vous avez vu des animaux auxquels tout l'encéphale avait été enlevé, à l'exception du bulbe rachidien; ces animaux criaient encore quand on les pinçait; mais quelle différence entre les cris qu'ils jetaient et ceux qu'ils poussent lorsque l'expérience a laissé la protubérance en place! Dans le premier cas, chaque excitation d'une partie restée sensible provoquait un cri bref, unique pour une seule excitation, toujours le même, comparable à ces sons

---

[1]. D'autres expériences ont montré que le cervelet n'intervient pas dans la sensation ; on verra tout à l'heure les fonctions des tubercules quadrijumeaux. En attendant, l'expérience peut être considérée comme aussi probante que si le cervelet et les tubercules quadrijumeaux avaient été retranchés.

qu'émettent les jouets d'enfants lorsqu'on les presse en un certain point, dépourvu en un mot de toute espèce de signification. C'est bien là le cri réflexe. Mais ici, chez ce lapin, quelle différence ! Lorsque j'excite un point sensible, ce n'est plus ce cri bref, c'est un cri prolongé, indubitablement plaintif, et, pour une seule excitation, l'animal pousse plusieurs cris successifs, exactement semblables aux cris de douleur que jette le lapin encore intact lorsqu'il est soumis à une vive irritation. » C'est donc une action de la protubérance qui est la condition nécessaire et suffisante des sensations tactiles. — Elle est aussi la condition nécessaire et suffisante des sensations de l'ouïe [1]. « Un certain bruit d'appel fait avec les lèvres, ou un souffle brusque imitant celui qu'émettent les chats en colère, excitent surtout chez le rat intact une vive émotion. Voici un rat sur qui j'ai enlevé le cerveau proprement dit, les corps striés et les couches optiques. Vous le voyez, il est très-tranquille ; je fais avec les lèvres le bruit d'appel que j'ai indiqué, et aussitôt l'animal fait un brusque soubresaut. Chaque fois que je fais le même bruit, vous voyez le même soubresaut. Tous ceux d'entre vous qui ont examiné les effets de l'émotion chez le rat intact doivent reconnaître qu'ils offrent complètement ici les mêmes caractères. » — Enfin l'action de la protubérance est encore la condition nécessaire et suffisante des sensations du goût [2]. « J'ai enlevé les lobes cérébraux à de jeunes chats, à de jeunes chiens ; puis, ayant versé de la décoction concentrée de coloquinte dans la gueule

---

1. Vulpian, 548.
2. Longet, *Traité de physiologie*, II, 243. Vulpian, 548.

CHAP. I. FONCTIONS DES CENTRES NERVEUX   259

de ces animaux, je les ai vus exécuter des mouvements brusques de mastication, faire grimacer leurs lèvres comme s'ils cherchaient à se débarrasser d'une sensation désagréable. Les mêmes mouvements s'observent chez un autre animal sain de même espèce, aussitôt qu'on l'a forcé d'avaler cette décoction amère. » Voilà donc un centre spécial, la protubérance, dont l'action est la condition suffisante et nécessaire de plusieurs espèces de sensations. — Il y a d'autres centres semblables, qui font le même office à l'égard d'autres sensations. Pour celles de la vue, ce sont les tubercules quadrijumeaux ou bijumeaux [1]. « Voici un pigeon qui a les lobes cérébraux parfaitement enlevés, mais qui a gardé les tubercules bijumeaux; lorsque j'approche brusquement le poing, il fait un léger mouvement de tête comme pour éviter le danger qui le menace. La vue n'est donc pas abolie; il y a là un phénomène tout à fait analogue à celui que nous avons constaté chez le rat privé de ses lobes cérébraux, lorsque nous déterminions un sursaut brusque au moyen de certains bruits produits d'une façon soudaine. C'est là encore un exemple de sensations sans intervention du cerveau proprement dit. » — D'autre part, les lobes cérébraux étant intacts, si l'on blesse ou détruit les tubercules quadrijumeaux, l'animal devient aveugle, en gardant néanmoins toutes ses idées, tous ses instincts et toutes ses autres sensations. Les tubercules quadrijumeaux fournissent donc par leur action la condition suffisante et nécessaire des sensations visuelles, et seulement des sensations visuelles. — Quant aux sensations de l'odorat, on n'a

---

[1]. Vulpian, 557. Expériences de Flourens et Longet.

point d'expériences nettes pour déterminer la portion de l'encéphale dont l'action est leur condition nécessaire et suffisante; mais toutes les analogies anatomiques et physiologiques portent à croire que, pour elles comme pour les quatre autres espèces de sensations, il y a un centre distinct des lobes cérébraux eux-mêmes. — Provoquées par l'action des nerfs sensitifs, les cellules de ces centres fonctionnent d'une manière inconnue, et ce mouvement moléculaire spécial, sans lequel il n'y a pas de sensation, suffit par lui-même pour éveiller la sensation.

V. Remarquez qu'il s'agit ici de sensations pures, ou, comme disent les physiologistes, de sensations *brutes, non encore élaborées*, c'est-à-dire dépourvues de la faculté de renaître spontanément, partant de s'associer, de former des groupes fixes et de fournir à toutes les opérations supérieures de l'intelligence. Il nous faut voir maintenant l'autre face des expériences, et ici l'accord de la physiologie et de la psychologie se trouve aussi complet qu'imprévu. L'analyse psychologique avait séparé les fonctions; l'analyse physiologique sépare les organes. La première avait mis d'un côté les sensations pures, de l'autre les images ou sensations réviviscentes; la seconde met d'un côté les tubercules quadrijumeaux, la protubérance, et peut-être un autre ganglion dont l'action éveille les sensations pures, et de l'autre côté les lobes cérébraux dont l'action éveille les images, c'est-à-dire répercute, prolonge et associe les sensations.

Si le lecteur veut regarder de nouveau un encéphale préparé, il verra que, des angles antérieurs de la protubérance annulaire, partent deux grosses colonnes blanches nommées pédoncules cérébraux, dont les fibres se terminent dans de gros renflements appelés couches optiques et corps striés, organes intermédiaires entre les lobes cérébraux et la protubérance. En effet, de ces organes partent d'autres fibres qui se terminent dans les lobes cérébraux [1]. Pour les lobes cérébraux eux-mêmes, ils constituent, surtout dans les animaux supérieurs, la plus grosse masse de l'encéphale. Dans l'homme, ils sont énormes et occupent de beaucoup la plus grande portion du crâne. L'anatomie comparée fait déjà pressentir leur usage en montrant que, dans la série animale, leur volume s'accroît en même temps que l'intelligence; on verra d'ailleurs que leur partie la plus importante est leur écorce, composée de substance grise; et justement, par une rencontre non moins significative, à mesure que l'on monte l'échelle zoologique, cette surface augmente beaucoup plus encore que ce volume, par les renflements et les anfractuosités très-nombreuses qui la plissent et qu'on nomme circonvolutions [2]. Dans l'homme lui-même, l'atrophie des lobes cérébraux et l'absence des circonvolutions sont toujours accompagnées d'idiotisme; « au-dessous d'un certain volume et d'un certain poids, le cerveau a nécessairement appartenu à un individu frappé d'imbécillité... »; et d'une manière générale, si l'on compare entre elles les diverses races d'hommes, « le volume de l'encéphale est en rapport avec le degré de l'intelligence. » — Toutes ces présomptions se confirment lorsqu'on

1. Vulpian, 652, d'après Kœlliker.
2. Broca, *Sur le volume et la forme du cerveau, suivant les individus et suivant les races*. — Paris, 1861.

opère sur des animaux vivants; il suffit de reprendre les expériences précédentes [1]; après qu'on a enlevé les lobes cérébraux, si l'on conserve le reste de l'encéphale, les sensations pures subsistent, comme on l'a vu ; mais elles subsistent seules. L'animal éprouve encore par ses tubercules quadrijumeaux des sensations brutes de lumière, par sa protubérance des sensations brutes de douleur, de contact, de son, de saveur. Mais ces sensations sont nues; elles n'ont pas, comme dans l'état normal, cet accompagnement et ce revêtement d'images associées qui ajoutent à telle sensation de lumière la notion du relief, de la distance et des autres caractères de l'objet lumineux, à telle sensation de contact la notion d'emplacement, de résistance et de forme, à telle sensation de son ou de saveur la représentation du corps sonore ou savoureux. A plus forte raison, ces sensations isolées n'éveillent plus les images associées qui constituent la mémoire, la prévision, par suite les jugements, et tout ce cortège d'émotions, désirs, craintes, volontés, que développe la notion du danger prochain ou du plaisir futur.

Par une autre conséquence, les instincts manquent; car les instincts sont constitués par des groupes d'images dont l'association est innée. Un castor enfermé dans un enclos du Jardin des Plantes, et qui ramasse des morceaux de bois et du mortier pour construire la digue dont il n'a pas besoin à Paris et dont il a besoin en Amérique, est un animal en qui se développe un système spontané d'images; de même

---

[1]. Vulpian, 690. Flourens, deuxième édition. *Recherches expérimentales sur les propriétés et les fonctions du système nerveux*, 24.

un oiseau qui au printemps fait son nid ; à l'aspect de la paille, de la bourre, du duvet, les notions de leurs attaches et de leurs usages naissent en lui sans expérience préalable, sans tâtonnements, dans un ordre tout fait, par une sagesse qui n'est pas acquise. Peu importe que cet ordre soit, comme chez l'homme, l'effet d'un apprentissage personnel, ou, comme chez l'animal, le jeu d'un mécanisme héréditaire ; il est toujours un ordre de représentations, c'est-à-dire d'images groupées ; partant, si les images sont détruites, il est détruit.

C'est ce qui arrive par le retranchement des lobes cérébraux. « L'animal perd toute son intelligence. » Quoiqu'il ait, avec ses tubercules quadrijumeaux et sa protubérance, conservé les sensations brutes, il n'a plus les images qui, associées aux sensations brutes, lui donnaient la notion des objets. « Ces objets continuent à se peindre sur la rétine ; l'iris reste contractile, le nerf optique excitable ; la rétine reste sensible à la lumière ; car l'iris se ferme ou s'ouvre selon que la lumière est plus ou moins vive ; ainsi l'œil est sensible. Et pourtant l'animal ne voit plus... » Un pigeon ainsi opéré « se tenait très-bien debout ; il volait quand on le jetait en l'air ; il marchait quand on le poussait ; l'iris de ses yeux était très-mobile ; cependant il ne voyait pas, il n'entendait pas, il ne se mouvait jamais spontanément, il affectait presque toujours les allures d'un animal dormant ou assoupi, et, quand on l'irritait dans cette espèce de léthargie, il affectait encore les allures d'un animal qui se réveille.... Lorsque je l'abandonnais à lui seul, il restait calme et comme absorbé ; dans aucun cas, il ne donnait signe de volonté. En un mot, figurez-vous un animal condamné à un sommeil perpétuel et *privé de la faculté de rêver durant ce sommeil.* » En effet, toutes les images dont l'enchaînement irrégulier fait le rêve et dont l'enchaînement régulier fait la veille étaient absentes; il ne restait que des sensations rares, intermittentes, celles que l'expérimentateur éveillait, et, avec elles, les tendances sourdes et les mouvements involontaires qui les suivent. — Une poule survécut dix mois à la même mutilation, et, au bout du cinquième mois, était grasse, très-forte, très-saine; mais les instincts, la mémoire, la prévision, le jugement étaient abolis. « Je l'ai laissée jeûner à plusieurs reprises jusqu'à trois jours entiers, puis j'ai porté de la nourriture sous ses narines, j'ai enfoui son bec dans le grain, j'ai mis du grain dans le bout de son bec, j'ai plongé son bec dans l'eau, je l'ai placée sur un tas de blé. Elle n'a point odoré, elle n'a point avalé, elle n'a point bu, elle est restée immobile sur ces tas de blé et y serait assurément morte de faim, si je n'eusse pris le parti de la faire manger moi-même. Vingt fois, au lieu de grain, j'ai mis des cailloux dans son bec, elle a avalé les cailloux comme elle eût avalé du grain [1]. Enfin, quand cette poule rencontre un obstacle sur ses pas, elle le heurte, et ce choc l'arrête ou l'ébranle. Mais choquer un corps n'est pas le toucher; jamais la poule ne palpe, ne tâtonne, n'hésite dans sa marche... Elle ne se remise plus, à quelque intempérie qu'on l'expose; jamais elle ne se défend contre les autres poules, elle ne sait plus ni fuir ni combattre; les caresses du mâle lui sont indifférentes ou inaperçues... elle ne bécquette plus. »

---

1. Mouvement réflexe.

Il en est de même pour les autres animaux [1]. Les grenouilles n'ont plus l'idée de manger la mouche qu'on met à l'entrée de leur bouche. « La taupe ne fouit plus, le chat reste calme même quand on l'irrite. » Toutes les images font donc défaut; partant celles qui nous servent de signes et par lesquelles nous avons des idées abstraites périssent aussi. Ainsi toutes les opérations qui dépassent la sensation pure, non-seulement celles qui sont communes à l'homme et aux animaux, mais encore celles qui sont propres à l'homme, ont pour condition suffisante et nécessaire une action des lobes cérébraux. Elles sont donc attachées à cette action; elles naissent, périssent, s'al-

---

[1]. Vulpian, 90; et Landry, *Paralysies*, 82.
On prend deux grenouilles, l'une saine, l'autre privée depuis plusieurs jours de ses tubercules cérébraux.
« Posées toutes les deux sur le plancher, la première s'enfuit aussitôt et cherche à se cacher. La deuxième, après un ou deux sauts, devient et reste immobile. Si je fais du bruit auprès de la première, parfois elle se retourne pour regarder d'où vient le bruit, parfois elle s'enfuit plus loin ; chez la deuxième, il se produit un léger soubresaut, mais elle ne bouge pas. Si je leur pince la patte, toutes deux s'enfuient en sautant, et se débattent si je les retiens. »
On les met toutes deux dans un grand flacon plein d'eau.
« La *grenouille saine* exécute aussitôt des mouvements multiples de natation et va se cacher au fond du bocal. Pendant ce temps, *les mouvements respiratoires ont complètement cessé*. Au bout d'un temps, elle gagne la surface de l'eau et cherche à s'y maintenir pour respirer; mais, tout point d'appui lui manquant, elle s'épuise en efforts pour se soutenir. Quand je la repousse au fond, elle remonte peu après, et, si je l'en empêche, elle fait son possible pour remonter sur un autre point.
« La *grenouille sans cerveau* se comporte tout différemment. Au moment où je la place dans le bocal, elle coule complètement à fond comme une masse inerte, sans chercher à nager. Cependant, quand je l'excite à l'aide d'une tige de bois, elle exécute très-bien les mouvements de rotation, mais au hasard,

tèrent, s'accélèrent, se transforment avec elle, et la pathologie ici est d'accord avec les vivisections [1].

« Tous les organes, dit Mueller, à l'exception du cerveau, peuvent ou sortir lentement du cercle de l'économie animale ou périr en peu de temps, sans que les facultés de l'âme subissent aucun changement. Il en est autrement du cerveau. Tout trouble lent ou soudain de ses fonctions change aussi les aptitudes intellectuelles. L'inflammation de cet organe n'est jamais sans délire et plus tard sans stupeur. Une pression exercée sur le cerveau proprement dit amène toujours le délire ou la stupeur, suivant qu'elle a lieu avec ou sans irritation, et le résultat est le même, qu'elle soit déterminée par une pièce d'os enfoncée, ou par un corps étranger, ou par de la sérosité, du sang, du pus. Les mêmes causes, suivant le lieu où se porte leur action, entraînent souvent la perte du mouvement volontaire ou de la mémoire. Dès que la

et sans but; après quoi elle redevient immobile et coule à fond. Là, *les mouvements respiratoires continuent à s'exécuter comme dans l'air*, avec cette seule différence que le petit opercule membraneux des narines est complètement fermé. L'animal reste tranquillement au fond du bocal, sans chercher à gagner la surface pour respirer, sans témoigner le moindre malaise. Peu à peu, les mouvements respiratoires deviennent rares, saccadés, et la grenouille meurt asphyxiée, avant d'avoir fait aucune tentative pour respirer et sans avoir paru souffrir.

« Ainsi la grenouille sans cerveau ne sait pas suspendre sa respiration, et aspirerait de l'eau si l'opercule des narines ne se fermait pas automatiquement au contact du liquide ; elle ne souffre pas de l'asphyxie, ne s'en doute pas, ne cherche pas à l'éviter. Rien, il me semble, ne démontre mieux que cette expérience, et l'absence réelle de perception, et l'absence de tout phénomène intellectuel, et l'absence de la volonté.

« J'admets avec M. Flourens que le cerveau proprement dit est le siège exclusif des perceptions, de la volition et de tous les phénomènes intellectuels. »

1. Mueller, *Manuel de physiologie*, I, 762.

pression cesse, dès que la pièce d'os est relevée, la connaissance et la mémoire reviennent fréquemment; on a même vu des malades reprendre la série de leurs idées au point juste où la lésion l'avait interrompue. » Après une commotion cérébrale [1], « il y a parfois perte complète de l'intelligence. Dans d'autres cas, le malade répond aux questions qu'on lui adresse, puis il retombe aussitôt dans l'assoupissement; la mémoire est perdue, tantôt complètement, tantôt incomplètement. L'oubli complet de quelque langue étrangère est un des effets les plus ordinaires de la commotion... Les malades ne se souviennent jamais de la manière dont leur accident leur est survenu; s'ils sont tombés de cheval, ils se souviennent bien qu'ils sont montés et descendus, mais ils ne se rappellent pas les circonstances de leur chute. Les effets qui résultent de la lésion du cerveau ont quelque analogie avec ceux qu'amène le progrès de l'âge; le malade ne conserve que le souvenir des impressions récentes, et oublie celles qui sont d'une date plus ancienne... Parmi les malades, les uns ont toujours par la suite la mémoire imparfaite... Dans certains cas particuliers, les malades ne peuvent plus se servir du mot propre pour exprimer leurs idées; souvent le jugement est affaibli. » — D'autres atteintes portées au cerveau par un intermédiaire produisent des effets semblables; on connaît l'évanouissement qui suit les grandes pertes de sang, le désordre d'idées qu'entraîne l'ivresse, la stupeur qu'engendrent les narcotiques, les hallucinations qu'amène le haschich, l'excitation d'esprit que développe le café, l'insensibilité

---

1. Vidal, *Pathologie externe*, 750. — Extrait de Cooper.

que provoquent le chloroforme et l'éther [1]. — En résumé, l'altération des lobes cérébraux a pour contre-coup l'altération proportionnée de nos images. S'ils deviennent impropres à tel système d'actions, tel système d'images, et partant tel groupe d'idées ou de connaissances, fait défaut. Si leur action s'exagère, les images plus intenses échappent à la répression que d'ordinaire les sensations leur imposent et se changent en hallucinations. Si, en outre, leur action se déconcerte, les images perdent leurs associations ordinaires et le délire se déclare. Si leur action s'annule, toute image, et partant toute idée ou connaissance s'annule ; le malade tombe dans cet état d'engourdissement et de stupeur profonde où le retranchement des mêmes lobes met les animaux.

VI. Il faut voir à présent de quelle portion des lobes cérébraux dépendent les images. Ces lobes sont composés de substance blanche et d'une écorce grise, et toutes les inductions s'accordent pour rattacher les images à l'action de l'écorce grise. En effet, c'est cette écorce dont les circonvolutions augmentent l'étendue, et l'anatomie comparée montre que dans la série animale l'intelligence augmente avec les circonvolutions.

---

1. Longet, II, 36.
« On vérifie par l'éthérisation la théorie ci-dessus présentée. L'éthérisation a deux périodes. Dans la première, l'animal (chien, lapin) éthérisé perd son intelligence, sa volonté, ses instincts, toutes ses facultés, moins ses sensations brutes. Cette période est celle de l'éthérisation des lobes cérébraux et même des autres parties encéphaliques, excepté la protubérance et le bulbe. — Dans la période suivante, l'animal perd en plus ses sensations. C'est la période d'éthérisation de la protubérance annulaire. »

D'autre part, la physiologie établit que dans le reste du système nerveux la substance blanche est simplement conductrice [1]. Selon toutes les analogies, celle du cerveau n'a pas d'autre rôle. « Ici évidemment, comme dans toutes les autres portions du système nerveux, l'activité spéciale appartient à la substance grise. Les observations pathologiques ne sont pas moins démonstratives... Alors que des lésions du cervelet, des couches optiques, des corps striés, enfin des *masses médullaires blanches des lobes cérébraux* ne déterminent d'ordinaire aucun trouble permanent et bien accentué des fonctions intellectuelles, les altérations étendues de la substance grise des circonvolutions ou les excitations morbides de cette substance engendrent nécessairement un affaiblissement ou une exaltation de ces fonctions, suivant la nature de l'altération et la période à laquelle elle est arrivée. C'est ainsi qu'on peut s'expliquer les effets des méningo-encéphalites diffuses et des simples méningites. Le foyer d'activité cérébrale étant ainsi bien reconnu, il n'est pas permis de douter que ce ne soit là le point de départ véritable de la démence et de la manie. »

Cette écorce grise [2] est composée de plusieurs couches alternativement grises et blanches ; « on y voit des noyaux et de nombreuses cellules nerveuses de petites dimensions, multipolaires ; » quantité de fibres relient entre elles les diverses provinces de l'écorce grise du même lobe et d'un lobe à l'autre ; et d'autres fibres relient toute la surface de l'écorce grise aux corps striés et aux couches optiques. Transmise par les fibres rayonnantes des couches optiques,

[1]. Vulpian, 646, 669.
[2]. D'après M. Baillarger, Vulpian, 644.

l'action qui, dans les tubercules quadrijumeaux et la protubérance annulaire, a éveillé la sensation brute, arrive par les fibres de la substance blanche aux cellules de l'écorce cérébrale, et, par les fibres intermédiaires, se propage d'un point à l'autre de la substance grise ; cette action des cellules corticales est la condition suffisante et nécessaire des images, partant de toute connaissance ou idée. — Le scalpel, le microscope et l'observation physiologique ne peuvent pas aller plus loin sans tomber dans les hypothèses ; nous ne pouvons ni définir cette action, ni préciser cette propagation, et tout ce que nous savons, c'est qu'il s'agit ici d'un mouvement moléculaire. Mais les vivisections et l'histoire des plaies de la tête apportent ici un nouveau document qui, joint aux précédents, nous permet de jeter sur les fonctions du cerveau une vue d'ensemble. C'est un organe *répétiteur et multiplicateur*, dans lequel les divers départements de l'écorce grise remplissent tous les mêmes fonctions.

D'abord [1] « il est facile d'établir par des exemples que, en l'absence pour ainsi dire complète d'un hémisphère cérébral, l'homme peut encore jouir de toutes ses facultés intellectuelles et même de tous ses sens externes... Tel était le cas d'un nommé Vacquerie, en 1821. Il était hémiplégique du côté gauche, mais ses fonctions intellectuelles étaient intactes. A l'autopsie, on trouva une quantité de sérosité qui avait remplacé l'hémisphère droit ; la substance cérébrale de ce côté avait disparu [2]. » — Non-seulement un

---

1. Longet, *Anatomie et Physiologie du syst. nerveux*, 666, 669.
2. Vulpian, 707. Même résultat sur un pigeon à qui l'on enlève un hémisphère. Il conserve ou recouvre toutes ses facultés.

CHAP. I. FONCTIONS DES CENTRES NERVEUX

hémisphère supplée l'autre, mais une province quelconque du cerveau, pourvu qu'elle soit assez grande supplée l'autre; la preuve en est qu'une province quelconque peut manquer sans qu'aucune des facultés de l'esprit fasse défaut [1]. La partie désorganisée ou détruite peut appartenir aux lobules antérieurs ou aux lobules postérieurs du cerveau; peu importe. « Bérard rapporte un cas de broiement des deux lobules antérieurs, avec conservation de la raison, de la sensibilité, des mouvements volontaires. » — « Un officier avait reçu une balle qui, entrée par une tempe, était ressortie par l'autre; le blessé, qui mourut très-rapidement trois mois plus tard, fut observé jusque-là, et, pendant tout ce temps, non-seulement il jouissait de l'intégrité de son intelligence, mais encore il apportait dans le commerce de la vie un enjouement et une sérénité peu ordinaires [2]. » Après la bataille de Landrecies [3], « douze blessés avaient au sommet de la tête une plaie large comme la paume de la main, avec perte de substance à la fois aux téguments, aux os, à la dure-mère et au cerveau. Ces plaies avaient été faites par des coups de sabre portés horizontalement. Tous ces blessés, avant d'être pansés, firent plus de trente lieues, tantôt à pied, tantôt dans de mauvaises charrettes, et n'éprouvèrent aucun accident jusqu'au dix-

---

1. Longet, *ibid.*; et Vulpian, 711.
2. *Bulletin de l'Académie de médecine*, t. X, 6. Cas analogue d'un enfant de quatre ans et demi dont une balle avait traversé les deux tempes, et qui vécut encore vingt-six jours, jouissant de tout l'ensemble de ses facultés intellectuelles, mémoire entière, jugement sain, caractère semblable à celui qu'il avait avant l'accident.
3. Nélaton, *Pathologie externe*. III, 572. — Vidal, *Pathologie externe*, II, 744.

septième jour. Ils conservèrent l'appétit, leurs forces, leur air guerrier même... » Tel est encore le cas de ce dragon cité par Lamotte, « auquel un coup de sabre avait coupé le pariétal droit dans la longueur de deux pouces et le gauche dans la longueur de trois ou quatre pouces jusqu'auprès de l'oreille. Cette plaie, qui comprenait non-seulement les membranes du cerveau, mais le sinus longitudinal et le cerveau lui-même, fut suivie de syncope à cause de la perte du sang, mais [1] ne donna lieu à aucun accident grave et fut guérie en deux mois et demi. Lamotte n'est pas le seul à citer de pareilles observations, car elles ne sont pas très-rares. » — Toutes les mutilations pratiquées sur les animaux concluent dans le même sens [2]. « On peut retrancher, soit par devant, soit par derrière, soit par en haut, soit par en bas, une portion assez étendue des lobes cérébraux sans que leurs fonctions soient

---

1. Cf. Karl Vogt, *Leçons sur l'homme*, 127.
« Si, sur un animal, on enlève les lobes cérébraux peu à peu et couche par couche, les différents phénomènes d'une stupidité croissante deviennent toujours plus évidents, sans qu'on puisse déterminer, dans aucune direction, quelque action particulière. — L'ablation d'une moitié du cerveau ne paraît pas avoir d'influence appréciable, ce qui indique que, au moins pour quelque temps, l'autre moitié, étant entière, peut remplacer la moitié enlevée. On remarque cependant que la fonction s'épuise plus promptement que lorsque le cerveau est entier, ce qui montre que l'opération influe sur la quantité et non sur la qualité des manifestations de l'organe. On a réuni plusieurs observations d'hommes qui, à la suite de profondes blessures latérales de la tête, suivies de pertes de substance cérébrale, n'ont éprouvé aucune diminution de leurs facultés, mais *s'épuisaient rapidement et étaient forcés, après un court travail intellectuel, de s'arrêter et de se livrer au repos complet ou même au sommeil.* »

2. Flourens, *Recherches expérimentales*, etc., 99; et Vulpian, 700 (Poules et Pigeons).

perdues. Une portion assez restreinte de ces lobes suffit donc à l'exercice de leurs fonctions. A mesure que ce retranchement s'opère, toutes les fonctions s'affaiblissent et s'éteignent graduellement, et, passé certaines limites, elles sont tout à fait éteintes... Dès qu'une perception est perdue, toutes le sont ; dès qu'une faculté disparaît, toutes disparaissent... Pourvu que la perte de substance éprouvée par des lobes cérébraux ne dépasse pas certaines limites, ces lobes recouvrent au bout d'un certain temps l'exercice de leurs fonctions ; passé ces premières limites, ils ne les recouvrent plus qu'imparfaitement, et, passé ces nouvelles limites encore, ils ne les recouvrent plus du tout. Enfin, dès qu'une perception revient, toutes reviennent, et, dès qu'une faculté reparaît, toutes reparaissent. » Une grenouille à qui l'on n'avait laissé qu'un fragment de ses lobes postérieurs, environ un huitième du cerveau tout entier, avait gardé l'attitude d'une grenouille saine. « Cinq semaines après, on met dans son vase une grosse mouche, à qui l'on a enlevé une aile. Dès que la mouche est dans le vase, la grenouille modifie son attitude, semble épier l'insecte, et, au moment où il s'approche, elle fait un saut peu étendu et cherche à le happer avec sa langue ; mais elle ne le saisit pas du premier coup, elle est obligée de recommencer le mouvement de projection de sa langue, et cette fois elle réussit. Les jours suivants, on lui donne des mouches, qu'elle saisit désormais du premier coup... La seule modification qu'on ait observée dans ses allures, c'est un peu moins de vivacité : de plus, elle ne cherche pas, autant que les autres grenouilles, à fuir la main qui s'approche pour la saisir... Au contraire, quand le retranchement du cerveau est complet, il n'y a pas le moindre effort chez les grenouilles pour saisir les mouches qu'on leur livre ; et même elles ne les avalent que lorsqu'on les introduit jusque dans le fond de la cavité buccale. » — On voit que chez la première grenouille un huitième du cerveau suppléait au reste ; il en faut davantage chez les animaux supérieurs, et, lorsqu'on arrive au sommet de la série animale, la dépendance mutuelle des parties cérébrales devient beaucoup plus grande. Mais la conclusion est toujours la même. Le cerveau est une sorte de polypier, dont les éléments ont les mêmes fonctions. Combien faut-il de cellules et de fibres pour faire un de ces éléments, nous ne pouvons le dire avec précision ; mais chacun de ces éléments, par son action, suffit à susciter toutes les images normales, toutes leurs associations, partant toutes les opérations de l'esprit.

Cela posé, nous pouvons, grâce à notre psychologie, faire un pas de plus. Nous savons que toutes les idées, toutes les connaissances, toutes les opérations de l'esprit se réduisent à des images associées, que toutes ces associations ont pour cause la propriété que les images ont de renaître, et que les images elles-mêmes sont des sensations qui renaissent spontanément. Tout cela s'accorde avec la doctrine physiologique. Une action se produit dans les centres sensitifs proprement dits, protubérance ou tubercules quadrijumeaux ; elle y éveille la sensation primaire ou brute. Une action *exactement semblable* se développe par contre-coup dans un élément cortical des lobes cérébraux et y éveille la sensation secondaire ou image. La première action est incapable, et la seconde est capable de renaître spontanément ; partant, la sensation brute est incapable, et l'image est capable de renaître spontanément. Plus l'écorce cérébrale est étendue, plus elle a d'éléments capables de se mettre en action les uns les autres. Plus elle a d'éléments capables de se mettre en action les uns les autres, plus elle est un instrument délicat de *répétition*. Le cerveau est donc le *répétiteur* des centres sensitifs ; tel est son emploi ; et il l'exécute d'autant mieux qu'il est lui-même composé de répétiteurs plus nombreux.

Nous apercevons ici le mécanisme qui rend possible la propriété fondamentale des images, je veux dire leur aptitude à durer et à renaître. Comme l'écorce cérébrale est composée d'éléments similaires mutuellement excitables, l'action de la protubérance, des tubercules et, en général, des centres sensitifs, une fois répétée par un de ces éléments, se transmet tour à tour aux autres et peut ainsi renaître indéfiniment [1]. Concevez une série de cordes vibrantes disposées de telle façon que l'ébranlement de la première se communique de corde en corde jusqu'à la dernière et de celle-ci revienne à la première ; l'exemple est grossier, mais clair. Telle est l'action qui parcourt les éléments similaires de l'écorce cérébrale ; elle dure ainsi en l'absence de toute excitation extérieure, s'effaçant, renaissant, et, à travers une suite d'extinctions et de résurrections, indéfiniment survivante. Telle est aussi l'image, et l'on n'a qu'à se reporter à son histoire pour la voir durer, s'effacer, reparaître précisément de la même façon. — Posez maintenant que, par une excitation nouvelle des centres sensitifs, une action différente vienne à se produire dans un des éléments cor-

---

1. Cette transmission peut avoir divers degrés de rapidité. Voir la note 3 à la fin du volume.

ticaux; selon la loi de communication, elle devra passer tour à tour dans les autres éléments, et nous devrons avoir une image différente qui, comme la première, devra durer en s'affaiblissant et en se reformant tour à tour. Mais le même élément cortical ne peut pas être à la fois dans deux états différents, ni partant produire à la fois deux actions différentes. Les éléments corticaux seront donc sollicités en deux sens différents, et, comme les deux actions sont incompatibles, une seule se propagera.

Laquelle se propagera? Puisque l'action corticale est la correspondante exacte de l'image mentale, les lois qui régissent l'une régissent l'autre. Nous avons vu les conditions qui ôtent ou confèrent l'ascendant à telle ou telle image [1]; ce sont donc les mêmes conditions qui déterminent la propagation de telle ou telle action. De même que les images luttent entre elles pour prédominer, les actions luttent entre elles pour se propager. Grâce à certaines conditions favorables ou défavorables, une image prend ou perd la première place dans notre esprit; grâce à ces mêmes conditions, l'action correspondante prend ou perd la première place dans notre cerveau. Cherchons quelle est cette première place dans l'esprit, et, par contre-coup, nous pourrons conjecturer peut-être quelle est cette première place dans le cerveau.

La primauté n'est pas la solitude, et, de ce qu'une image, à un instant donné, l'emporte sur les autres, il ne faut pas conclure qu'elle les détruise. Au contraire, pendant son règne momentané, celles-ci durent

---

1. **Lois** de la renaissance et de l'effacement des images. Voir le détail des divers cas, livre II, ch. II, p. 148-150.

à l'état latent et confus. A chaque minute, nous pouvons constater en nous-mêmes cette persistance obscure. — Vous venez de chanter quinze ou vingt fois de suite un air nouveau qui vous a beaucoup frappé; on vous dérange pour quelque petite occupation d'intérieur, ou pour quelque visite ennuyeuse; là-dessus, une autre série de sensations, d'images et d'idées se déroule forcément en vous; mais la première, quoique ayant cédé la place, n'a pas péri. Elle est refoulée, réduite; elle laisse les autres occuper le premier plan et s'imposer à l'attention; mais, toute reculée et tout enfoncée qu'elle est dans le lointain et dans l'ombre, elle dure. Vous la retrouvez dès que vous vous reportez sur elle; elle rejaillit d'elle-même à la lumière sitôt que les importuns sont partis. La preuve de sa persistance secrète est dans l'émotion, dans le malaise, dans les sollicitations sourdes que vous avez ressenties pendant tout l'intervalle et que sa présence obscure excitait en vous. — De même, vous recevez une bonne ou une mauvaise nouvelle, et, au bout d'une heure, vous cessez d'y penser; et néanmoins, au bout de cette heure et souvent pendant toute la journée, vous éprouvez encore un bien-être ou une inquiétude mal définis, que vous ne savez d'abord comment expliquer, et que vous ne comprenez qu'après réflexion, lorsque vous revient le souvenir de la nouvelle. — Parmi les images ou idées latentes, il faut aussi compter toutes celles des actions que l'on exécute, l'esprit occupé par une autre image ou idée prépondérante. Par exemple, on suit une idée, tout en marchant; on suit le chant du morceau que l'on joue, tout en le jouant; on suit la pensée d'un auteur, tout en le lisant à haute voix. Dans ces divers cas, les images des mouvements musculaires qu'on veut accomplir sont présentes, puisqu'on accomplit ces mouvements musculaires; mais leur série n'est pas remarquée, parce qu'une autre série est prépondérante. — Tel est notre état constant, une image dominante, en plein éclat, autour de laquelle s'étend une constellation d'images pâlissantes, de plus en plus imperceptibles, au delà de celles-ci une voie lactée d'images tout à fait invisibles, dont nous n'avons conscience que par un effet de masse, c'est-à-dire par un état général de gaîté ou de tristesse. Chaque image peut passer par tous les degrés d'éclat et de pâleur; à une certaine limite, elle échappe à la conscience, sans que pour cela elle s'éteigne et sans que nous sachions jusqu'à quel degré d'affaiblissement elle peut descendre. — On peut donc comparer l'esprit d'un homme à un théâtre d'une profondeur indéfinie, dont la rampe est très-étroite, mais dont la scène va s'élargissant à partir de la rampe. Devant cette rampe éclairée, il n'y a guère de place que pour un seul acteur. Il y arrive, gesticule un instant, se retire; un autre apparaît, puis un autre, et ainsi de suite : voilà l'idée ou image du premier plan. Au delà, sur les divers plans de la scène, sont d'autres groupes d'autant moins distincts qu'ils sont plus loin de la rampe. Au delà de ces groupes, dans les coulisses et l'arrière-fond lointain, se trouve une multitude de formes obscures qu'un appel soudain amène parfois sur la scène ou même jusque sous les feux de la rampe, et des évolutions inconnues s'opèrent incessamment dans cette fourmilière d'acteurs de tout ordre pour fournir les coryphées qui tour à tour, comme en une lanterne magique, viennent défiler devant nos yeux.

Qu'est-ce que cette rampe si étroite, et d'où vient que nulle part ailleurs la pensée n'apparaisse en pleine lumière? Il suffit pour répondre de maintenir l'image pendant quelques secondes à ce poste privilégié. En ce cas, un évènement singulier se produit : tout de suite elle se transforme en impulsion, en action, en expression, par suite en contraction musculaire. — Par exemple, lorsqu'une pensée arrive en notre esprit au premier plan, comme elle est une parole mentale, nous sommes tentés de l'énoncer tout haut; le mot nous vient aux lèvres; même nous sommes obligés de nous retenir pour éviter de le prononcer; parfois, si l'idée est très-vive et très-nette, nous prononçons le mot malgré nous. L'articulation pensée est contiguë à l'articulation effective, et, une fois que nous sommes entrés dans la première, il nous faut des précautions pour ne pas être entraînés dans la seconde. — Or, ce qui est vrai de l'articulation est vrai de tout autre groupe de contractions musculaires. La règle est générale, qu'il s'agisse des muscles qui jouent pour proférer la parole, ou des muscles qui travaillent pour remuer les membres, pour exprimer les émotions, pour opérer ou aider les perceptions. Toujours la contraction pensée confine à la contraction effective. Plus on imagine nettement et fortement une action, plus on est sur le point de la faire. Dans les naturels imaginatifs, l'idée d'un geste entraîne ce geste. Un Napolitain mime involontairement tous ses récits et tous ses projets : s'il annonce qu'il va monter à cheval, il lève la jambe; s'il raconte qu'il a mangé d'un plat de macaroni, il ouvre les narines afin de mieux flairer et avance la langue entre les lèvres; s'il pense à une ligne sinueuse ou droite, il la décrit de l'œil et du doigt. Spontanément, chez lui, l'impression aboutit à l'expression, et il a bien de la peine à ne pas glisser de l'une dans l'autre. Plus l'image est vive, plus cette difficulté est grande. Quand l'image est absorbante au point d'exclure les autres, il n'y a pas moyen d'enrayer; bon gré mal gré, le geste et la physionomie la traduisent. — Il suit de là que, dans notre théâtre mental, l'acteur qui occupe la rampe devient pour cet instant le chef de l'orchestre et donne le branle aux instruments. Plus il est proche de la rampe et en pleine lumière, plus les instruments lui obéissent. Quand il est seul éclairé, les instruments jouent irrésistiblement à son appel, en dépit de tous les autres acteurs. En d'autres termes, quand l'image devient très-lumineuse, elle se change en impulsion motrice. On peut donc présumer que dans notre théâtre cérébral la rampe est très-voisine de l'orchestre. Bien mieux, on peut supposer que, s'il y a des points de l'écorce où l'image avivée devient particulièrement claire, ces points se rencontrent aux endroits où les extrémités terminales de l'appareil intellectuel s'abouchent avec les extrémités initiales de l'appareil moteur.

Or, en plusieurs endroits de l'écorce cérébrale, les vivisections et l'anatomie pathologique ont montré cet abouchement. Pour l'articulation, il est situé dans la partie postérieure de la troisième circonvolution frontale gauche [1]; de là part l'impulsion qui fait jouer les organes vocaux; quand cette partie de l'écorce est désorganisée, la parole mentale peut demeurer intacte et parfaite; mais la parole effective est incohérente ou nulle. Pour exprimer ses idées très-saines et très-bien liées, le malade ne trouve que le même mot

[1]. Recherches de Broca. Expériences de Ferrier.

absurde, ou des suites de mots qui n'ont aucun sens ; entre l'articulation intérieure et l'articulation extérieure, le pont est rompu. Ainsi, d'une part, l'appareil intellectuel est distinct de l'appareil moteur, et le bout terminal du premier est autre que le bout initial du second. Mais, d'autre part, il en est très-proche ; car l'aphasie est ordinairement compliquée d'amnésie ; si la lésion s'étend un peu au delà de la région indiquée, non-seulement le malade ne peut plus prononcer de phrases sensées et suivies, mais encore, faute de signes pour penser, son intelligence s'affaiblit ; il ne comprend plus les mots qu'il lit ou qu'il entend ; il est plus ou moins imbécile. En ce cas, non-seulement, dans l'appareil moteur, le bout initial qui lance les impulsions motrices est tronqué, mais encore, dans l'appareil intellectuel, le bout terminal où réside l'articulation mentale est altéré ou détruit ; ainsi les deux bouts sont voisins l'un de l'autre. — D'autres portions de l'écorce, principalement autour du sillon de Rolando, paraissent avoir un emploi du même genre ; selon l'endroit désorganisé [1], tel ou tel groupe de contractions musculaires, tel ou tel mouvement du pied, de la jambe, du bras, de la main, du poignet, de la tête, flexion, projection, supination, devient impossible.

1. Ferrier (traduction par H. de Varigny), p. 488, *Les fonctions du cerveau*. — Carville et Duret (*Archives de physiologie normale et pathologique*, 1875). « Les impressions périphériques peuvent ébranler l'écorce grise des régions motrices des hémisphères cérébraux dans toute son étendue. Mais leur répétition et leur succession habituelle développent dans cette écorce des centres *fonctionnels* pour les mouvements volontaires. Lorsqu'on détruit ces centres, un point quelconque des *régions motrices corticales* vient suppléer le centre détruit. » Ainsi les centres moteurs découverts ne sont que les passages ordinaires, les routes *frayées* par lesquelles la pensée se con-

282 LIVRE IV. CONDITIONS DES ÉVÉNEMENTS MORAUX

Il semble que ce mouvement soit toujours conçu, imaginé, désiré, voulu, mais inutilement ; la poignée corticale d'un des mécanismes moteurs est cassée, et, faute de prise, le patient ne peut plus faire jouer le mécanisme. — Grâce à ces récentes découvertes, nous pouvons nous représenter avec plus de précision le travail qui s'accomplit dans l'écorce cérébrale. Des myriades d'images mentales et, partant, des myriades d'actions corticales, y subsistent ensemble à divers degrés de vivacité ou de langueur, d'obscurité ou de clarté. Chacune d'elles atteint son maximum d'énergie et d'éclat, quand elle arrive au point où elle se convertit en impulsion motrice. Chacune dure en se propageant de cellule semblable en cellule semblable, à distance plus ou moins grande de l'endroit où elle deviendra efficace et lumineuse. D'innombrables courants intellectuels cheminent ainsi dans notre intelligence et dans notre cerveau, sans que nous en ayons conscience ; et ordinairement ils n'apparaissent à la conscience qu'au moment où, devenant moteurs, ils entrent dans un autre lit.

VII. Nous connaissons maintenant avec exactitude les conditions physiques de nos évènements

---

vertit en mouvements. Une fois ces routes détruites, il s'en refait d'autres.

Charcot, *Leçons sur les localisations cérébrales*, p. 29. D'après les recherches de Betz, les cellules pyramidales géantes qui sont « les *cellules motrices* par excellence » ne se rencontrent en très-grande abondance dans l'écorce cérébrale qu'aux points où les expériences de Fritsch, Hitzig, Ferrier ont constaté des centres psychomoteurs. La micrographie conclut dans le même sens que les vivisections, et cette coïncidence est importante.

moraux; pour nos sensations brutes [1], c'est une certaine action ou mouvement moléculaire de la protubérance, des tubercules quadrijumeaux et, en général, de quelque centre primaire de l'encéphale; pour nos images, nos idées et le reste, c'est la même action ou mouvement moléculaire répété et propagé dans les éléments de l'écorce grise cérébrale. De ce mouvement moléculaire dépendent les évènements que nous rapportons à notre personne; s'il est donné, ils sont donnés; s'il manque, ils manquent. Il n'y a pas d'exception à cette règle; la pensée la plus haute, la conception la plus abstraite y est soumise, par les mots ou signes qui lui servent de support. Toute idée, voulue ou non, claire ou obscure, complexe ou simple, fugitive ou persistante, implique un mouvement moléculaire déterminé dans les cellules cérébrales. — Mais, outre les évènements moraux perceptibles à la conscience, le mouvement moléculaire des centres nerveux éveille encore des évènements moraux imperceptibles à la conscience. Ceux-ci sont beaucoup plus nombreux que les autres, et, du monde qui constitue notre être, nous n'apercevons que les sommets, sortes de cimes éclairées dans un continent dont les profondeurs restent dans l'ombre. Au-dessous des sensations ordinaires sont leurs composantes, à savoir les sensations élémentaires qui,

---

[1]. Vulpian, 681 : « C'est une notion d'une importance physiologique et philosophique capitale, qu'il y a dans toute sensation complète deux phénomènes tout à fait distincts, si distincts qu'ils ont pour sièges deux parties différentes du système nerveux. L'un est la sensation proprement dite qui a l'isthme de l'encéphale et en partie la protubérance annulaire pour siège. L'autre est l'élaboration intellectuelle de la sensation qui se fait dans le cerveau proprement dit. »

pour arriver jusqu'à la conscience, ont besoin de s'agglomérer en totaux. A côté des images et des idées ordinaires sont leurs collatérales, je veux dire les images et les idées latentes qui, pour arriver jusqu'à la conscience, ont besoin de prendre à leur tour la première place et l'ascendant.

Cela posé, nous voyons le monde moral s'étendre beaucoup au delà des limites qu'on lui assignait. On le limite d'habitude aux évènements dont nous avons conscience ; mais il est clair maintenant que la capacité d'apparaître à la conscience n'est propre qu'à certains de ces évènements ; la majorité ne l'a pas. Au delà d'un petit cercle lumineux est une grande pénombre, et plus loin une nuit indéfinie ; mais les évènements de la nuit et de la pénombre sont réels au même titre que les évènements du petit cercle lumineux. D'où il suit que, si nous trouvons ailleurs une structure nerveuse, des excitations, des réactions, bref tous les accompagnements et toutes les indications physiques que nous avons rencontrés autour des évènements moraux dont nous avons conscience, nous aurons le droit de conclure là aussi à la présence d'évènements moraux que notre conscience n'atteint pas.

Tel est le cas des phénomènes *réflexes*, l'un des plus instructifs que présente la physiologie. Il y a dans le corps vivant un autre centre que l'encéphale : c'est la moelle épinière ; et cette moelle, comme l'encéphale, renferme une substance grise qui, comme celle de l'encéphale, est un point d'arrivée pour des excitations transmises, et un point de départ pour des excitations renvoyées. Il s'y produit, comme dans l'encéphale, un mouvement moléculaire inconnu, qui, provoqué par l'action des nerfs sensitifs, provoque l'action des nerfs moteurs, et qui, selon toutes les analogies, éveille, comme le mouvement moléculaire de l'encéphale, un évènement de l'ordre moral. — D'ailleurs, l'action des nerfs moteurs qu'il met en jeu n'est pas désordonnée[1] ; « elle est appropriée, adaptée ; » elle semble « intentionnelle ». En tout cas, elle va vers un but, « même lorsque l'animal est privé de son encéphale, » et cela si parfaitement, que divers physiologistes ont admis une âme, ou du moins « un centre perceptif et psychique » dans le tronçon de moelle ainsi séparé. — « Chez ce triton, on a, par une section transversale, enlevé la tête et la partie antérieure du corps avec les deux membres correspondants. Je pince la peau des parties latérales du corps ; il y a, comme vous le voyez, un mouvement de courbure latérale du corps produisant une concavité du côté irrité, et il est facile de voir que ce mouvement a pour résultat d'éloigner la partie irritée du corps irritant. Or c'est là le mouvement qu'exécutent les tritons encore intacts soumis à la même irritation.... S'ils ne réussissent pas par ce moyen, ils cherchent à se débarrasser de l'agent d'irritation par un autre procédé que ce triton mutilé va pareillement mettre en œuvre. Vous voyez en effet se produire un mouvement du membre postérieur du côté irrité. » Suivant le point irrité, les mouvements changent, et la nouvelle combinaison de contractions musculaires est toujours celle qui convient pour écarter la nouvelle cause d'irritation. « Tous ces mouvements sont si bien adaptés, si naturels, que, si la

---

1. Vulpian, 414 et pages suivantes.

plaie résultant de la décapitation était cachée, vous croiriez que l'animal n'a subi aucune mutilation, et le caractère commun de ces mouvements est d'avoir pour effet la défense contre les atteintes extérieures. »

Pareillement, des grenouilles décapitées peuvent encore sauter, nager. Bien plus, « si l'on place une goutte d'acide acétique sur le haut de la cuisse d'une grenouille décapitée, le membre postérieur se fléchit de façon que le pied vienne frotter le point irrité. » Là-dessus, on ampute ce pied et l'on renouvelle l'expérience. « L'animal commence à faire de nouveaux mouvements pour frotter la place irritée; mais il ne peut plus y parvenir, et après quelques mouvements d'agitation, comme s'il cherchait un nouveau moyen d'accomplir son dessein, il fléchit l'autre membre et réussit avec celui-ci. » — Ce sont là les expériences les plus saillantes, et l'on comprend que, pour obtenir des faits aussi frappants, il faut opérer sur des animaux inférieurs, en qui la vie est plus tenace et dont les parties sont moins étroitement liées les unes aux autres. — Mais on en rencontre de pareils chez les mammifères et jusque chez l'homme [1]. On a vu « des fœtus anencéphales qui criaient et qui suçaient le doigt qu'on mettait entre leurs lèvres. Beyer, ayant été obligé de briser la tête d'un fœtus pour compléter un accouchement et ayant ainsi vidé complètement le crâne, vit ce fœtus, quelques minutes après l'accouchement, pousser un cri, respirer et agiter les pieds et les mains. » — Chez les animaux supérieurs, si l'on supprime tout l'encéphale, c'est-à-dire tous les centres nerveux auxquels sont atta-

1. Vulpian, 396.

chées les sensations et les images proprement dites, la moelle épinière et le bulbe, qui seuls subsistent, peuvent encore, sous l'aiguillon des nerfs sensitifs, provoquer et coordonner des mouvements en vue d'un but, comme fait le train postérieur d'une grenouille et d'un triton. L'animal crie encore, quoique sans douleur, quand on pince sa patte; il avale la nourriture lorsqu'elle atteint le fond de son gosier; il exécute tous les mouvements respiratoires. L'éternument, la toux, le vomissement, ce sont là chez nous-mêmes autant de mouvements systématiquement compliqués et utiles que des excitations, parties de la pituitaire, des voies respiratoires ou de l'estomac, provoquent, sans volonté de notre part, par l'entremise du bulbe [1]. — En général, étant donné dans un animal un segment de moelle épinière avec les nerfs sensitifs qui s'y rendent et les nerfs moteurs qui en proviennent, si l'on excite les nerfs sensitifs, le segment, entrant en action, mettra en jeu les nerfs moteurs, et l'on verra des contractions musculaires. Rien de plus aisé à observer sur les anguilles, les salamandres et les serpents. Landry l'a vu sur des cochons de lait [2], dont il divisait en plusieurs segments la moelle épinière, tout en laissant le reste du corps intact. Des animaux ainsi préparés peuvent vivre longtemps, et, quand la circulation subsiste, « l'excitabilité réflexe d'une partie séparée de la moelle peut persister presque indéfiniment; » on l'a vu durer trois mois et même plus d'un an.

Chaque segment est donc une sorte d'animal com-

1. Vulpian, 423.
2. *Des Paralysies*, 47. Expériences, 6, 7 et 8; et Vulpian, 432.

plet, capable d'être excité et de réagir par lui-même, capable même de vivre isolément, si, comme chez les animaux inférieurs et notamment chez les annelés, la dépendance mutuelle des segments n'est pas trop grande [1]. — On ne finirait pas si l'on voulait énumérer tous les cas de l'action réflexe. Intermittents ou continus, la plupart des mouvements musculaires de la vie animale et de la vie organique ne s'accomplissent que par elle, en sorte que nous sommes obligés de considérer toutes les parties centrales du système nerveux, encéphale, bulbe, moelle épinière, comme perpétuellement mises en action par le jeu des nerfs sensitifs pour provoquer le jeu des nerfs moteurs, avec accompagnement de sensations dont on a ou dont on n'a pas conscience. Quelle que soit la portion que l'on observe dans le système nerveux, on n'y voit jamais que des actions réflexes; elles peuvent être

---

1. Landry, *Paralysies*, 47. « On peut diviser la moelle perpendiculairement à son axe en deux, trois, quatre, ou en un plus grand nombre de segments, sans apporter de modification dans les phénomènes auxquels elle participe. — Chacune de ces parties, anatomiquement constituée comme l'organe entier, possède isolément les mêmes facultés. J'ai montré par les expériences 6, 7 et 8, qu'une simple section transversale de la moelle, quoiqu'elle interrompe sa continuité, laisse subsister le pouvoir réflexe, l'excitabilité des nerfs, la contractilité et la nutrition des muscles, dans toutes les parties paralysées de la sensibilité et du mouvement... Chaque segment de la moelle est donc un véritable centre d'innervation... Ainsi on peut considérer le cordon médullaire comme constitué par une série de centres nerveux, à propriétés identiques, mais pourtant affectés à des fonctions différentes suivant les organes auxquels se rendent les nerfs qui en proviennent... Cela serait d'accord avec l'anatomie comparée, qui montre la moelle se segmentant peu à peu, à mesure qu'on descend des mammifères aux poissons, et de ceux-ci aux animaux plus inférieurs encore, les crustacés par exemple... »

plus ou moins compliquées, mais sont toujours de même espèce. Un cordon blanc conducteur apporte une excitation à un noyau central de substance grise; dans cette substance naît alors un mouvement moléculaire ; par suite, une excitation est exportée jusqu'aux muscles par un autre cordon blanc conducteur. Ces trois mouvements ainsi liés constituent l'action réflexe ; moelle épinière, protubérance, lobes cérébraux, partout la substance grise agit de la même façon.

Or, dans la protubérance et les lobes cérébraux, son action éveille des évènements moraux, tous de la même espèce, sensations temporaires ou sensations réviviscentes. On doit donc admettre que son action éveille partout des évènements moraux d'espèce voisine ; et puisque d'ailleurs, même dans la protubérance et les lobes, la majeure partie de ces évènements n'apparaît pas à la conscience, rien n'empêche que, dans la moelle, son action n'éveille aussi des évènements moraux analogues à la sensation, situés, cette fois, non par accident, mais par nature, hors des prises de la conscience. — Il y aurait ainsi trois degrés dans la sensation. Au plus haut degré, dans les lobes, la sensation devient capable de réviviscence et s'appelle image. Au degré moyen, dans la protubérance, la sensation, incapable de réviviscence, reste brute. Au plus bas degré, dans la moelle, elle est à un état plus incomplet encore, où nous ne pouvons la définir exactement, parce qu'en cet endroit nous n'avons pas conscience d'elle, mais où elle se reconnaît justement à cette incapacité d'apparaître à la conscience, et où probablement elle ressemble à ces sensations élémentaires qui, séparées, sont nulles pour la conscience et ne constituent une sensation ordinaire qu'en s'agglomérant avec d'autres pour faire un total. — Pareillement il y aurait trois degrés de complication dans l'action des centres nerveux. Au plus bas degré, dans la moelle, naissent des actions fragmentaires peut-être analogues à celles qui provoquent les sensations élémentaires nulles pour la conscience. Au degré moyen, dans la protubérance, ces mêmes actions transmises s'assemblent en une action totale qui provoque la sensation totale ordinaire. Au plus haut degré, dans les lobes, cette action totale, une seconde fois transmise, est répétée indéfiniment par la série des éléments cérébraux mutuellement excitables, et provoque alors ces sensations consécutives et réviviscentes que nous nommons les images. — On conçoit ainsi, pour l'action des centres nerveux comme pour les évènements moraux, trois étages de transmission et d'élaboration successives, et l'on peut alors embrasser par une vue d'ensemble la dépendance réciproque et le développement des deux courants.

Ils forment deux longues séries dont l'une est la condition nécessaire et suffisante de l'autre, et qui se correspondent aussi exactement que la convexité et la concavité de la même courbe. D'un côté sont les mouvements moléculaires des centres nerveux; de l'autre côté sont les évènements moraux, tous plus ou moins analogues à la sensation. Les premiers provoquent toujours les seconds, et le degré de complication qu'on trouve dans les uns se traduit toujours par un degré de complication égal dans les autres. — A un certain degré, les seconds peuvent être connus par une voie particulière et intime qu'on appelle

CHAP. I. FONCTIONS DES CENTRES NERVEUX. 291

conscience ; mais, même à ce degré, il arrive le plus souvent qu'ils ne sont pas connus par cette voie. — Au-dessous de ceux que la conscience atteint, il en est beaucoup d'autres qu'elle ne peut atteindre, et que nous sommes obligés de concevoir d'après ceux que nous connaissons, mais sur un type réduit et fragmentaire, d'autant plus réduit et plus fragmentaire que l'action nerveuse qui les provoque est plus simple. — On voit ainsi, au-dessous des sensations ordinaires que nous connaissons par la conscience, descendre une échelle indéfinie d'évènements moraux analogues, de plus en plus imparfaits, de plus en plus éloignés de la conscience, sans qu'on puisse mettre un terme à la série de leurs dégradations croissantes ; et cet abaissement successif, qui a sa contre-partie dans l'atténuation du système nerveux, nous conduit jusqu'au bas de l'échelle zoologique, en reliant ensemble, par une suite continue d'intermédiaires, les ébauches les plus rudimentaires et les combinaisons les plus hautes du système nerveux et du monde moral.

VIII. A présent, si nous revenons sur nos pas, nous sommes en état de comprendre en gros la structure et le mécanisme de l'organe par lequel nous pensons. Bien entendu, la conception à laquelle on peut arriver aujourd'hui n'est qu'approximative. Il s'écoulera probablement plusieurs siècles avant que les anatomistes soient capables de suivre les courants nerveux de fibre en fibre et de cellule en cellule, depuis leur commencement jusqu'à leur terminaison : les éléments de l'appareil sont trop menus, trop délicats ; leurs connexions sont presque invisibles, et leur jeu est tout à fait invisible. Quand le Micromégas de

Voltaire descendit sur notre planète, il n'y vit d'abord que des creux et des bosselures ; un grand fleuve lui apparaissait comme une mince ligne flexueuse et brillante ; une ville capitale n'était pour lui qu'une petite tache grisâtre immobile, et la terre, parcourue en trente-six heures, lui sembla une boule irrégulière, déserte, incapable d'avoir des habitants. Tel est à peu près l'encéphale pour notre œil nu : une boule mollasse, pesant de deux à trois livres, recouverte d'une sorte d'écorce anfractueuse, grisâtre à la surface, blanchâtre au-dessous, à l'intérieur des couches et noyaux mal circonscrits, çà et là quelques fentes et cavités dans un mélange de portions blanches et de portions grises. A la vérité, Micromégas ayant cassé son collier, un de ses diamants lui fournit un microscope de deux mille cinq cents pieds d'ouverture ; il fit ainsi de grandes découvertes. Mais nos microscopes ne sont pas aussi bons que le sien, et ce qu'ils nous apprennent semble fait pour nous décourager autant que pour nous instruire. Le diamètre d'une cellule nerveuse est de 1 à 8 centièmes de millimètre, et il faut environ 280 fibres nerveuses pour faire l'épaisseur d'un cheveu. Si l'on découpe dans l'écorce cérébrale une tranche carrée ayant un millimètre de côté et un dixième de millimètre d'épaisseur, on y compte en moyenne de 100 à 120 cellules [1], ce qui donne pour la seule écorce cérébrale 500 millions de cellules, et, à raison de 4 fibres par cellule, 2 milliards de fibres ; encore plusieurs anatomistes sont-ils d'avis qu'il faut doubler ces chiffres. Or l'écorce cérébrale n'a que deux millimètres et demi d'épaisseur, et tout l'en-

---

1. Luys, *le Cerveau*, p. 14. Bair, *l'Esprit et le Corps*, p. 111.

céphale, toute la moelle se compose pareillement de cellules et de fibres ; jugez de leur nombre. Quant à leur enchevêtrement, il est prodigieux. Ramifiée comme le chevelu d'une plante, chacune des trente et une paire de nerfs spinaux vient se jeter dans la moelle, et, par la moelle, communiquer avec l'encéphale ; ajoutez-y les douze paires de nerfs crâniens, qui se jettent directement dans l'encéphale : cela fait un tissu continu et compliqué d'innombrables fils blancs et d'innombrables mailles grises, une corde aux myriades de nœuds qui remplit le tuyau vertébral, un peloton aux millions de nœuds qui remplit la boite crânienne. Comment dévider un pareil écheveau? — Dans le tuyau et jusque dans l'entrée de la boite, on est parvenu à suivre à peu près la marche ascendante ou descendante du courant nerveux, et l'on a pu constater avec une certitude suffisante les fonctions des divers cordons ou noyaux gris et blancs de la moelle, du bulbe et même de la protubérance. Mais au delà, notamment entre la protubérance et les hémisphères, les expériences sont plus difficiles, l'interprétation à laquelle elles se prêtent est plus incertaine, les savants spéciaux ne sont pas d'accord. Sur les ganglions intermédiaires ou collatéraux qui occupent la région moyenne ou postérieure de l'encéphale, sur les pédoncules cérébraux et leurs deux étages, sur les corps striés et leurs deux noyaux, sur les couches optiques, sur le cervelet, les recherches sont en cours d'exécution, et la théorie est plutôt indiquée qu'achevée. Il faut attendre qu'elle soit faite et stable : la psychologie ne devra se loger sur ce terrain physiologique que lorsque la physiologie y aura bâti. — Néanmoins les jalons que nous avons posés suffisent pour marquer les lignes principales, et la correspondance établie ci-dessus entre l'action nerveuse et l'action mentale nous permet de conduire l'analyse au delà des notions que le microscope nous fournit.

Quoique l'appareil nerveux soit très-compliqué, les éléments dont il se compose sont très-peu nombreux, puisqu'il n'y en a que deux, le filet nerveux et la cellule. De plus, l'arrangement primordial de ces éléments est très-simple, car il consiste en une cellule et en deux filets nerveux, l'un afférent, l'autre efférent, tous les deux organes de transmission, le premier transmettant jusqu'à la cellule l'ébranlement qu'il a reçu par son bout terminal, le second transmettant jusqu'à son bout terminal l'ébranlement qu'il a reçu de la cellule. Tel est l'instrument nerveux élémentaire; quant à son emploi, c'est celui d'un rouage, et en général d'un premier rouage, dans une machine. Par son nerf efférent, il aboutit à un autre organe qu'il met en jeu, à une glande dont il provoque les sécrétions, plus ordinairement à un muscle qu'il contracte et qui, en se contractant, resserre un vaisseau ou remue un membre. Dès lors, on comprend son office; par suite, on comprend sa construction, sa distribution, ses combinaisons les plus simples; et même on peut les concevoir d'avance, car elles sont réglées en vue de cet office. — Soit dans le membre inférieur gauche un point irrité : il est utile que le membre, en se déplaçant, puisse écarter la cause d'irritation ou s'écarter d'elle; pour cela, il faut qu'un nerf afférent AC, parti du point irrité, aille rejoindre la cellule, et que cette cellule, par un nerf efférent CE, communique avec les muscles du membre; c'est la disposition nerveuse élémentaire

— Il est utile que le membre inférieur droit puisse en cette occasion collaborer avec le gauche ; pour cela, il faut que la cellule C du côté gauche communique avec une autre cellule C' du côté droit, que celle-ci soit également pourvue d'un nerf efférent C'E', que ce nerf se termine dans les muscles du membre inférieur droit.

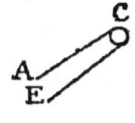

— Il est utile que les segments supérieurs de l'animal puissent en cette occasion collaborer avec le segment inférieur ; pour cela, il faut que, des deux côtés de son axe, la disposition précédente se répète par deux lignes de cellules communicantes et pourvues chacune d'un nerf efférent. — Il est utile que tous les segments puissent collaborer, quel que soit le point inférieur, supérieur ou moyen, où l'irritation se rencontre ; pour cela, il faut qu'à chaque cellule aboutisse, outre le nerf afférent, un nerf efférent. — Une pareille esquisse est aussi écourtée que

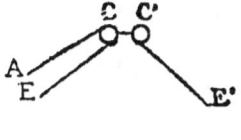

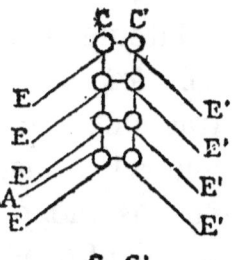

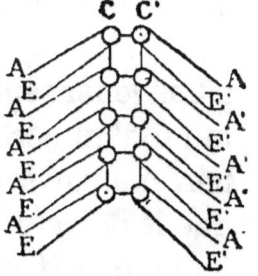

grossière ; néanmoins elle n'est pas une œuvre de fantaisie : c'est à peu près sur ce plan que la nature a travaillé pour dessiner les linéaments principaux de la moelle épinière et de ses trente et une paires de nerfs.

Maintenant, au lieu du type simplifié, considérons le type réel. Ainsi qu'on l'a vu, si l'on prend le tronçon postérieur d'une grenouille et si l'on dépose une goutte d'acide acétique sur le haut de la cuisse gauche ou sur la portion adjacente du dos, on voit la patte postérieure gauche se fléchir de façon que le pied gauche vienne frotter le point irrité. Pareillement, sur un homme décapité dont l'électricité avait ranimé la moelle épinière, le Dr Robin, ayant gratté avec un scalpel la paroi droite de la poitrine, vit le bras du même côté se lever et diriger la main vers l'endroit irrité, comme pour exécuter un mouvement de défense. De pareils mouvements supposent la contraction d'un grand nombre de muscles distincts et différents d'emploi, extenseurs, fléchisseurs, abducteurs, adducteurs, pronateurs, supinateurs, rotateurs en dedans, rotateurs en dehors, ensemble et tour à tour, chacun à son rang et à son moment dans la série totale des contractions successives. Pour préciser les idées, désignons les muscles du membre par des numéros, et supposons que, pour exécuter le mouvement, les suivants se soient contractés dans l'ordre suivant : 1, 3, 6, 7, 8, 11, 12, 14, 12, 14, 15. Pour que chacun de ces muscles ait pu jouer séparément, il faut non-seulement qu'il soit muni d'un nerf moteur distinct, mais encore que ce nerf moteur soit animé par une cellule distincte. Pour que les divers nerfs moteurs aient joué dans l'ordre indiqué, il faut que leurs cellules respectives aient joué dans le même ordre. Pour qu'elles puissent jouer dans cet ordre, il faut que, par des filets nerveux, elles communiquent entre elles dans l'ordre indiqué. Pour qu'elles aient joué dans cet ordre, il faut qu'un courant nerveux les ait traversées dans l'ordre indiqué. Grâce à ce mécanisme ou à un mécanisme équivalent, l'irritation transmise par un seul nerf afférent à la première cellule a suffi pour provoquer la série indiquée de contractions musculaires, et, par suite, le mouvement compliqué et approprié de tout le membre postérieur ou antérieur.

Presque toutes les fonctions du corps vivant supposent un mécanisme analogue ; car toutes comprennent parmi leurs éléments une action réflexe, et dans presque toutes l'action réflexe aboutit, non pas à la contraction isolée d'un seul muscle, mais à la contraction successive de plusieurs muscles dans un ordre déterminé. Plus de trente paires de muscles doivent agir dans un certain ordre pour que l'enfant puisse teter, et l'on a vu qu'un nouveau-né dont Boyer avait brisé et vidé le crâne, non-seulement criait, mais tetait le doigt introduit entre ses lèvres. Chacun de ces mécanismes est situé dans un amas de substance grise, c'est-à-dire dans un groupe de cellules reliées entre elles par des fibres nerveuses. On connaît son siège, les nerfs afférents qui le mettent en branle, les nerfs efférents auxquels il imprime le branle ; c'est une serinette dans laquelle on peut désigner la boîte, le manche et l'air exécuté, mais rien de plus. Ce qui se passe dans la boîte échappe à notre observation et n'est atteint que par nos conjectures. Beaucoup de ces serinettes ne jouent qu'un seul air, et, à l'état normal, leur manche ne donne qu'une seule impulsion, toujours la même. Ainsi le contact de l'air et des vésicules pulmonaires provoque nécessairement, par une action réflexe du bulbe, un système alternatif et toujours le même de contractions musculaires ; ce sont les deux temps du mouvement respiratoire. Ainsi, par une autre action réflexe du bulbe, le contact d'un aliment et en général d'un corps quelconque avec les parois du pharynx fait contracter tour à tour, et toujours de la même manière, d'abord les muscles constricteurs du pharynx et les glosso-pharyngiens, puis les muscles circulaires et longitudinaux de l'œsophage, ce qui opère la déglutition. Dans ces deux cas, le jeu de la machine animale est aussi savant, mais aussi aveugle que celui d'une serinette ; quand le manche tourne, l'air s'exécute bon gré mal gré, avec un effet utile ou nuisible, peu importe ; quand les parois du pharynx sont en contact avec un objet, la déglutition s'accomplit, bon gré mal gré, quel que soit l'objet, fût-ce une fourchette ; la fourchette descend, saisie comme par une pince, et va plus bas perforer l'estomac. — En d'autres cas, par exemple dans celui des membres, le jeu de la serinette est aussi aveugle ; mais, étant plus savant, il semble l'effet d'un choix intelligent et presque libre. La vérité est que la serinette, au lieu d'un seul air, en joue plusieurs et plusieurs dizaines, tous appropriés et adaptés. Ainsi, dans le tronçon postérieur de la grenouille coupée en deux, selon que le point irrité par l'acide acétique est situé sur le dos ou sur la cuisse, le membre postérieur exécute, pour y atteindre, tantôt un mouvement, tantôt un autre ; il faut donc que dans la moelle, comme dans une serinette disposée pour jouer plusieurs airs, il y ait un nombre assez grand de cellules et de nerfs intercellulaires pour que plusieurs dizaines de combinaisons distinctes et de circuits indépendants puissent s'y produire. Selon que le premier choc du manche de la serinette a mis le cylindre intérieur à tel ou tel cran, la serinette joue tel ou tel air. Selon que tel ou tel nerf afférent a ébranlé telle ou telle cellule, le courant nerveux suit un chemin différent dans la série des cellules, ébranle dans un ordre différent la série des nerfs moteurs, et provoque, par une combinaison particulière de contractions musculaires, une combinaison particulière de mouvements.

Ce sont là des dispositions anatomiques préétablies, comme celles des muscles, des tendons, des articulations et des os; par cette distribution et par ces connexions des cellules et des nerfs, les chemins du courant nerveux lui sont tracés d'avance. — Ici intervient une propriété qui distingue la machine nerveuse de nos machines ordinaires. Sa fonction la modifie. Plus un chemin a été parcouru par les courants antérieurs, plus les courants ultérieurs ont chance de le prendre et de le suivre. D'abord ils ne l'ont pris que difficilement; ils ne l'ont pas suivi jusqu'au bout; ils ne l'ont suivi que sous l'influence du cerveau et de la pensée. Après plusieurs tâtonnements et à force de répétitions, ils finissent par le prendre du premier coup, par le suivre jusqu'au bout, par le prendre et le suivre sans l'intervention du cerveau et de la pensée. C'est ainsi qu'après un apprentissage plus ou moins prolongé nous exécutons machinalement et sans y penser tous nos mouvements acquis, marche, course, nage, équitation, maniement d'une arme, d'un outil, d'un instrument de musique. Dans tous ces cas, c'est sous la conduite de l'encéphale que la moelle a contracté des habitudes et reçu de l'éducation ; mais, séparée de l'encéphale, elle garde son éducation et conserve ses habitudes. Dans le décapité du docteur Robin, le mouvement exécuté par le bras et la main droite était un mouvement de défense qu'un nouveau-né ne sait pas encore faire. Dans le rat auquel Vulpian avait ôté tout l'encéphale moins la protubérance, le sursaut provoqué par un souffle brusque et strident comme celui des chats en colère était aussi une réaction instituée par l'expérience. — Aussi, lorsque, dans le tronçon postérieur de grenouille, le pied gauche postérieur vient frotter le point irrité du dos, le ganglion de la moelle qui gouverne cette opération compliquée y est adapté de deux manières, d'abord par sa structure innée, ensuite par ses modifications acquises. La nature a tracé en lui tous les chemins qui peuvent être utiles; parmi ces chemins, la pratique a aplani, achevé, abouché, isolé les plus utiles, et aujourd'hui le courant nerveux suit la voie que la nature jointe à la pratique lui a préparée.

Tel est le type réel du centre nerveux; c'est celui-ci qu'il faut concevoir à la place du type réduit que, pour la commodité de l'exposition, on a figuré plus haut. Au lieu d'une seule cellule munie d'un seul nerf afférent et d'un seul nerf efférent, ce centre comprend plusieurs centaines ou plusieurs milliers de nerfs afférents, de nerfs efférents, de cellules et de nerfs intercellulaires, dans lesquels le courant nerveux se propage par plusieurs centaines et plusieurs milliers de chemins distincts et indépendants. Par suite, pour établir la communication entre un appareil si composé et les appareils analogues placés au-dessous et au-dessus de lui, il faut, non pas une ligne unique de nerfs et de cellules, comme dans le type réduit, mais des milliers et des myriades de cellules et de nerfs. C'est ce qu'indiquent le microscope, les vivisections et les observations pathologiques. — D'une part, les cellules et les fibres nerveuses sont dans la moelle épinière par centaines de mille, et leur tissu non interrompu fournit les moyens de communication nécessaires. —

D'autre part, le tissu fonctionne pour établir cette communication ; car, sitôt que sa continuité est rompue, la communication cesse entre le tronçon inférieur et le tronçon supérieur ; les impressions du premier n'arrivent plus au second ; les impulsions du second n'arrivent plus au premier. — On peut même désigner la portion du tissu dans laquelle les impressions sensitives se transforment en impulsions motrices ; c'est l'axe de la moelle, long cordon de substance grise. Composé principalement de cellules, il forme une chaîne continue de groupes nerveux qui sont des centres d'action réflexe. Grâce à cet enchaînement, les divers centres distincts peuvent coordonner leurs actions distinctes, et ils sont nombreux ; car, sans compter les spéciaux, il y en a dans la moelle épinière au moins soixante-deux, distribués en trente et un couples qui correspondent chacun à une paire de nerfs spinaux. Ce sont là autant de serinettes différentes qui, rattachées les unes aux autres, s'ébranlent mutuellement, et, à l'état normal, jouent de concert, comme un bon orchestre. — Un pareil mécanisme dépasse de beaucoup tous ceux que nous pouvons construire ou même imaginer. Pourtant il existe et opère. Dans la grenouille dont on a enlevé le cerveau, si l'on pince ou si l'on cautérise une portion du dos, non-seulement la patte postérieure du même côté exécute le mouvement de défense qu'on a décrit tout à l'heure, mais encore, ainsi qu'on l'a remarqué, si l'irritation se prolonge, l'autre patte postérieure vient au secours, et à la fin la grenouille saute, s'enfuit et, pour s'enfuir, se sert de ses quatre membres, de tout son corps, de tous ses muscles. Des animaux supérieurs donnent parfois le même spectacle. Dans une expérience faite à Strasbourg[1], Kuss, ayant amputé la tête d'un lapin avec des ciseaux mal affilés qui hachèrent les parties molles de façon à prévenir l'hémorrhagie, vit l'animal, réduit à sa moelle épinière, « s'élancer de la table et parcourir toute la salle avec un mouvement de locomotion parfaitement régulier. » Or la locomotion régulière suppose le jeu alternant, systématique, coordonné, non-seulement des quatre membres, mais encore de beaucoup d'autres muscles, partant le jeu alternant, systématique, coordonné de plusieurs centres distincts des deux côtés, dans les régions supérieures et dans les régions inférieures de la moelle. Et ce jeu total si compliqué, si harmonieux, si bien adapté à la préservation de l'animal, est provoqué par toute irritation un peu intense, quel qu'en soit le siège, à droite ou à gauche, en avant ou en arrière, dans les membres ou dans le tronc.

Parmi ces mécanismes reliés entre eux, les uns sont subordonnés aux autres; leur ensemble n'est pas une république d'égaux, mais une hiérarchie de fonctionnaires, et le système des centres nerveux dans la moelle et dans l'encéphale ressemble au système des pouvoirs administratifs dans un État. — Dans chaque département, pour toute affaire locale, le préfet reçoit les informations et donne les ordres : parfois, après avoir reçu l'information, il donne l'ordre aussitôt et de lui-même; d'autres fois, il en réfère au ministre et attend pour agir la décision de son supérieur. Dans le premier cas, entre l'information et l'ordre, la distance est courte : il n'y a qu'un corridor entre le bureau des

---

1. Mathias Duval, *Cours de physiologie*, p. 75.

CHAP. I. FONCTIONS DES CENTRES NERVEUX

nouvelles et le bureau des injonctions. Dans le second cas, la distance est grande; il faut que la nouvelle, expédiée par le premier bureau à la capitale, en revienne sous forme d'injonction au second bureau. — Tel est le double rôle des trente et un centres spinaux; ce sont autant de préfectures subordonnées à un ministère qui siège dans la moelle allongée. Chacun de ces centres a son département ou territoire propre; il en reçoit les informations par ses nerfs sensitifs; il y donne les ordres par ses nerfs moteurs. Ses nerfs sensitifs arrivent tous à lui par un seul chemin, sa racine postérieure; ses nerfs moteurs partent tous de lui par un seul chemin, sa racine antérieure; ainsi, chez lui, le bureau des informations est contigu au bureau des ordres. Du premier au second, tantôt la communication est directe : en ce cas, l'information détermine l'ordre sans intermédiaire; tantôt la communication est indirecte : en ce cas, l'information ne détermine l'ordre qu'après deux opérations interposées : il faut d'abord que, par un premier courant nerveux, la nouvelle monte, du centre local, à la moelle allongée; il faut ensuite que, par un second courant nerveux, l'injonction descende de la moelle allongée jusqu'au centre local. Ordinairement, d'autres injonctions partent en même temps de la moelle allongée vers les autres centres locaux. De cette façon, une seule nouvelle transmise par un seul centre local provoque dans le centre supérieur un système d'injonctions coordonnées que les divers centres locaux exécutent, chacun pour sa part, chacun dans son domaine, chacun à son rang; et, sous ce chef unique, toutes ces administrations distinctes opèrent avec harmonie.

Tel est le premier ministère ; il occupe toute la moelle allongée, c'est-à-dire le bulbe, la protubérance et peut-être les commencements des pédoncules cérébraux. Il gouverne non-seulement la moelle épinière avec ses trente et une paires de nerfs, mais encore les dix dernières paires de nerfs crâniens. Il a plusieurs étages superposés, des bureaux sensitifs de plusieurs espèces, des bureaux moteurs, des communications qui relient ses bureaux entre eux et qui le relient lui-même à ses supérieurs hiérarchiques, soit pour transmettre des informations, soit pour recevoir des ordres. En quoi consiste cette organisation compliquée? Nous ne pouvons le dire avec précision ; mais il est certain que la moelle allongée a des supérieurs qui jouent par rapport à elle le rôle qu'elle joue elle-même par rapport aux centres locaux. — Au-dessus d'elle, à la base de l'encéphale, un autre groupe d'organes, les pédoncules cérébraux, les couches optiques et les corps striés, forment un centre distinct, en partie sensitif, notamment dans les couches optiques, en partie moteur, notamment dans les corps striés. Considéré dans son ensemble, ce groupe est le ministère suprême, et il a le précédent pour subordonné. Outre les informations que lui transmet la moelle allongée, il reçoit les renseignements qu'apportent les deux premières paires de nerfs crâniens, olfactifs et optiques ; ainsi toutes les impressions sensitives se réunissent dans ses bureaux, et, de plus, par la moelle allongée, il expédie des impulsions dans tous les nerfs moteurs. — Au-dessus de lui, dans l'écorce cérébrale, siège le souverain : là est la dernière étape des informations ; là les nouvelles incessantes du présent rencontrent les archives bien classées du passé ; de là partent, par

CHAP. I. FONCTIONS DES CENTRES NERVEUX

plusieurs points récemment découverts [1], les premières injonctions motrices. — Enfin, à la portion postérieure de l'encéphale est un troisième centre, le cervelet, supérieur aussi, mais d'espèce particulière : il n'est subordonné qu'au souverain et collabore avec lui à peu près comme un chef d'état-major avec son général; il est informé en même temps que le général, mais par d'autres voies; quand l'écorce cérébrale commande un mouvement à quelque groupe musculaire, le cervelet commande du même coup aux autres groupes musculaires les contractions complémentaires ou compensatrices qui, pendant le mouvement, maintiendront le corps entier en équilibre, et sans lesquelles l'exécution de l'ordre envoyé d'en haut n'aurait ni sûreté ni précision.

Ainsi, dans le même tronc nerveux, de la racine postérieure à la racine antérieure, la communication se fait par quatre voies, et le circuit par lequel l'impression sensitive se convertit en impulsion motrice est d'autant plus long qu'il passe par un centre hiérarchique plus élevé. — Tantôt, de la racine postérieure, le courant va directement à la racine antérieure, comme on l'a vu dans le tronçon de grenouille dont la patte irritée se déplace pour fuir la cause d'irritation. — Tantôt, de la racine postérieure, le courant remonte jusqu'à la moelle allongée et en redescend jusque dans la racine antérieure; c'est le cas du lapin décapité ou du rat à qui l'on a coupé les pédoncules cérébraux au-dessus de la protubérance. — Tantôt, de la racine postérieure, il remonte dans la moelle allongée, puis dans les ganglions de la base, pour redes-

---

[1]. Ferrier, *les Fonctions du cerveau*, traduit par H. de Varigny.

cendre dans la moelle allongée, puis dans la racine antérieure; c'est le cas pour les animaux à qui l'on a enlevé les hémisphères. — Tantôt enfin, de la racine postérieure, il remonte dans la moelle allongée, puis dans les ganglions de la base, puis dans l'écorce cérébrale, pour descendre de là dans les ganglions de la base, puis dans la moelle allongée, puis dans la racine antérieure, en compagnie d'autres courants qu'une de ses branches collatérales ascendantes a déterminés dans le cervelet et qui redescendent en même temps que lui pour aboutir à d'autres racines postérieures; c'est le cas des animaux intacts et sains.

Courant direct, ou courant à un, deux, trois intermédiaires, courant simple ou à branches multiples, il n'y a là évidemment que des actions réflexes. — En quoi consiste une action réflexe? Une onde de changement moléculaire se propage le long d'un filet nerveux avec une vitesse qu'on évalue aujourd'hui à 34 mètres par seconde si le nerf est sensitif, et à 27 mètres s'il est moteur. Arrivée à la cellule, cette onde y provoque un changement moléculaire encore plus grand; nulle part, dans les tissus organisés, l'usure et la réparation ne sont si rapides[1]; nulle part il ne se produit un travail si actif et un si grand dégagement de force. On peut comparer la cellule à un petit magasin de poudre qui, à chaque excitation du nerf afférent, prend feu, fait explosion et transmet multipliée au nerf efférent l'impulsion qu'il a reçue du nerf afférent. Tel est l'ébranlement nerveux au point de vue mécanique. Au point de vue physique, il est une combustion de la substance ner-

---

[1]. Elles sont environ cinq fois plus rapides que dans la substance blanche (H. Spencer, *Principes de psychologie*, I, 20).

veuse qui en brûlant dégage de la chaleur[1]. Au point de vue chimique, il est une décomposition de la substance nerveuse qui perd sa graisse phosphorée et sa neurine. Au point de vue physiologique, il est le jeu d'un organe qui, comme tous les organes, s'altère par son propre jeu et, pour fonctionner de nouveau, a besoin d'une réparation sanguine. — Mais, par tous ces points de vue, nous n'atteignons dans l'évènement que des caractères abstraits et des effets d'ensemble ; nous ne le saisissons point en lui-même et dans ses détails, tel que nous le verrions si, avec des yeux ou des microscopes plus perçants, nous pouvions le suivre, du commencement à la fin, à travers tous ses éléments et d'un bout à l'autre de son histoire. A ce point de vue historique et graphique, l'ébranlement de la cellule est certainement un mouvement intérieur de ses molécules, et ce mouvement peut être comparé très-exactement à une *figure de danse*, où les molécules très-diverses et très-nombreuses, après avoir décrit chacune, avec une certaine vitesse, une ligne d'une certaine longueur et d'une certaine forme, reviennent chacune à leur place primitive, sauf quelques danseurs fatigués qui défaillent, sont incapables de recommencer et cèdent leur place à d'autres recrues toutes fraîches pour que la figure puisse être exécutée de nouveau.

Voilà, autant qu'on peut le conjecturer, l'acte physiologique dont la sensation est le correspondant mental. Grâce à cette correspondance, nous sommes en état de nous représenter plusieurs détails de la

---

[1]. Luys, *du Cerveau*, p. 55, 59. Expériences de Lombard et Schiff. Expériences de Byasson.

figure de danse. Aux éléments de la sensation correspondent les éléments de la danse ; par conséquent, si, dans une sensation de son musical qui dure un dixième de seconde, il y a cent sensations élémentaires semblables qui durent chacune un millième de seconde et sont chacune composées d'un minimum, d'un maximum avec une infinité de degrés intermédiaires, il faut admettre que, dans la cellule sensitive et pendant ce même dixième de seconde, les molécules ont exécuté cent évolutions semblables qui ont duré chacune un millième de seconde et ont été composées chacune d'un minimum, d'un maximum avec une infinité de degrés intermédiaires ; de plus, si la sensation de son présente cette qualité particulière qu'on appelle le timbre et qui est produite par l'accolement de quelques petites harmoniques aiguës, on peut admettre que, dans le tourbillon des danseurs, quelques petits groupes collatéraux ont exécuté leur évolution avec une vitesse qui était un multiple de celle des autres. — Règle générale : les portions successives ou simultanées de la sensation totale transcrivent en termes psychologiques les portions successives ou simultanées de la danse totale. Dès lors, nous comprenons la diversité de nos sensations totales, leur composition infiniment complexe, leur division en familles ou espèces qui nous semblent irréductibles l'une à l'autre. Une très-petite différence introduite dans la composition chimique ou dans la structure organique d'une cellule suffit pour changer du tout au tout le groupement et les pas de ses danseurs, par suite la vitesse de leur évolution, la forme, la longueur et les combinaisons des lignes qu'ils décrivent : ce sera par exemple le menuet au lieu de la valse. Dessinez sur deux carrés de papier égaux les mouvements d'un même nombre de couples pendant le même temps, d'abord dans la valse, puis dans le menuet ; les deux tracés sont très-réguliers et pourtant si compliqués que l'œil n'y discerne rien de commun ; ils lui apparaissent comme des arabesques irréductibles l'une à l'autre ; chacune d'elles semble un type à part. Telles sont pour la conscience nos cinq familles de sensations, dans chaque famille plusieurs groupes, dans chacun de ces groupes plusieurs espèces, et, parmi les sensations du goût et de l'odorat, presque chaque espèce. — Du même coup, une lumière jaillit sur la structure et sur le jeu interne de notre appareil sensitif. Primitivement, une cellule n'est qu'un magasin de force, et tout son emploi consiste à multiplier une impulsion qu'elle transmet à un nerf moteur ; ultérieurement, à mesure que l'animal s'élève dans la série et que les sens deviennent spéciaux, la cellule perfectionnée s'acquitte par surcroît d'un autre office ; selon qu'elle sert à l'audition, à la vue, au goût, à l'odorat, elle traduit une forme particulière d'ébranlement extérieur, des vibrations de l'air, des ondulations de l'éther, des systèmes de déplacements atomiques ; or, pour cela, il faut qu'elle soit construite de manière à exécuter tel type de danse, et non tel autre. Selon notre hypothèse, il y aurait cinq de ces types, et, par conséquent, cinq familles de cellules, tactiles, acoustiques, gustatives, optiques, olfactives. Sous l'impulsion du nerf afférent, chaque famille exécuterait son type de danse ; mais, ainsi qu'on l'a vu, cette impulsion est susceptible de plusieurs rhythmes, et par conséquent, dans chaque type de danse, la diversité des rhythmes introduirait des espèces et des variétés correspondantes à celles que, par la conscience, nous remarquons dans nos sensations.

Il reste à chercher la façon dont ces cellules doivent être disposées et reliées entre elles, pour que les combinaisons de sensations primaires ou secondaires qui font nos pensées puissent s'effectuer. — D'après les expériences de Vulpian sur le lapin et sur le rat, il est très-probable que la protubérance contient le premier bureau complet de cellules tactiles, acoustiques et gustatives. D'après les recherches anatomiques de Luys sur l'homme et les expériences de Ferrier sur le singe, il est probable que les ganglions de la base, et notamment les couches optiques, contiennent un second bureau des mêmes cellules, et en outre un bureau de cellules olfactives et optiques. Plus haut, l'écorce corticale forme le dernier bureau, beaucoup plus étendu que les précédents, relié avec eux par le vaste éventail de la couronne de Reil, et contenant les centaines de millions de cellules olfactives, optiques, gustatives, acoustiques et tactiles, qui servent de répétiteurs aux cellules similaires des deux précédents bureaux. De ces deux bureaux inférieurs au bureau supérieur, les cellules de la même famille sont reliées entre elles par des filets nerveux, et l'on comprend comment la danse d'une cellule tactile dans la protubérance ou d'une cellule olfactive dans les couches optiques provoque la danse semblable d'une cellule tactile ou olfactive dans l'écorce, en d'autres termes, comment la sensation proprement dite se répète et devient une image. — Examinons maintenant quel mécanisme physiologique est requis pour que les images aient les propriétés qu'on leur a reconnues. En premier lieu, après que la sensation a cessé, son image dure plus ou moins longtemps, en s'effaçant par degrés, comme un écho indéfiniment répété et de plus en plus lointain. Cela s'explique, si l'on admet que la danse correspondante se répète de cellule semblable en cellule semblable, et subsiste par cette répétition en s'éloignant de plus en plus de son point de départ. Or, pour fournir à cette opération, il suffit que les cellules du même type fassent un ou plusieurs *cordons continus*. Supposez que chaque cellule des bureaux inférieurs communique avec l'écorce par un faisceau de fibres irradiées, que chaque fibre et chacune de ses ramifications fournisse à la cellule un cordon de répétiteurs corticaux : telle est la disposition qu'annonce la couronne de Reil. En ce cas, une cellule des bureaux inférieurs qui rayonnerait dans l'écorce par dix cordons, chacun de cent cellules, aurait mille répétiteurs dans les hémisphères, et l'on concevrait comment, au deuxième, au troisième, au dixième, au centième plan, une danse précédente se prolongerait sous forme d'image, sans faire obstacle à la danse actuelle, c'est-à-dire à la sensation du premier plan.

Non-seulement les images persistent, mais, quoique de familles différentes, l'une tient à l'autre ; quand la première se produit, la seconde surgit par contre-coup ; les deux forment un couple plus ou moins solide, parfois indestructible. Quand nous lisons le nom d'un objet, aussitôt, par association, nous imaginons cet objet lui-même ; de plus, nous prononçons mentalement son nom, nous entendons mentalement ce nom prononcé, et, si nous savons d'autres langues que la nôtre, nous lisons, entendons, prononçons mentalement le nom correspondant dans chacune des autres langues. Voilà une chaîne de dix ou douze anneaux de diverses espèces, et l'on a vu les lois qui lient plus ou moins fortement chaque anneau à son voisin. En termes physiologiques, cela signifie que deux cellules d'espèce différente, par exemple une cellule acoustique et une cellule optique, se mettent réciproquement et directement en danse. Pour cela, il faut qu'elles communiquent; pour qu'elles communiquent, il leur faut un filet nerveux intermédiaire. Voilà donc, outre le système de *fibres ascendantes* par lesquelles chaque cellule des bureaux inférieurs se relie dans l'écorce avec ses répétiteurs, tous de même espèce, un système de *fibres transversales* par lesquelles les répétiteurs d'espèce différente se relient entre eux; c'est ce que semble indiquer le treillis prodigieusement multiple et entrecroisé des fibres corticales; à tout le moins, il y a de ces fibres réunissantes qui vont d'un hémisphère à l'autre, et, selon les micrographes, le corps calleux en est entièrement composé. Ainsi, entre les cordons d'espèce différente, il se trouve un ou plusieurs chemins anatomiques. — Maintenant, il faut nous rappeler une loi que nous avons déjà constatée dans la moelle. Plus un fil nerveux a conduit, plus il est devenu bon conducteur. Plus un chemin nerveux a été frayé, plus il a chance d'être suivi. Plus le courant nerveux a été énergique et fréquent de telle cellule à telle autre, plus il a de pente pour passer de la première à la seconde. Quand la préparation a été assez forte et assez longue, la pente devient irrésistible; arrivé à la première cellule, désormais le courant prend toujours le chemin qui conduit à la seconde. Il se peut que de cette première cellule partent deux, trois, quatre, dix

CHAP. I: FONCTIONS DES CENTRES NERVEUX 313

filets; entre ces dix filets, le courant en choisit un, par force, et toujours le même, celui qui est habitué à le recevoir.

En cela consiste le mécanisme physiologique de l'association mentale : évidemment, il est le même pour un courant simple et pour un courant compliqué, entre deux cellules et entre deux groupes plus ou moins nombreux de cellules; quels que soient les groupes mentaux associés, si divers et si multipliés que soient leurs éléments, c'est toujours ainsi que leur association s'établit. Deux groupes reliés de la sorte peuvent être comparés à un *cliché* plus ou moins étendu, cliché d'un mot, cliché d'une ligne, cliché d'une page; la lettre entraîne le mot, qui entraîne la ligne, qui entraîne la page. Dès lors, on comprend à quoi servent les cinq cents millions de cellules et les deux milliards de fibres de notre écorce cérébrale; grâce à leur multitude, notre mémoire est pleine de clichés; c'est pour cela qu'un cerveau humain peut posséder une ou plusieurs sciences complètes, cinq ou six langues et davantage, se rappeler des myriades de sons, de formes et de faits. Quatre cents millions de lettres font mille volumes, chacun de quatre cent mille lettres; si un cerveau humain contient quatre cents millions de clichés mentaux, cela lui fait une riche bibliothèque de réserve, et il lui reste encore cent millions de cellules pour les usages courants.

Cela admis, on comprend en quoi consiste le souvenir, surtout le souvenir d'un évènement ancien, notamment le souvenir qui semble avoir péri et qui ressuscite tout d'un coup, précis et complet, après dix ou vingt ans d'intervalle. Pendant ce long intervalle, la danse de cellules qui le constitue ne s'est point répétée incessamment ; au contraire, après quelques minutes ou quelques heures, elle a reculé graduellement jusque dans des groupes éloignés où elle a fini par s'amortir. Il n'est resté d'elle qu'un cliché, c'est-à-dire une modification de structure dans un groupe lointain de cellules et de fibres, une prédisposition organique, la prédisposition à vibrer dans tel ordre, et par suite, pour le courant nerveux qui atteindra ce groupe, la nécessité de couler dans le lit tracé d'avance. Ainsi préparé, ce groupe pourra demeurer très-longtemps inactif, à l'un des derniers plans de l'écorce cérébrale, loin de la grande route que suivent nos impressions usuelles, et très-loin de l'endroit où ces impressions, arrivées au premier plan, atteignent leur maximum d'éclat. A cette distance et avec si peu d'occasions de vibrer, il sera pour nous comme s'il n'était pas ; pendant des années, aucun des courants cérébraux ne l'atteindra ; il faudra un accident pour qu'une de ses cellules entre en danse. Mais, si elle y entre, la modification organique et la prédisposition acquise feront leur effet ; le courant nerveux suivra la route frayée ; chacune des cellules hibernantes recommencera sa danse dans l'ordre préétabli, et cet ordre de danses, propagé de groupe en groupe à travers l'écorce, repassera du dernier au premier plan.

Nous arrivons ainsi à une conception d'ensemble des opérations cérébrales. A la vérité, nous n'y arrivons que par conjecture, et tout ce que nous affirmons avec certitude, c'est que la pensée pourrait s'exercer par le mécanisme décrit. Mais, si ce n'est par celui-ci, c'est par un autre de même espèce ; car, quelle que soit l'opération cérébrale, elle n'a pour

CHAP. I. FONCTIONS DES CENTRES NERVEUX 315

éléments que les courants qui cheminent dans les fibres et les danses qui s'exécutent dans les cellules. Combinez, comme il vous plaira, ces courants et ces danses; vous n'aurez jamais que des combinaisons de danses et de courants. Nous avons choisi la plus simple, la plus cohérente, la mieux appropriée à l'opération mentale qu'elle supporte, et il s'est trouvé qu'elle en explique plusieurs détails inexpliqués. Elle est donc vraisemblable; à tout le moins, elle explique comment, en quoi, par quelle correspondance et par quel genre de service l'écorce cérébrale peut être l'instrument de la pensée. — Cette écorce grise, à quinze ou dix-huit étages superposés, ressemble à une imprimerie où l'atelier actif, éclairé, est entouré de vastes magasins obscurs et immobiles. Les innombrables caractères qui sont remués dans l'atelier ou qui reposent dans les magasins ne sont jamais que les vingt-quatre lettres de l'alphabet; il n'y en a peut-être pas davantage dans notre alphabet cérébral, à savoir vingt-quatre figures de danse avec les cinq ou six types de cellules nécessaires pour les exécuter. Dans l'atelier, le travail est double : d'une part, sous l'impulsion du dehors, il compose incessamment des mots qu'il envoie dans les magasins où ils se transcrivent en clichés fixes; d'autre part, les magasins lui envoient incessamment des clichés fixes qu'il transcrit en lettres mobiles; et l'œuvre qu'il produit à la lumière est une combinaison continue des mots nouveaux qu'il compose et des mots anciens qu'il transcrit.

CHAPITRE II

RAPPORTS DES FONCTIONS DES CENTRES NERVEUX ET DES ÉVÈNEMENTS MORAUX

SOMMAIRE

I. Distinction du physique et du moral. — Le second ordre de faits est lié au premier. — Cette liaison semble inexplicable. — Utilité des réductions précédentes et de la théorie des sensations élémentaires.
II. Position de la difficulté. — Idée du mouvement moléculaire dans les cellules et les fibres des centres nerveux. — Même en le supposant tout à fait défini, on trouve que son idée et l'idée d'une sensation sont irréductibles l'une à l'autre.
III. Autre méthode d'investigation. — Les deux idées peuvent être irréductibles entre elles, sans que les deux ordres de faits soient irréductibles entre eux. — Deux objets nous semblent différents quand les voies par lesquelles nous acquérons leurs idées sont différentes. — Exemples. — La loi générale s'applique au cas dont il s'agit. — Différence absolue entre le procédé par lequel nous acquérons l'idée d'une sensation et le procédé par lequel nous acquérons l'idée des centres nerveux et de leurs mouvements moléculaires. — Les deux idées doivent être irréductibles entre elles. — Il est possible que leurs deux objets soient un seul et même objet.
IV. Autre série de raisons. — L'aspect de la sensation et celui de ses éléments derniers doivent différer du tout au tout. — Hypothèse de deux évènements hétérogènes. — Hypothèse d'un seul et même évènement connu sous deux aspects. — Conséquences de la première. — Elle est antiscientifique. — — Probabilité de la seconde. — Des deux points de vue,

celui de la conscience est direct et celui de la perception extérieure indirect. — Le mouvement moléculaire n'est qu'un signe de l'évènement moral. — Confirmation directe et notable de la seconde hypothèse. — La sensation et ses éléments sont les seuls évènements réels de la nature. — Sensations rudimentaires et infinitésimales. — Le système nerveux n'est qu'un appareil de complication et de perfectionnement. — Présence des évènements moraux élémentaires dans tout le monde organique. — Leur présence probable au delà. — Double échelle et échelons correspondants du monde physique et du monde moral.

V. Les deux faces de la nature. — Portions claires ou obscures de la face physique. — Portions obscures ou claires de la face morale. — Aux portions claires de l'une correspondent les portions obscures de l'autre, et réciproquement. — Chacune d'elles par ses clartés éclaire les obscurités de l'autre. — Comparaison des deux faces à un texte incomplet accompagné d'une traduction incomplète.

I. « Je crois, dit M. Tyndall[1], que tous les grands penseurs qui ont étudié ce sujet, sont prêts à admettre l'hypothèse suivante : que tout acte de conscience, que ce soit dans le domaine des sens, de la pensée ou de l'émotion, correspond à un certain état moléculaire défini du cerveau ; que ce rapport du physique à la conscience existe invariablement, de telle sorte que, étant donné l'état du cerveau, on pourrait en déduire la pensée ou le sentiment correspondant, ou que, étant donnée la pensée ou le sentiment, on pourrait en déduire l'état du cerveau. Mais comment faire cette déduction ? Au fond, ce n'est pas là un cas de déduction logique ; c'est tout au plus un cas d'association empirique. — Vous pourrez répondre que bien des déductions de la science ont ce ca-

---

[1] Extrait d'une leçon sur *les forces physiques et la pensée* faite à l'Association britannique pour l'avancement des sciences (session de Norwich). (*Revue des cours scientifiques*, années 1868-1869, n° 4.)

ractère d'empirisme ; telle est celle par laquelle on affirme qu'un courant électrique circulant dans une direction donnée fera dévier l'aiguille aimantée dans une direction définie. Mais les deux cas diffèrent en ceci, que, si l'on ne peut démontrer l'influence du courant sur l'aiguille, on peut au moins se la figurer, et que nous n'avons aucun doute qu'on finira par résoudre mécaniquement le problème ; tandis qu'on ne peut même se figurer le passage de l'état physique du cerveau aux faits correspondants du sentiment. — Admettons qu'une pensée définie corresponde simultanément à une action moléculaire définie dans le cerveau. Eh bien ! nous ne possédons pas l'organe intellectuel, nous n'avons même pas apparemment le rudiment de cet organe, qui nous permettrait de passer par le raisonnement d'un phénomène à l'autre. Ils se produisent ensemble, mais nous ne savons pas pourquoi. Si notre intelligence et nos sens étaient assez perfectionnés, assez vigoureux, assez illuminés, pour nous permettre de voir et de sentir les molécules mêmes du cerveau ; si nous pouvions suivre tous les mouvements, tous les groupements, toutes les décharges électriques, si elles existent, de ces molécules ; si nous connaissions parfaitement les états moléculaires qui correspondent à tel ou tel état de pensée ou de sentiment, nous serions encore aussi loin que jamais de la solution de ce problème : Quel est le lien entre cet état physique et les faits de la conscience ? L'abîme qui existe entre ces deux classes de phénomènes serait toujours intellectuellement infranchissable. Admettons que le sentiment *amour*, par exemple, corresponde à un mouvement en spirale dextre des molécules du cerveau, et le sentiment *haine* à un mouvement en spirale senestre. Nous saurions donc que, quand nous aimons, le mouvement se produit dans une direction, et que, quand nous haïssons, il se produit dans une autre ; mais le *pourquoi* resterait encore sans réponse. »

Ainsi l'expérience la plus vulgaire nous montre les deux faits comme inséparablement liés l'un à l'autre, et leurs représentations les montrent comme absolument irréductibles l'un à l'autre. — D'un côté, on éprouve que la pensée dépend du mouvement moléculaire cérébral ; de l'autre côté, on ne conçoit pas qu'elle en dépende. — Là-dessus, les physiologistes oublient volontiers la seconde vérité et disent : « Les évènements mentaux sont une fonction des centres nerveux, comme la contraction musculaire est une fonction des muscles, comme la sécrétion de la bile est une fonction du foie. » — De leur côté, les philosophes oublient volontiers la première vérité et disent : « Les évènements moraux n'ont rien de commun avec les mouvements moléculaires des centres nerveux et appartiennent à un être de nature différente. » Sur quoi les observateurs prudents interviennent et concluent : « Il est vrai que les évènements mentaux et les mouvements moléculaires des centres nerveux sont inséparablement liés entre eux ; il est vrai que pour notre esprit et dans notre conception ils sont absolument irréductibles entre eux. Nous nous arrêtons devant cette difficulté, et nous n'essayons même pas de la surmonter ; résignons-nous à l'ignorance. » — Pour nous, si, dans cette obscurité, nous essayons de faire un pas, c'est qu'il nous semble que déjà nous en avons fait plusieurs. D'une part, nous avons vu que nos idées les plus abstraites, étant

CHAP. II. LES CENTRES NERVEUX ET LA PENSÉE

des signes, se réduisent à des images, que nos images elles-mêmes sont des sensations renaissantes, que partant notre pensée tout entière se réduit à des sensations. La difficulté est donc simplifiée, et il ne s'agit plus maintenant que de comprendre la liaison d'un mouvement moléculaire et d'une sensation. — D'autre part, nous avons vu que les sensations, en apparence simples, sont des totaux; que ces totaux, en apparence irréductibles entre eux, peuvent être composés d'éléments semblables; qu'à un certain degré de simplicité leurs éléments ne sont plus aperçus par la conscience; qu'ainsi la sensation est un composé d'évènements rudimentaires capables de dégradations indéfinies, incapables de tomber sous les prises de la conscience, et dont les actions réflexes nous attestent non-seulement la présence, mais encore l'efficacité. La difficulté se trouve une seconde fois simplifiée; il ne s'agit plus maintenant que de comprendre la liaison de ces évènements et d'un mouvement moléculaire. — L'obscurité demeure toujours très-grande; car nous ne pouvons jamais concevoir ces évènements que d'après le type des sensations ordinaires, et, entre cette conception et celle d'un mouvement, il reste un abîme. Mais nous savons que la sensation ordinaire est un composé, qu'elle diffère de ses éléments, que ces éléments échappent à la conscience, qu'ils n'en sont pas moins réels et actifs, et, dans cette pénombre inférieure et profonde où naît la sensation, nous trouverons peut-être le lien du monde physique et du monde moral.

II. Posons d'abord la difficulté dans toute sa force. Puisque les évènements mentaux ne sont que des sensations plus ou moins déformées ou transformées, comparons une sensation à un mouvement moléculaire des centres nerveux. Prenons la sensation du jaune d'or, d'un son comme *ut*, celle que donnent les émanations d'un lis, la saveur du sucre, la douleur d'une coupure, celle du chatouillement, de la chaleur, du froid. La condition nécessaire et suffisante d'une telle sensation, c'est un mouvement intestin dans la substance grise de la protubérance, des tubercules quadrijumeaux, peut-être de la couche optique, bref dans les cellules d'un centre sensitif; que ce mouvement soit inconnu, peu importe; tel ou tel, il est toujours un déplacement de molécules, plus ou moins compliqué et propagé; rien de plus. — Or, quel rapport peut-on imaginer entre ce déplacement et une sensation? Des cellules, constituées par une membrane et par un ou plusieurs noyaux, sont semées dans une matière granuleuse, sorte de pulpe mollasse ou de gelée grisâtre composée de noyaux et d'innombrables fibrilles; ces cellules se ramifient en minces prolongements qui probablement s'unissent avec les fibres nerveuses, et l'on suppose que par ce moyen elles communiquent entre elles et avec les parties blanches conductrices. Remplissez-vous les yeux et la mémoire des préparations anatomiques et des planches micrographiques qui nous montrent cet appareil; supposez la puissance du microscope indéfiniment augmentée et le grossissement poussé jusqu'à un million ou un milliard de diamètres. Supposez la physiologie adulte et la théorie des mouvements cellulaires aussi avancée que la physique des ondulations éthérées; supposez que l'on sache le mécanisme du mouvement qui, pendant une sensation, se produit dans la substance grise, son circuit de cellule à cellule, ses différences selon qu'il éveille une sensation de son ou une sensation d'odeur, le lien qui le joint aux mouvements calorifiques ou électriques, bien plus encore, la formule mécanique qui représente la masse, la vitesse, et la position de tous les éléments des fibres et des cellules à un moment quelconque de leur mouvement. Nous n'aurons encore que du mouvement, et un mouvement, quel qu'il soit, rotatoire, ondulatoire, ou tout autre, ne ressemble en rien à la sensation de l'amer, du jaune, du froid ou de la douleur. Nous ne pouvons convertir aucune des deux conceptions en l'autre, et partant les deux évènements semblent être de qualité absolument différente ; en sorte que l'analyse, au lieu de combler l'intervalle qui les sépare, semble l'élargir à l'infini.

III. Repoussés de ce côté, il faut nous tourner d'un autre. A la vérité, nous ne pouvons concevoir les deux évènements que comme irréductibles l'un à l'autre ; mais *cela peut tenir à la manière dont nous les concevons* et non aux qualités qu'ils ont ; leur incompatibilité est peut-être apparente, non réelle ; elle vient de nous et non pas d'eux. Une pareille illusion n'aurait rien d'extraordinaire. Règle générale, il suffit qu'un même fait nous soit connu par deux voies différentes pour que nous concevions à sa place deux faits différents.

Tel est le cas pour les objets que nous connaissons par les sens. Un aveugle-né que l'on vient d'opérer demeure assez longtemps avant de pouvoir mettre d'accord les perceptions de son toucher et les perceptions de sa vue. Avant l'opération, il se représentait une tasse de porcelaine comme froide, polie, capable de donner à sa main telle sensation de résistance et de forme ; lorsque pour la première fois elle frappe sa vue et lui donne la sensation d'une tache blanche, il conçoit la chose blanche et lustrée comme autre que la chose résistante, pesante, froide et polie. Il en resterait là, s'il ne faisait pas d'expériences nouvelles ; les deux choses seraient toujours pour lui différentes en qualité ; elles formeraient deux mondes entre lesquels il n'y aurait pas de passage. Pareillement, les yeux fermés et sans être prévenu, vous voyez un flamboiement, en même temps vous entendez un son, et enfin vous avez dans le bras la sensation d'un coup de bâton ; essayez l'expérience sur un ignorant ou sur un enfant ; il croira qu'on l'a frappé, que quelqu'un a sifflé, qu'une vive lumière est entrée dans la chambre ; et cependant les trois faits différents n'en sont qu'un seul, le passage d'un courant électrique. — Il a fallu faire l'acoustique pour montrer que l'évènement qui éveille en nous, par nos nerfs tactiles, les sensations de vibration et de chatouillement, est le même qui, par nos nerfs acoustiques, éveille en nous les sensations de son. Récemment encore [1] « les phénomènes de chaleur, d'électricité, de lumière, assez mal définis en eux-mêmes, étaient produits par autant d'agents propres, de fluides doués d'actions spéciales. Un examen plus approfondi a permis de reconnaître que cette conception de différents agents spécifiques hétérogènes n'a au fond qu'une seule et unique raison : c'est que la perception de ces divers

---

1. M. de Sénarmont, Cours professé à l'Ecole polytechnique, cité par Saigey, *la Physique moderne*, p. 216.

CHAP. II. LES CENTRES NERVEUX ET LA PENSÉE 325

ordres de phénomènes s'opère en général par des organes différents, et qu'en s'adressant plus particulièrement à chacun de nos sens ils excitent nécessairement des sensations spéciales. L'hétérogénéité apparente serait moins alors dans la nature même de l'agent physique que dans les fonctions de l'instrument physiologique qui forme les sensations; de sorte qu'en transportant, par une fausse attribution, les dissemblances de l'effet à la cause, on aurait en réalité classé les phénomènes médiateurs par lesquels nous avons conscience des modifications de la matière, plutôt que l'essence même de ces modifications... Tous les phénomènes physiques, quelle que soit leur nature, semblent n'être au fond que les manifestations d'un seul et même agent primordial. » Ainsi, la conception que nous formons porte toujours l'empreinte profonde du procédé qui la forme. Nous sommes donc obligés de tenir compte de cette empreinte ; partant, sitôt que nous trouverons en nous deux idées entrées par des voies différentes, nous devrons nous défier de la tendance qui nous porte à poser une différence, surtout une différence absolue, entre leurs objets.

Or, lorsque nous examinons de près l'idée d'une sensation et l'idée d'un mouvement moléculaire des centres nerveux, nous trouvons qu'elles entrent en nous par des voies non-seulement différentes, mais contraires. — La première vient du dedans, sans intermédiaire ; la seconde vient du dehors, par plusieurs intermédiaires. — Se représenter une sensation, c'est avoir présente l'image de cette sensation c'est-à-dire cette sensation elle-même directement répétée et spontanément renaissante. Se représenter un mouvement moléculaire des centres nerveux,

c'est avoir présentes les images des sensations tactiles, visuelles et autres qu'il éveillerait en nous, si, du dehors, il agissait sur nos sens, c'est-à-dire imaginer des sensations de blanc, de gris, de consistance mollasse, de forme cellulaire ou fibreuse, de petits points tremblotants; c'est enfin, si l'on va plus loin, combiner intérieurement les noms de mouvement, vitesse et masse, qui désignent des collections et des extraits de sensations musculaires et tactiles.
— En somme, la première représentation équivaut à son objet, la seconde au groupe de sensations qu'éveillerait en nous son objet. Or on ne peut concevoir des procédés de formation plus dissemblables. Tout à l'heure, de sens à sens, les deux représentations arrivaient en nous par deux chemins différents, mais tous deux extérieurs, en sorte que rien ne les empêchait de partir tous deux de quelque point commun. Ici, les deux représentations arrivent par deux chemins opposés, l'une du dedans, l'autre du dehors, tellement que ces chemins demeurent perpétuellement divergents et que nous ne pouvons leur concevoir un même point de départ. — Ainsi l'opposition foncière des deux procédés de formation suffit à expliquer l'irréductibilité mutuelle des deux représentations. Un même et unique évènement, connu par ces deux voies, paraîtra double, et quel que soit le lien que l'expérience établisse entre ses deux apparences, on ne pourra jamais les convertir l'une dans l'autre. Selon que sa représentation viendra du dehors ou du dedans, il apparaîtra toujours comme un *dehors* ou comme un *dedans*, sans que jamais nous puissions faire rentrer le dehors dans le dedans, ni le dedans dans le dehors

IV. Il se peut donc que la sensation et le mouvement intestin des centres nerveux ne soient au fond qu'un même et unique évènement condamné, par les deux façons dont il est connu, à paraître toujours et irrémédiablement double. — Un autre ordre de raisons conduit à une conclusion semblable. En effet, on a vu que nos sensations ne sont que des totaux composés de sensations élémentaires, celles-ci de même, et ainsi de suite ; qu'à chacun de ces degrés de composition le total se présente à nous avec un aspect tout autre que celui de ses éléments, que par conséquent, plus ses éléments sont simples et reculés loin des prises de la conscience, plus ils doivent différer pour nous du total accessible à la conscience, en sorte que l'aspect des éléments infinitésimaux au bas de l'échelle et celui de la sensation totale au sommet de l'échelle doivent différer du tout au tout. Or tel est l'aspect des mouvements moléculaires comparé à celui de la sensation totale. Partant, rien n'empêche que les mouvements moléculaires ne soient les éléments infinitésimaux de la sensation totale. — Ainsi l'objection fondamentale est levée. Si nos deux conceptions de l'évènement mental et de l'évènement cérébral sont irréductibles entre elles, cela peut tenir sans doute à ce que les deux évènements sont en effet irréductibles entre eux, mais cela peut tenir aussi, d'abord à ce que l'évènement, étant unique, nous est connu par deux voies absolument contraires, et ensuite à ce que l'évènement mental et ses éléments derniers doivent forcément se présenter à nous sous des aspects absolument opposés.

Il y a donc place, et place égale, pour les deux hypothèses, pour celle de deux évènements hétérogènes, et pour celle d'un seul et même évènement connu sous deux aspects. Laquelle choisir? Si nous adoptons la première, nous sommes en face d'une liaison non-seulement inexpliquée, mais encore inexplicable. Car, les deux évènements étant irréductibles entre eux par nature, ils forment deux mondes à part, isolés ; nous excluons par hypothèse tout évènement plus général dont ils seraient des formes distinctes et des cas particuliers ; nous déclarons d'avance que leur nature ne fournit rien qui puisse fonder leur dépendance réciproque ; nous sommes donc obligés, pour expliquer cette dépendance, de chercher au delà de leur nature, partant au delà de toute la nature, puisqu'ils font à eux deux toute la nature, par conséquent enfin dans le surnaturel; ainsi nous devrons appeler à notre aide un miracle, l'intervention d'un être supérieur. Les philosophes du XVIIe siècle, Leibniz et Malebranche en tête, avaient nettement aperçu cette conséquence et concluaient hardiment qu'il y a là une harmonie préétablie, l'accord artificiel de deux horloges indépendantes, un ajustement extrinsèque et venu d'en haut, un décret spécial de Dieu. — Rien de moins conforme aux méthodes de l'induction scientifique, car elles excluent toute hypothèse qui n'explique pas, et, comme on le montrera, le principe de raison explicative est un axiome qui ne souffre aucune exception [1]. Nous voilà donc reportés vers la seconde supposition. D'abord, en soi, elle est aussi plausible que la première. De plus, elle a pour elle les analogies et quantités de précédents; car, ainsi que tant d'autres théories physiques et psycholo-

---

1. Cf. ivre .V, ch. III.

giques, elle admet en ligne de compte le jeu d'optique, l'influence du sujet percevant et pensant, la structure spéciale de l'instrument observateur. En outre, comme elle ne fait intervenir aucune cause tierce, aucune propriété imaginaire ou inconnue, elle est aussi peu hypothétique que possible. Enfin elle montre non-seulement que les deux évènements peuvent être liés entre eux, mais encore que toujours et forcément ils doivent être liés entre eux; car, du moment où ils se ramènent à un seul doué de deux aspects, il est clair qu'ils sont comme l'envers et l'endroit d'une surface, et que la présence ou l'absence de l'un entraîne infailliblement celle de l'autre. — Nous sommes donc autorisés à admettre que l'évènement cérébral et l'évènement mental ne sont au fond qu'un seul et même évènement à deux faces, l'une mentale, l'autre physique, l'une accessible à la conscience, l'autre accessible aux sens.

Quelle est la valeur de chacun des deux points de vue, et que faut-il en défalquer pour dégager la vraie nature de l'évènement? — Nous sommes arrivés ici au point de jonction du monde physique et du monde moral, c'est de là que partent les deux lignes opposées et indéfinies où chemine l'expérience humaine; les deux convois ainsi formés avancent et s'écartent toujours davantage en se chargeant de plus en plus à chaque station. On voit par là l'importance de l'évènement central; quel qu'il soit, il communique son caractère au reste. — Or, des deux points de vue par lesquels nous l'atteignons, l'un, qui est la conscience, est direct : connaître une sensation par la conscience, c'est avoir présente son image, qui est la même sensation réviviscente. Au contraire, l'autre point de vue, qui est la perception extérieure, est indirect : il ne nous renseigne en rien sur les caractères propres de son objet; il nous renseigne simplement sur une certaine classe de ses effets. L'objet ne nous est pas montré directement, il nous est désigné indirectement par le groupe de sensations qu'il éveille ou éveillerait en nous [1]. En lui-même, cet objet physique et sensible nous demeure tout à fait inconnu; tout ce que nous savons de lui, c'est le groupe de sensations qu'il provoque en nous. Tout ce que nous savons des molécules cérébrales, ce sont les sensations de couleur grisâtre, de consistance mollasse, de forme, de volume, et autres analogues que, directement ou à travers le microscope, à l'état brut ou après une préparation, ces molécules suscitent en nous, c'est-à-dire leurs effets constants sur nous, leurs accompagnements fixes, leurs signes, rien que des signes, des *signes* et *indices d'inconnues*. — Il y a donc une grande différence entre les deux points de vue. Par la conscience, j'atteins le fait en lui-même ; par les sens, je n'atteins qu'un signe. Un signe de quoi? Qu'est-ce qui est constamment accompagné, dénoté, *signifié*, par le mouvement intestin des centres nerveux? Nous l'avons montré plus haut en exposant les conditions des sensations et des images : c'est la sensation, c'est l'image, c'est l'évènement moral interne. Dès lors, tout s'accorde. Cet évènement moral qu'atteint directement la conscience ne peut être atteint qu'indirectement par les sens; les sens ne savent de

---

[1]. Voyez plus loin, 2ᵉ partie, liv. II, ch. ɪ et ɪɪ. Voir aussi les deux admirables chapitres de Stuart Mill, *Examination of sir William Hamilton's philosophy*, sur la notion du monde extérieur et sur les qualités premières de la matière.

lui que ses effets sur eux ; c'est pour cela qu'ils nous le font concevoir comme un mouvement intestin de cellules grisâtres ; comme il n'agit sur eux que par le dehors, il ne peut leur apparaître que comme extérieur et physique. Voilà une confirmation directe et notable de l'hypothèse admise, et l'on comprend maintenant pourquoi l'évènement moral, étant un, nous paraît forcément double ; le signe et l'évènement signifié sont deux choses qui ne peuvent pas plus se confondre que se séparer, et leur distinction est aussi nécessaire que leur liaison. Mais, dans cette distinction et dans cette liaison, tout l'avantage est pour l'évènement mental ; lui seul existe ; l'évènement physique n'est que la façon dont il affecte ou pourrait affecter nos sens. Pour les sens et l'imagination, la sensation, la perception, bref la pensée n'est qu'une vibration des cellules cérébrales, une danse de molécules ; mais la pensée n'est telle que pour les sens et l'imagination ; en elle-même, elle est autre chose, elle ne se définit que par ses éléments propres, et, si elle revêt l'apparence physiologique, c'est qu'on la traduit dans une langue étrangère, où forcément elle revêt un caractère qui n'est pas le sien.

Ainsi le monde physique se réduit à un système de signes, et il ne reste plus pour le construire et le concevoir en lui-même que les matériaux du monde moral. Quels sont ces matériaux ? On a vu que la sensation proprement dite est un composé d'évènements successifs et simultanés de même qualité, eux-mêmes composés de même ; qu'au terme de l'analyse, l'expérience indirecte et les analogies montrent encore des évènements de même qualité, successifs et simultanés, tous soustraits à la conscience et à la fin infinitésimaux ; que les actions réflexes indiquent des évènements rudimentaires analogues et qu'on les suit jusqu'au bas de la série animale, même en des animaux [1], comme le polype d'eau douce, en qui l'on ne découvre aucune trace du système nerveux. — Mais on peut les suivre plus loin encore ; car chez plusieurs plantes comme la sensitive et le sainfoin oscillant du Bengale, chez les anthérozoïdes des cryptogames et chez les zoospores des algues, on rencontre des actions réflexes tout à fait semblables à celle que produit le tronçon d'une grenouille décapitée. « Il n'y a pas de différence radicale entre les animaux et les végétaux, » à ce point de vue. — Il n'y en a pas non plus au point de vue de la structure intérieure ni de la composition chimique. Les deux règnes se confondent si bien par leurs degrés inférieurs, que plusieurs groupes, entre autres les vibrions, ont été classés tantôt dans l'un et tantôt dans l'autre. En somme, « le système nerveux n'est qu'un appareil de perfectionnement, » et l'évènement moral, dont il est la condition et dont son mouvement est le signe, est un groupe compliqué et organisé dont les éléments et les rudiments peuvent aussi se rencontrer ailleurs. — Nous pouvons donc, en suivant les analogies, descendre encore beaucoup plus bas dans l'échelle des êtres. Au-dessous du monde organique s'étend le monde inorganique, et le premier n'est qu'un cas du second. Il est construit avec les mêmes substances chimiques, soumis aux mêmes forces physiques, assujetti aux mêmes lois mécaniques, et toutes les indications de la science concourent à le représenter comme autre

---

1. Vulpian, 43, 37, 31.

en degré, mais le même en nature [1] ; ce que nous appelons la vie est une action chimique plus délicate d'éléments chimiques plus composés. — Ainsi, en poursuivant l'analyse, depuis les plus hautes opérations des lobes cérébraux jusqu'aux phénomènes les plus élémentaires de la physique, on ne trouve que des mouvements mécaniques d'atomes, transmissibles sans perte d'un système à l'autre, et d'autant plus compliqués que les systèmes sont plus complexes. Par contre-coup la même dégradation et la même réduction s'opèrent dans les évènements moraux ; au plus haut degré de complication, ils constituent les images, les sensations proprement dites et ces sensations rudimentaires que dénote l'action réflexe ; aux degrés suivants, ils sont encore des évènements de la même espèce, mais moins composés, et ainsi de suite, leur complication diminuant avec celle du mouvement moléculaire, tant qu'enfin, au degré le plus simple de l'évènement physique, correspond le degré le plus simple de l'évènement moral.

V. La nature a donc deux faces, et les évènements successifs et simultanés qui la constituent peuvent être conçus et connus de deux façons, par le dedans et en eux-mêmes, par le dehors et l'impression qu'ils produisent sur nos sens. Les deux faces sont parallèles, et toute ligne qui coupe l'une coupe l'autre à la même hauteur. Vue d'un côté, la nature a pour éléments des évènements que nous ne pouvons connaître qu'à l'état de complication extrême, et qu'en cet état

---

1. Berthelot, *Chimie organique*. Tome II. Conclusion.
Bérard et Robin, *Eléments de physiologie*. II, 63.
Saigey, *De l'unité des phénomènes physiques*, passim.

nous nommons sensations. Vue de l'autre côté, elle a pour éléments des évènements que nous ne concevons clairement qu'à l'état de simplicité extrême, et qu'en cet état nous nommons mouvements moléculaires. Au premier point de vue, elle est une échelle d'évènements moraux, successifs et simultanés, dont la complication va *décroissant*, si l'on part du sommet dont nous avons conscience, pour descendre jusqu'à la base dont nous n'avons pas conscience. Au second point de vue, elle est une échelle d'évènements physiques, successifs et simultanés, dont la complication va *croissant*, si l'on part de la base que nous concevons clairement, pour aller jusqu'au sommet dont nous n'avons aucune idée précise. Tout degré de complication d'un côté de l'échelle indique de l'autre côté un degré de complication égal. Des deux côtés, à la base de l'échelle, les évènements sont infinitésimaux ; on a vu dans les sensations dont on peut pousser un peu loin l'analyse, celles de l'ouïe et de la vue, que l'évènement moral, comme l'évènement physique, passe dans un temps très-court par une série rigoureusement infinie de degrés. D'un côté à l'autre, depuis la base jusqu'au sommet, la correspondance est parfaite. Phrase à phrase, mot à mot, l'évènement physique, tel que nous le représentons, *traduit* l'évènement moral.

Que le lecteur suive la comparaison jusqu'au bout ; elle exprime la chose dans tous ses détails. Supposez un livre écrit dans une langue originelle et muni d'une traduction interlinéaire ; le livre est la nature, la langue originale est l'évènement moral, la traduction interlinéaire est l'évènement physique, et l'ordre des chapitres est l'ordre des êtres. — Au commencement du livre, la traduction est imprimée en caractères très-lisibles et tous bien nets. Mais, à mesure que nous avançons dans le livre, ils le sont moins, et, de chapitre en chapitre, il s'y glisse quelques caractères nouveaux qu'on a peine à ramener aux premiers. A la fin, surtout au dernier chapitre, l'impression devient indéchiffrable ; cependant quantité d'indices montrent que c'est toujours la même langue et le même livre. — Tout au rebours pour le texte original. Il est très-lisible au dernier chapitre ; à l'avant-dernier, l'encre pâlit ; aux précédents, on devine encore qu'il y a là de l'impression, mais on n'en peut rien lire ; plus avant encore, toute trace d'encre disparaît.

Tel est le livre que les philosophes tâchent d'entendre ; devant le barbouillage final de la première écriture, et devant les lacunes énormes de la seconde, ils s'arrêtent embarrassés, et chacun d'eux décide, non d'après les faits constatés, mais d'après les habitudes de son esprit et les besoins de son cœur. — Les savants proprement dits, les physiciens, les physiologistes, qui ont commencé le livre par le commencement, disent qu'il n'y a là qu'une langue, celle de l'écriture interlinéaire, et que l'autre se ramène à celle-ci ; supposition énorme, puisque les deux langues sont tout à fait différentes. — Les moralistes, les psychologues, les esprits religieux qui ont commencé le livre par la fin et sont pourtant forcés d'avouer que le gros de l'ouvrage est écrit dans un autre idiome, trouvent un mystère inexplicable dans cet assemblage de deux langues, et disent communément qu'il y a là deux livres juxtaposés et bout à bout. Bref les matérialistes nient le texte, et les spiritualistes regardent comme incompréhensible le lien du texte et de la traduction. — Nous n'avons point procédé de même, et notre minutieuse analyse nous a conduit à une solution nouvelle. Nous avons d'abord étudié longuement l'idiome original, et montré que les pages du dernier chapitre, écrites en apparence avec des caractères de diverses sortes, sont toutes écrites avec les mêmes caractères. Profitant de cette réduction, nous avons alors déchiffré plusieurs lignes demi-effacées de l'avant-dernier chapitre ; puis d'après les traces vagues laissées sur les pages antérieures, nous avons soupçonné que le texte pouvait se continuer beaucoup plus haut, même sur les pages où il n'y en a plus trace. Alors nous avons établi que l'écriture interlinéaire est une traduction, que l'autre est un texte original ; et de leur dépendance nous avons conclu que la première est la traduction de la seconde. Sur cette indication, nous avons admis que le texte, quoique invisible à nos yeux, doit se continuer sur les pages antérieures, et que, sur les pages finales, l'écriture interlinéaire, quoique indéchiffrable, est encore une traduction. De cette façon, l'unité du livre a été prouvée, et les deux idiomes se sont complétés ou éclairés l'un par l'autre. Nous savons maintenant lequel des deux est le témoignage primitif et mérite toute confiance, dans quelle mesure et avec quelle assurance on peut consulter l'autre. Grâce à leur dépendance mutuelle et à la présence continue de l'un ou de l'autre, chacun d'eux peut suppléer l'autre. Quand l'un est pour nos yeux effacé ou indéchiffrable, nous sommes autorisés à conclure, de celui que nous lisons, à celui que nous ne lisons pas [1].

1. Voir, pour compléter cette théorie, la note finale du § VII, ch. I, livre II, deuxième partie.

CHAPITRE III

LA PERSONNE HUMAINE ET L'INDIVIDU PHYSIOLOGIQUE

SOMMAIRE.

I. Opinion commune sur la personne humaine et sur ses facultés. — Sens du mot faculté ou pouvoir. — Forces mécaniques. — Force de la volonté. — Ces mots ne désignent aucun être occulte. — Ils ne désignent qu'un caractère d'un évènement, à savoir, la particularité qu'il a d'être suivi constamment par un autre. — Illusion métaphysique qui érige les forces en essences distinctes.

II. Illusion métaphysique qui fait du moi une substance distincte. — Sens du verbe *être*. — Nos évènements successifs sont les composants successifs de notre moi. — En quoi consistent les facultés du moi. — Exemples.

III. Ruine progressive des entités scolastiques. — Idée scientifique des forces et des êtres. — Application au moi et à la matière. — Idée mathématique des atomes. — Une substance réelle n'est qu'une série distincte d'évènements. — Une force n'est que la propriété pour un de ces évènements d'être suivi par un autre de la même série ou d'une autre série. — Idée de la nature.

IV. La série qui constitue le moi est un fragment dans l'ensemble des fonctions animales. — Point de vue physiologique. — Ordre des centres nerveux et des actions nerveuses. — Les ganglions, les segments de la moelle, les étages de l'encéphale. — Point de vue psychologique. — Ordre et complication croissante des évènements moraux indiqués ou constatés dans les divers centres. — A mesure que l'animal descend dans l'échelle zoologique, les divers centres deviennent de plus en plus indépendants. — Expériences et observations de Dugès, Landry, Vulpian. — Pluralité foncière de l'animal. — L'individu animal ou humain n'est qu'un système.

I. Jusqu'ici, nous avons considéré nos évènements, sans nous occuper de l'être auquel ils appartiennent et que chacun de nous appelle *soi-même*. Il faut maintenant examiner cet être. D'ordinaire, les philosophes lui donnent la place principale et une place tout à fait distincte. « J'éprouve des sensations, disent-ils, j'ai des souvenirs, j'assemble des images et des idées, je perçois et conçois des objets extérieurs. Ce *je* ou *moi*, unique, persistant, toujours le même, est autre chose que mes sensations, souvenirs, images, idées, perceptions, conceptions, qui sont diverses et passagères. De plus, il est capable d'éprouver les unes et de produire les autres; et à ce titre il possède des puissances ou facultés. Or ces facultés résident en lui d'une façon stable; par elles, il sent, il se souvient, il perçoit, il conçoit, il combine des images et des idées, il est donc une cause efficiente et productrice. » — On arrive ainsi à considérer le moi comme un sujet ou substance ayant pour qualités distinctives certaines facultés, et, au-dessous de nos évènements, on pose deux sortes d'êtres explicatifs, d'abord les puissances ou facultés qui les éprouvent ou les produisent, ensuite le sujet, substance ou âme qui possède les facultés [1].

Ce sont là des êtres métaphysiques, purs fantômes, engendrés par les mots, et qui s'évanouissent dès

---

[1]. Garnier, *Traité des facultés de l'âme*, tome I, livre I et II. Voir dans Jouffroy et Maine de Biran la théorie de ces êtres scolastiques.

qu'on examine scrupuleusement le sens des mots. Qu'est-ce qu'un pouvoir ? — Un souverain despotique a un pouvoir absolu ; cela signifie que, sitôt qu'il ordonnera une chose, quelle qu'elle soit, la confiscation d'une propriété, le meurtre d'un homme, elle sera faite. — Un roi constitutionnel n'a qu'un pouvoir limité ; cela signifie que, s'il ordonne certaines choses, le renvoi d'un fonctionnaire, la promulgation d'une loi, elles seront faites, mais que, s'il ordonne d'autres choses, par exemple celles qu'on citait tout à l'heure, elles ne seront pas faites ; cela ne signifie rien de plus. Le mot pouvoir ne désigne ici qu'une liaison constante entre un fait qui est l'ordre du prince et tels ou tels autres faits qui suivent le premier. — Pareillement, on dit qu'un homme sain a le pouvoir de marcher et qu'un paralytique ne l'a pas ; cela veut dire simplement que la résolution de marcher chez l'homme sain est certainement suivie du mouvement des jambes, et qu'elle n'est jamais suivie de ce mouvement chez le paralytique ; ici encore, le pouvoir n'est que la liaison perpétuelle d'un fait qui est l'antécédent avec un autre fait qui est le conséquent.

Il en est de même pour la force. Tel cheval a la force de traîner un chariot de cinq mille kilogrammes et n'a pas la force de traîner le même chariot plus chargé. Telle chute d'eau a la force de mouvoir une roue et n'a pas la force de mouvoir une roue plus lourde. Cela signifie que, les muscles du cheval étant contractés, le chariot de cinq mille kilogrammes avancera et l'autre chariot n'avancera pas ; que, l'eau tombant sur les palettes, la première roue tournera et la seconde ne tournera pas. Il n'y a là que des liaisons, l'une entre la contraction musculaire du cheval et le déplacement d'un chariot, l'autre entre la chute de l'eau et la révolution d'une roue. Telle force existe quand telle liaison existe ; elle manque quand cette liaison manque. Deux évènements étant liés, le second, comparé à d'autres semblables, a telle grandeur ; en ce cas, on dit que la force a telle grandeur. Quand la grandeur du second évènement est double, la grandeur de la force est double. La force de la contraction musculaire est double, si le chariot traîné pèse dix mille kilogrammes au lieu de cinq mille ; la force de la chute d'eau est double, si la roue mise en révolution est deux fois plus pesante que la première. En général, étant donnés deux faits, l'un antécédent, l'autre conséquent, joints par une liaison constante, on nomme force dans l'antécédent la particularité qu'il a d'être toujours suivi par le conséquent, et l'on mesure cette force par la grandeur du conséquent.

Les noms de pouvoir et de force ne désignent donc aucun être mystérieux, aucune essence occulte. Quand je dis que j'ai la force ou pouvoir de remuer mon bras, je veux dire seulement que ma résolution de remuer mon bras est constamment suivie par le mouvement de mon bras. En effet, si, avec l'aide de la physiologie, j'examine de plus près cette opération, j'y découvre quantité d'intermédiaires, un mouvement moléculaire dans les lobes cérébraux, un autre mouvement moléculaire dans le cervelet, un autre mouvement moléculaire propagé dans la moelle et de là dans les nerfs moteurs du bras, une contraction des muscles des bras, un déplacement de leurs points d'attache. J'ai le pouvoir de remuer mon bras comme l'employé au télégraphe de Marseille a le pouvoir de

CHAP. III. LE MOI ET LE CORPS ORGANISÉ 341

remuer les aiguilles télégraphiques de Paris. Entre ma résolution et le déplacement de mon bras, il y a tous les intermédiaires énumérés ; entre l'employé de Marseille et les aiguilles de Paris, il y a les mille kilomètres de fil télégraphique. C'est une particularité constante pour les signaux de l'employé d'être suivis à mille kilomètres de là par le jeu des aiguilles indicatrices ; c'est une particularité constante pour ma résolution d'être suivie à travers dix intermédiaires indispensables par le déplacement de mon bras. Rien de plus. — Par malheur, de cette particularité qui est un rapport, nous faisons, par une fiction de l'esprit, une substance ; nous l'appelons d'un nom substantif, force ou pouvoir ; nous lui attribuons des qualités ; nous disons qu'elle est plus ou moins grande ; nous l'employons dans les discours comme un sujet ; nous oublions que son être est tout verbal, qu'elle le tient de nous, qu'elle l'a reçu par emprunt, provisoirement, pour la commodité du discours, et qu'en soi il n'est rien, puisqu'il n'est qu'un rapport. Trompés par le langage et par l'habitude, nous admettons qu'il y a là une chose réelle, et, réfléchissant à faux, nous agrandissons à chaque pas notre erreur. — En premier lieu, l'être en question étant un pur néant, nous ne pouvons rien y trouver que le vide ; c'est pourquoi, par une illusion dont nous avons déjà vu des exemples [1], nous en faisons une pure essence, inétendue, incorporelle, bref spirituelle [2]. —

1. Voir plus haut, livre I, ch. III, page 67.
2. « Les causes ne sont pas matérielles ; leurs actes sont nécessairement immatériels. Les forces prennent la matière, la conforment et s'annoncent en se peignant à sa surface par leurs effets, se signifient et s'interprètent par les qualités qu'elles

En second lieu, comme l'évènement ne naît que par elle, il manque, si elle manque ; elle est sa cause. D'autre part, elle le précède et lui survit ; elle est donc permanente, tandis qu'il est passager ; il a beau se répéter, changer, elle est toujours une et la même ; on peut la comparer à une source inépuisable dont il est un flot. Partant, la voilà considérée comme une essence d'ordre supérieur, située au delà des faits, stable, une, créatrice. Sur ce modèle, des philosophes vont peupler le monde d'entités pareilles. Et cependant elle n'est rien en soi qu'un caractère, une propriété, une particularité d'un fait, la particularité qu'il a d'être constamment suivi par un autre, particularité détachée de lui par abstraction, posée à part par fiction, maintenue à l'état d'être distinct par un nom substantif distinct, jusqu'à ce que l'esprit, oubliant son origine, la juge indépendante et devienne la dupe de l'illusion dont il est l'ouvrier.

II. Cette illusion, en tombant, en fait tomber une autre. « Le pouvoir, disent les spiritualistes [1], s'identifie avec l'être qui le possède... Ce quelque chose par quoi nous pouvons ne doit pas être considéré comme distinct de l'âme. » Les facultés et forces du moi sont donc le moi lui-même ou tout au moins une portion du moi ; plusieurs spiritualistes admettent même, avec Leibniz, que le moi n'est autre chose qu'une force, et qu'en général les notions de force et de

imposent à la matière.... La véritable cause qui meut le cœur, l'estomac, les organes, est extérieure et supérieure à ces organes. »

(Jouffroy, *Esthétique*, 132, 145 ; *Nouveaux Mélanges*, 233 à 273.)
1. Garnier, *Traité des facultés de l'âme*, I, 44.

substance s'équivalent. Or on vient de voir que les pouvoirs et les forces ne sont que des entités verbales et des fantômes métaphysiques. Donc, en tant que composé de forces et de pouvoirs, le moi n'est lui-même qu'une entité verbale et un fantôme métaphysique. Ce quelque chose d'intime, dont les facultés étaient les différents aspects, disparaît avec elles; on voit s'évanouir et rentrer dans la région des mots la substance une, permanente, distincte des évènements. Il ne reste de nous que nos évènements, sensations, images, souvenirs, idées, résolutions : ce sont eux qui constituent notre être; et l'analyse de nos jugements les plus élémentaires montre, en effet, que notre moi n'a pas d'autres éléments.

Soit une sensation de saveur, puis une douleur dans la jambe, puis le souvenir d'un concert. Je goûte, je souffre, je me souviens. Dans tous ces verbes se trouve le verbe *être*, et tous ces jugements contiennent le sujet *je*, lié par le verbe *être* avec un participe qui désigne un attribut. Or, en tout jugement, le verbe *est* énonce que l'attribut est un élément, un fragment, un extrait du sujet, inclus en lui, comme une portion dans un tout; c'est là tout le sens et tout l'office du verbe *être;* et il en est de même ici que dans les autres cas. Donc le verbe énonce ici que la sensation de saveur, la souffrance, le souvenir du concert sont des éléments, des fragments, des extraits du moi. Nos évènements successifs sont donc les composants successifs de notre moi. Il est tour à tour l'un, puis l'autre. Au premier moment, comme l'a très-bien vu Condillac, il n'est rien que la sensation de saveur; au second moment, rien que la souffrance; au troisième moment, rien que le souvenir du concert. — Non qu'il soit un simple total ; car le verbe *est*, qui joint le sujet à l'attribut, énonce non-seulement que l'attribut est inclus dans le sujet comme une portion dans un tout, mais encore que l'existence du tout précède sa division. Quelle que soit l'origine d'un jugement, toujours l'attribut est par rapport au sujet un fragment artificiel par rapport à un tout naturel. L'esprit extrait le fragment, mais, au même instant, reconnaît que cette extraction ou abstraction est purement fictive et que, si le fragment existe à part, c'est qu'il l'y met. En effet, c'est seulement pour la commodité de l'étude que nous séparons nos évènements les uns des autres ; ils forment effectivement une trame continue où notre regard délimite des tranches arbitraires [1]. Notre opération est semblable à celle d'un homme qui, pour mieux connaître une longue planche, la divise en triangles, en losanges, en carrés, tous marqués à la craie. La planche reste une et continue ; on ne peut pas dire qu'elle soit la série de ses morceaux ajoutés bout à bout, puisqu'elle n'est divisée que pour l'œil ; et cependant elle équivaut à la série de ses morceaux ; eux ôtés, elle ne serait plus rien ; ils la constituent. De la même façon, le moi demeure un et continu ; on ne peut pas dire qu'il soit la série de ses évènements ajoutés bout à bout, puisqu'il n'est divisé en évènements que pour l'observation ; et cependant il équivaut à la série de ses évènements ; eux ôtés, il ne serait plus rien ; ils le constituent. — Quand nous l'en séparons, nous faisons comme l'homme qui dirait, en parcourant tour à tour les

---

[1]. Les *Philosophes français du* XIXe *siècle,* par H. Taine, 3e édition, page 250.

CHAP. III. LE MOI ET LE CORPS ORGANISÉ 345

divisions de la planche : « Cette planche est ici un carré, tout à l'heure elle était un losange, là-bas elle sera un triangle ; j'ai beau avancer, reculer, me rappeler le passé, prévoir l'avenir, je trouve toujours la planche invariable, identique, unique, pendant que ses divisions varient ; donc elle en diffère, elle est un être distinct et subsistant, c'est-à-dire une substance indépendante dont les losanges, le triangle, le carré, ne sont que les états successifs. » Par une illusion d'optique, cet homme crée une substance vide qui est la planche en soi. Par une illusion d'optique semblable, nous créons une substance vide qui est le moi pris en lui-même. — De même que la planche n'est que la série continue de ses divisions successives, de même le moi n'est que la trame continue de ses évènements successifs. Si on le considère à un moment donné, il n'est rien qu'une tranche interceptée dans la trame, c'est-à-dire un groupe d'évènements simultanés, en train de se faire et de se défaire, telle sensation saillante parmi d'autres moins saillantes, telle image prépondérante parmi d'autres qui vont s'affaiblissant. A tout autre moment, la tranche est analogue ; il n'est donc rien d'autre ni de plus

Que maintenant on classe ces divers évènements, sensations, images, idées, résolutions ; qu'à chaque classe on impose un nom, sensibilité, imagination, entendement, volonté ; qu'on attribue au moi divers pouvoirs, celui de sentir, celui d'imaginer, celui de penser, celui de vouloir ; cela est permis et utile. Mais on doit ne jamais oublier ce que l'on met sous des mots pareils ; on veut dire simplement que cet être sent, imagine, pense, veut, et que, si les choses restent les mêmes, il sentira, imaginera, pensera, voudra. Quand on dépasse cette proposition vague, on veut dire que, telles conditions étant données, cet être aura telle sensation, image, idée, résolution, en d'autres termes, que dans la trame qui le constitue il y a une liaison constante entre tel évènement intérieur ou extérieur. — J'ai le pouvoir de me rappeler un tableau, les Noces de Cana par Véronèse ; cela signifie qu'à l'âge où je suis, et avec la mémoire que j'ai, la résolution de me rappeler le tableau est constamment suivie, au bout d'un certain temps, par la renaissance intérieure, plus ou moins nette et complète, des figures et des architectures qui composent le tableau. — J'ai la faculté de percevoir un objet extérieur, cette table, par exemple ; cela signifie que dans l'état de santé où je suis, sans amaurose ni paralysie tactile ou musculaire, si la table est éclairée, si elle est à portée de ma main et de mes yeux, si je tourne les yeux vers elle, ou si j'y porte la main, ces deux actions seront constamment suivies par la perception de la table. — Les forces, facultés ou pouvoirs qui appartiennent à la trame ne sont donc rien que la propriété qu'a tel évènement de la trame d'être constamment suivi, sous diverses conditions, externes ou internes, par tel évènement interne ou externe. Il n'y a donc rien dans la trame que ses évènements et les liaisons plus ou moins lointaines qu'ils ont entre eux ou avec les évènements externes ; et le moi qui est la trame ne contient rien en dehors de ses évènements et de leurs liaisons.

La destruction de ce fantôme métaphysique abat l'un des chefs survivants de cette armée d'entités verbales qui jadis avaient envahi toutes les provinces de la nature, et que, depuis trois cents ans, le progrès des sciences renverse une à une. Il n'y en a plus que deux aujourd'hui, le moi et la matière ; mais jadis il y en avait une légion ; alors, pendant l'empire avoué ou dissimulé de la philosophie scolastique, on imaginait, sous les évènements, une quantité d'êtres chimériques, principe vital, âme végétative, formes substantielles, qualités occultes, forces plastiques, vertus spécifiques, affinités, appétits, énergies, archées, bref un peuple d'agents mystérieux, distincts de la matière, liés à la matière, et que l'on croyait indispensables pour expliquer ses transformations. Ils se sont évanouis peu à peu au contact de l'expérience. Aujourd'hui, quand les savants parlent de forces physiologiques, chimiques, physiques ou mécaniques, ils ne voient dans ces noms que des noms. Leur œuvre se borne à constater des liaisons constantes ; quand ils expliquent un fait, c'est par un autre fait. Au plus haut de leurs théories [1], ils posent des couples d'évènements très-généraux, l'un antécédent, l'autre conséquent, dont le second suit le premier sans exception ni condition ; de ces couples, ils déduisent le reste. S'ils emploient le mot force, c'est pour désigner la liaison constante du second avec le premier. S'ils admettent des forces différentes, c'est que, dans l'état présent de nos connaissances, les couples auxquels se ramènent tels et tels groupes d'évènements ne peuvent pas être ramenés l'un à l'autre ni à d'autres couples. En somme, les entités verbales ne subsistent plus qu'aux deux extrémités de la science, dans la psychologie par la notion du moi et de ses

---

[1]. Stuart-Mill, *System of Logic*, principalement la théorie de l'induction.

facultés, dans les préliminaires de la physique par la notion de la matière et de ses forces primitives. — Jusqu'ici, cette illusion a tenu la psychologie enrayée, surtout en France ; on s'est appliqué à observer le moi pur ; on a voulu voir dans les facultés « les causes qui produisent les phénomènes de l'âme [1] » ; on a étudié la raison, faculté qui produit les idées de l'infini et découvre les vérités nécessaires ; la volonté, faculté qui produit les résolutions libres. On n'a fait ainsi qu'une science de mots. « A un crochet peint sur le mur, dit un philosophe anglais, on ne peut suspendre qu'une chaîne peinte sur le mur. » Laissons là les mots, étudions les évènements, seuls réels, leurs conditions, leurs dépendances, et certainement, en reprenant le sentier ouvert par Condillac, rouvert par James Mill et ses successeurs anglais, nous arriverons par degrés à faire une science de choses et de faits.

III. Cette entité ruinée au sommet de la nature, il reste, à la base de la nature, une autre entité, la matière, qui tombe du même coup. Jusqu'ici, les plus fidèles sectateurs de l'expérience ont admis, au fond de tous les évènements corporels, une substance primitive, la matière douée de force. Les positivistes eux-mêmes subissent l'illusion ; en vain, ils réduisent toute connaissance à la découverte des faits et de leurs lois. Par delà la région accessible des faits et de leurs lois, ils posent une région inaccessible, celle des substances, choses réelles et dont la science serait certainement très-précieuse, mais vers lesquelles nulle recherche ne doit s'égarer, parce que l'expérience atteste la vanité de toute recherche à cet endroit. Or

1. Garnier, *Traité des facultés de l'âme*, t. I, 33.

l'analyse qui montre dans la substance et dans la force des entités verbales s'applique à la matière aussi bien qu'à l'esprit. Dans le monde physique comme dans le monde moral, la force est cette particularité que possède un fait d'être suivi constamment par un autre fait. Isolée par abstraction et désignée par un nom substantif, elle devient un être permanent, subsistant, c'est-à-dire une substance. Mais elle n'est telle que pour la commodité du discours, et, si l'on veut en faire quelque chose de plus, c'est par une illusion métaphysique semblable à celle qui pose à part le moi et ses facultés. Les savants eux-mêmes en viennent involontairement à cette conclusion quand, munis des formules mathématiques et de tous les faits physiques, ils essayent de concevoir les dernières particules de matière [1]. Car ils arrivent à se figurer les atomes, non pas, selon l'imagination grossière de la foule, comme de petites masses solides, mais comme de purs centres géométriques par rapport auxquels les attractions, puis les répulsions croissent avec la proximité croissante. Dans tout cela, il n'y a que des mouvements présents, futurs, ou possibles, liés à certaines conditions, variables en grandeur et en direction suivant une certaine loi, et déterminés par rapport à certains points.

Ainsi, dans le monde physique comme dans le monde moral, il ne reste rien de ce qu'on entend communément par substance et force; tout ce qui subsiste, ce sont les évènements, leurs conditions et leurs dépendances, les uns moraux ou conçus sur le

---

1. Renouvier, *Essais de critique générale*, 3ᵉ essai, 25, exposition des idées de Boscovich, Ampère, Poisson et Cauchy.

type de la sensation, les autres physiques ou conçus sur le type du mouvement. La notion de *fait* ou *évènement* correspond seule à des choses réelles. A ce titre, le moi est un être aussi bien que tel corps chimique, ou tel atome matériel; seulement c'est un être plus composé, partant soumis à des conditions de naissance et de conservation plus nombreuses. Corps chimique, atome matériel, moi, ce qu'on appelle un être, c'est toujours une série distincte d'évènements; ce qui constitue les forces d'un être, c'est la propriété pour tel ou tel évènement de sa série d'être suivi constamment par tel évènement de sa série ou d'une autre série ; ce qui constitue la substance d'un être, c'est la permanence de cette propriété et des autres analogues. C'est pourquoi, si nous embrassons d'un regard la nature et si nous chassons de notre esprit tous les fantômes que nous avons mis entre elle et notre pensée, nous n'apercevons dans le monde que des séries simultanées d'évènements successifs, chaque évènement étant la condition d'un autre et en ayant un autre pour condition.

IV. Cela posé, on comprend sans difficulté la liaison de la personne humaine avec l'individu physiologique. Car il ne s'agit plus de savoir comment une substance inétendue, appelée âme, peut résider dans une substance étendue, appelée corps, ni comment deux êtres de nature aussi différente peuvent avoir commerce entre eux; ces questions scolastiques tombent avec les entités scolastiques qui les suggèrent. Nous n'avons plus devant les yeux qu'une série d'évènements appelée moi, liée à d'autres qui sont sa condition. Dès lors il n'y a rien d'étrange dans les dépendances que

CHAP. III. LE MOI ET LE CORPS ORGANISÉ 351

nous avons constatées. La trame de faits qui constitue notre être est un district distinct dans l'ensemble des fonctions dites nerveuses, et cet ensemble lui-même est une province distincte dans l'animal vivant pris tout entier. Comme on l'a montré, cette trame peut être considérée à deux points de vue, soit directement, en elle-même et par la conscience, soit indirectement, par la perception extérieure et d'après les impressions qu'elle produit sur nos sens. — A côté des idées, images et sensations, évènements fort composés dont nous avons conscience et que cette particularité distingue des autres évènements analogues, sont d'autres évènements rudimentaires et élémentaires du même genre, dont nous n'avons pas conscience, et que dénote l'action réflexe : tel est le premier point de vue. — A côté des mouvements moléculaires fort composés qui se passent dans la substance grise des lobes cérébraux et des centres dits sensitifs, sont d'autres mouvements moléculaires analogues et moins composés qui se passent dans la substance grise de la moelle et dans les ganglions du système nerveux sympathique [1] ; tel est le second point de vue. — Le premier est le point de vue psychologique ; le second est le point de vue physiologique. — D'après le second, il y a dans l'animal plusieurs centres d'action nerveuse, les ganglions du grand sympathique, les divers segments de la moelle, les divers départements de l'encéphale, plus ou moins subordonnés ou dominateurs, plus ou moins simples ou compliqués, mais tous distincts, mutuellement

[1]. Expériences de Claude Bernard sur le pouvoir réflexe du ganglion sous-maxillaire.

excitables, et doués des mêmes propriétés fondamentales. — D'après le premier, il y a dans l'animal plusieurs groupes d'évènements moraux, idées, images, sensations proprement dites, sensations rudimentaires et élémentaires, tous plus ou moins subordonnés ou dominateurs, plus ou moins simples ou compliqués, mais tous distincts, mutuellement excitables, et plus ou moins voisins de la sensation. — En forçant les termes, on pourrait considérer la moelle comme une file d'encéphales rudimentaires, et les ganglions du système sympathique comme un réseau d'encéphales plus rudimentaires encore [1]. Par suite, l'on verrait, dans les groupes de sensations rudimentaires dont nous n'avons pas conscience, des âmes rudimentaires; et, de même que l'appareil nerveux est un système d'organes à divers états de complication, de même l'individu psychologique serait un système d'âmes à divers degrés de développement.

Ne prenons ces métaphores que pour ce qu'elles valent, c'est-à-dire pour des locutions qui traduisent en langage ordinaire les faits positifs que nous constatons. Toujours est-il que, si l'on descend la série animale, on les voit devenir de plus en plus exactes; la dépendance mutuelle des centres nerveux devient alors moins étroite; chacun d'eux souffre moins du

1. Landry, *Des Paralysies*, 47 : « Chaque segment de la moelle est un véritable centre d'innervation... On peut considérer le cordon médullaire comme constitué par une série de centres nerveux à propriétés identiques, mais pourtant affectés à des fonctions différentes, suivant les organes auxquels sont affectés les nerfs qui en proviennent... La physiologie en cela serait d'accord avec l'anatomie comparée, qui montre la moelle se segmentant peu à peu, à mesure qu'on descend des mammifères aux poissons et de ceux-ci à des animaux plus inférieurs encore, les crustacés par exemple. »

retranchement des autres; isolé, il fonctionne moins incomplètement et plus longtemps. Nous avons vu, dans un triton ou une grenouille, le train postérieur, séparé du reste, exécuter des mouvements complexes, adaptés à un but, et capables, si les circonstances changent, de s'adapter à un autre but. Ces mouvements coordonnés, et qui semblent dénoter une intention, sont bien plus visibles encore dans les tronçons d'un insecte [1]. Cela va si loin que plusieurs observateurs y ont vu une intention véritable, et partant de véritables représentations, comme celles dont les lobes cérébraux sont l'organe. « J'enlève rapidement avec des ciseaux, dit Dugès, le protothorax de la *Mantis religiosa*. Le tronçon postérieur reste appuyé sur les quatre pattes, résiste aux impulsions par lesquelles on cherche à le renverser, se relève et reprend son équilibre si l'on force cette résistance, et, en même temps, témoigne, par la trépidation des élytres et des ailes, d'un vif sentiment de colère, comme il le faisait pendant l'intégrité de l'animal, quand on l'agaçait par des attouchements ou des menaces... On peut poursuivre l'expérience d'une façon plus parlante. Le protothorax, qu'on a détaché des autres segments, contient un ganglion bilobé qui envoie des nerfs aux bras ou pattes antérieures, armées de crochets puissants. Qu'on en détache encore la tête, et ce segment isolé vivra pendant près d'une heure avec son seul ganglion; il agitera ses longs bras et saura très-bien les tourner contre les doigts de l'expérimentateur qui tient le tronçon, et y imprimer douloureusement leur crochet. »

1. Vulpian, ouvrage cité, 790. Expériences de Dugès, Dujardin, Walkenaer, etc. Dugès, *Physiologie comparée*, I, 337.

Descendons encore d'un pas; la pluralité foncière de l'animal deviendra manifeste [1]. « Chez les annelés, chaque ganglion correspond à un segment du corps formé souvent de plusieurs anneaux, comme par exemple chez les sangsues, dont toutes les parties se répètent de cinq en cinq anneaux. Chaque segment possède ainsi, outre ce ganglion, une portion semblable des principaux appareils, parfois même des appareils des sens. Il en est ainsi du Polyophthalme, chez lequel chaque segment est muni de deux yeux rudimentaires qui reçoivent chacun du ganglion correspondant un filet nerveux, véritable nerf optique. » Chacun de ces segments est un animal complet, et l'animal total est formé « de plusieurs animaux élémentaires placés à la suite les uns des autres ». C'est pourquoi, lorsqu'on les sépare, chacun d'eux est encore un centre indépendant d'actions réflexes coordonnées et adaptées à un but. Or il n'y a point de différence entre un système nerveux ainsi composé et le système nerveux d'un mammifère, sinon que les segments du premier sont plus complets et plus indépendants que ceux du second. En effet, l'anatomie montre qu'une colonne vertébrale, comme un annelé, est composée de segments protecteurs et de segments médullaires distincts, que le crâne lui-même est composé de vertèbres élargies et soudées, et que le cerveau n'est qu'un prolongement et un développement de la moelle. En somme, la république de centres nerveux, tous égaux et presque indépendants, que l'on rencontre chez les animaux inférieurs, se change peu à peu, à mesure que l'on arrive aux

---

[1]. Vulpian, 782.

animaux supérieurs, en une monarchie de centres inégaux en développement, étroitement liés, et soumis à un centre principal. — Mais cette organisation et cette centralisation plus avancées ne suppriment point la pluralité originelle de l'être ainsi construit. A mesure qu'il s'élève plus haut dans l'échelle, il s'écarte davantage de l'état où il était une somme et approche davantage de l'état où il sera un individu ; voilà tout. Même quand il est à l'état d'individu, on le fait repasser à l'état de somme ; en pratiquant des sections transversales sur la moelle d'un jeune mammifère [1], on peut, si la circulation et la respiration persistent, maintenir en lui, pendant plusieurs semaines, des segments indépendants, chacun capable de son action réflexe et incapable de recevoir des autres ou de transmettre aux autres aucune excitation. Enfin, au plus bas degré de l'échelle animale, dans les zoophytes par exemple, où nul système nerveux ne se montre et où la matière nerveuse n'existe probablement qu'à l'état diffus, la pluralité et la division sont plus grandes encore ; car on peut couper un polype en tous sens et même le hacher ; chaque fragment se recomplète et fournit un animal qui a toutes les facultés et tous les instincts de l'animal primitif.

Le lecteur voit maintenant comment la trame d'évènements qui est nous-mêmes et dont nous avons conscience se lie avec le reste. Cette série, qui, selon le point de vue où nous la considérons, est tantôt pour nos sens une série de mouvements moléculaires, tantôt pour notre conscience une série de sensations plus ou moins transformées, n'est que la plus com-

---

1. Landry. Voyez plus haut, p. 343.

pliquée et la plus commandante dans un groupe d'autres séries analogues. A mesure que nous descendons dans le règne animal, nous la voyons perdre de sa domination et de sa complexité et se réduire au niveau des autres, pendant que celles-ci, relâchant elles-mêmes leurs attaches mutuelles, se dégradent insensiblement. — Au point de vue de la perception extérieure, elles ont toutes pour condition l'intégrité et le renouvellement du système nerveux dont elles sont l'action propre, et les êtres plus ou moins étroitement associés qu'elles constituent, quels qu'ils soient au point de vue de la conscience, de quelque nom que l'illusion métaphysique ou littéraire les habille, sont assujettis à la même condition.

NOTE I

DE L'ACQUISITION DU LANGAGE CHEZ LES ENFANTS
ET DANS L'ESPÈCE HUMAINE

§ 1. — Acquisition du langage par les enfants.

I. Les observations qui suivent ont été faites au fur et à mesure et rédigées sur place. Le sujet était une petite fille dont le développement a été ordinaire, ni précoce ni tardif.

.... Dès la première heure, probablement par action réflexe, elle a crié incessamment, gigotté, remué tous ses membres et peut-être tous ses muscles. Pendant la première semaine, sans doute aussi par action réflexe, elle remuait les doigts et serrait même assez longtemps l'index, qu'on lui donnait. Vers le troisième mois, elle commence à tâter avec ses mains, à avancer ses bras; mais elle ne sait pas encore diriger sa main, elle palpe et remue vaguement; elle essaye les mouvements des membres antérieurs et les sensations tactiles et musculaires qui en sont l'effet; rien de plus. A mon avis, c'est de cette multitude énorme de mouvements perpétuellement essayés que se dégageront par sélection graduelle les mouvements intentionnels ayant un but et atteignant ce but. — Depuis quinze jours (deux mois et demi), j'en constate un qui est visiblement acquis : entendant la voix de sa grand'-mère, elle tourne la tête du côté d'où vient la voix.

Même apprentissage spontané pour les cris que pour les mouvements; le progrès de l'organe vocal s'opère comme celui des membres; l'enfant apprend à émettre tel ou tel son, comme il apprend à tourner la tête ou les yeux, c'est-à-dire par tâtonnements et essais perpétuels.

Vers trois mois et demi, à la campagne, on la mettait au grand air sur un tapis dans le jardin; là, couchée sur le dos ou sur le ventre, pendant des heures entières elle s'agitait des quatre membres et poussait une quantité de cris et d'exclamations variés, mais rien que des voyelles, pas de consonnes; cela dura ainsi plusieurs mois.

Par degrés, aux voyelles se sont ajoutées des consonnes, et les exclamations sont devenues de plus en plus articulées. Le tout a fini par composer une sorte de ramage très-diversifié et complet qui durait un quart d'heure de suite et recommençait dix fois par jour. Les sons (voyelles et consonnes), d'abord fort vagues et difficiles à noter, se sont de plus en plus rapprochés de ceux que nous prononçons, et la série des simples cris est devenue presque semblable à ce que serait pour nos oreilles une langue étrangère que nous ne comprendrions pas. — Elle se complaît à son ramage, comme un oiseau; on voit qu'elle en est heureuse, qu'elle sourit de plaisir; mais ce n'est encore qu'un ramage d'oiseau, car elle n'attache aucun sens aux sons qu'elle émet. Elle n'a acquis que le matériel du langage (douze mois).

Elle l'a acquis en grande partie par elle-même et

ACQUISITION DU LANGAGE PAR LES ENFANTS

toute seule, pour une petite partie grâce à l'aide d'autrui et par imitation. Elle a fait d'abord *mm* spontanément en soufflant avec bruit, les lèvres fermées; cela l'amusait, et c'était là pour elle une découverte. De même pour un autre son, *kraaau,* prononcé du gosier en gutturales profondes; voilà la part de l'invention personnelle, accidentelle et passagère. On a refait devant elle ces deux bruits à plusieurs reprises ; elle a écouté attentivement, et maintenant elle parvient à les répéter tout de suite quand elle les entend. — Même remarque pour le son *papa papa,* qu'elle a dit d'abord plusieurs fois au hasard, et d'elle-même, qu'on lui a répété cent fois pour le lui fixer dans la mémoire, et qu'elle a fini par dire volontairement, avec une exécution facile et sûre (toujours sans en comprendre le sens), comme un simple gazouillement qu'il lui est agréable de faire. — En somme, l'exemple et l'éducation n'ont guère servi qu'à appeler son attention sur des sons que déjà elle ébauchait ou trouvait d'elle-même, à provoquer leur répétition ou leur achèvement, à diriger de leur côté sa préférence, à les faire émerger et surnager dans la foule des autres sons semblables. Mais toute l'initiative lui appartient. Il en est de même pour ce qui concerne les gestes. Pendant plusieurs mois, elle a essayé spontanément tous les mouvements des bras, la flexion de la main sur le poignet, le rapprochement des mains, etc., puis, après enseignement et tâtonnements, elle est parvenue à frapper les mains l'une contre l'autre, comme on le lui a montré en disant *bravo,* à tourner régulièrement les mains ouvertes comme on le lui a montré en chantant *au bois, Joliette,* etc. L'exemple, l'enseignement, l'éducation ne sont que des canaux qui dirigent; la source est plus haut.

Pour s'en convaincre, il suffit d'écouter pendant une heure son ramage; il est d'une flexibilité étonnante : je suis persuadé que toutes les nuances d'émotion, étonnement, gaieté, contrariété, tristesse, s'y traduisent par des variétés de ton. En cela, elle égale et même surpasse une personne adulte. Si je la compare à des animaux, même aux mieux doués en ce sens (chien, perroquet, oiseaux chanteurs), je trouve qu'avec une gamme de sons moins étendue, elle les surpasse aussi de beaucoup par la finesse et l'abondance de ses intonations expressives. Délicatesse d'impression et délicatesse d'expression, tel est en effet parmi les animaux le caractère distinctif de l'homme, et, comme on l'a vu, telle est chez lui la source du langage et des idées générales; il est parmi eux ce que serait un grand et fin poëte, Heine ou Shakespeare, parmi des manœuvres et des paysans. En deux mots, il est sensible à une multitude de nuances, bien mieux à tout un ordre de nuances qui leur échappent. On s'en aperçoit encore à l'espèce et au degré de sa curiosité. Chacun peut remarquer qu'à partir du cinquième ou sixième mois, pendant deux ans et davantage, les enfants emploient tout leur temps à faire des expériences de physique. Aucun animal, pas même le chat, le chien, ne fait cette étude continuelle de tous les corps qui sont à sa portée : toute la journée l'enfant dont je parle (douze mois) tâte, palpe, retourne, fait tomber, goûte, expérimente ce qui tombe sous sa main; quel que soit l'objet, balle, poupée, hochet, jouet, une fois qu'il est suffisamment connu, elle le laisse, il n'est plus nouveau, elle n'a plus rien à en apprendre, il ne l'intéresse plus. Curiosité pure; le besoin physique, la gourmandise n'y est

ACQUISITION DU LANGAGE PAR LES ENFANTS 361

pour rien ; il semble que déjà, dans son petit cerveau, chaque groupe de perceptions tende à se compléter, comme dans le cerveau d'un enfant qui se sert du langage.

Elle ne prononce encore aucun mot en y attachant un sens ; mais il y a deux ou trois mots auxquels elle attache un sens lorsqu'on les prononce. — Elle voit tous les jours son grand-père, dont on lui a montré souvent le portrait au crayon beaucoup plus petit, mais très-ressemblant. Depuis deux mois environ (dix mois), quand on lui dit vivement : « Où est grand-père ? » elle se tourne vers ce portrait et lui rit. Devant le portrait de sa grand'mère, moins ressemblant, aucun geste semblable, aucun signe d'intelligence. — Depuis un mois (onze mois), quand on lui demande : « Où est maman ? » elle se tourne vers sa mère, — de même pour son père. — Je n'oserais affirmer que ces trois actions dépassent l'intelligence animale. Un petit chien qui est ici comprend au même degré quand on lui crie le mot *sucre ;* il arrive du fond du jardin pour en attraper son morceau ; il n'y a là qu'une association pour le chien entre un son et telle sensation de saveur, pour l'enfant entre un son et la forme perçue d'un visage individuel. L'objet désigné par le son n'est pas encore un caractère général ; cependant je crois que le pas a été franchi (douze mois) ; voici un fait décisif à mes yeux. Cet hiver, on la portait tous les jours chez sa grand'mère, qui lui montrait très-souvent une copie peinte d'un tableau de Luini où est un petit Jésus tout nu ; on lui disait en lui montrant le tableau : « Voilà le bébé ». Depuis huit jours, quand, dans une autre chambre, dans un autre appartement, on lui dit en parlant d'elle-même : « Où est le bébé » ?

elle se tourne vers les tableaux, quels qu'ils soient, vers les gravures, quelles qu'elles soient. *Bébé* signifie donc pour elle quelque chose de général, ce qu'il y a de commun pour elle entre tous ces tableaux et gravures de figures et de paysages, c'est-à-dire, si je ne me trompe, *quelque chose de bariolé dans un cadre luisant.* Car il est clair que les objets peints ou dessinés dans l'intérieur des cadres sont de l'hébreu pour elle ; au contraire, le carré lustré, lumineux, enserrant un barbouillage intérieur, a dû la frapper singulièrement. Voilà son premier mot général : la signification qu'elle lui donne n'est pas celle que nous lui donnons; il n'en est que plus propre à montrer le travail original de l'intelligence enfantine; car, si nous avons fourni le mot, nous n'avons pas fourni le sens; le caractère général que nous voulions faire saisir à l'enfant n'est pas celui qu'elle a saisi; elle en a saisi un autre, approprié à son état mental, et pour lequel aujourd'hui nous n'avons point de nom précis.

Quatorze mois et trois semaines. — Les acquisitions des six dernières semaines ont été notables; outre le mot *bébé*, elle en comprend plusieurs autres, et il y en a cinq ou six qu'elle prononce en leur attribuant un sens. Au gazouillement pur et qui n'était qu'une suite de gestes vocaux a succédé un commencement de langage intentionnel et déterminé. Les principaux mots qu'elle prononce aujourd'hui sont *papa, maman, tété* (nourrice), *oua-oua* (chien), *koko* (poule, coq), *dada* (cheval, voiture), *mia* (minet, chat), *kaka*, et *tem* : les deux premiers ont été *papa* et *tem*, ce dernier mot très-curieux et digne de toute l'attention de l'observateur.

Papa a été prononcé pendant plus de quinze jours,

sans intention, sans signification, comme un simple ramage, comme une articulation facile et amusante. C'est plus tard que l'association entre le nom et l'image où perception de l'objet s'est précisée, que l'image ou perception du père a appelé sur ses lèvres le son *papa*, que ce son prononcé par un autre a définitivement et régulièrement évoqué en elle le souvenir, l'image, l'attente, la recherche de son père. Entre ces deux états, il y a eu une transition insensible, difficile à démêler; le premier état subsiste encore en certaines occasions, quoique le second soit établi ; parfois elle joue encore avec le son, quoiqu'elle en comprenne le sens. — Cela se voit très-aisément pour d'autres mots ultérieurs, par exemple pour le mot *kaka;* elle le répète encore souvent hors de propos, sans intention, en façon de ramage, dix fois de suite, au grand déplaisir de sa mère, comme un geste vocal intéressant, pour exercer une faculté nouvelle; mais souvent aussi elle le dit avec intention, quand elle a besoin; de plus, il est clair qu'elle en a changé ou élargi le sens, comme pour le mot *bébé;* hier, dans le jardin, voyant deux petites places humides, deux traînées d'arrosoir sur le sable, elle a répété son mot, avec un sens visible et voulu; elle désigne par ce mot *ce qui mouille*.

Grande facilité pour les intonations imitatives. — Elle a vu et entendu les poules, et répète *koko* beaucoup plus exactement que nous, avec l'intonation gutturale des bêtes elles-mêmes. Ceci n'est qu'une faculté du gosier; il y en a une autre bien plus frappante qui est le don humain par excellence, et qui se manifeste en vingt façons : je veux parler de l'aptitude à saisir les analogies; là est la source des idées générales et du langage. On lui a montré sur les murs d'une chambre des oiseaux peints, rouges et bleus, longs de deux pouces, et on lui a dit une seule fois en les lui montrant : « Voici des kokos. » Elle a été tout de suite sensible à la ressemblance ; pendant une demi-journée, son plus vif plaisir a été de se faire porter tout le long des murs de la chambre, en disant avec enthousiasme à chaque nouvel oiseau : *koko!* — Jamais un chien, un perroquet n'en ferait autant ; à mon avis, on saisit ici sur le fait l'essence du langage. — Même facilité pour les autres analogies. Elle a vu d'abord un petit chien noir qui appartient à la maison et qui aboie souvent ; c'est sur lui qu'elle a d'abord appris le mot *oua-oua*. Elle l'a très-vite appliqué et avec très-peu d'aide aux chiens de toute taille et de toute espèce qu'elle a vus dans la rue, puis, chose plus remarquable, aux chiens de faïence bronzée qui sont auprès de l'escalier. Bien mieux, avant-hier, voyant un chevreau d'un mois qui bêlait, elle a dit *oua-oua*, le nommant d'après le chien, qui est la forme la plus voisine, et non d'après le cheval, qui est trop grand, ou d'après le chat, qui a une tout autre allure [1]. — Voilà le trait distinctif de l'homme ; deux perceptions successives fort dissemblables laissent néanmoins un résidu commun qui est une impression, une sollicitation, une impulsion distincte dont l'effet final est telle expression inventée ou suggérée, c'est-à-dire tel geste, tel cri, telle articulation, tel nom.

1. « Quand les Romains virent pour la première fois des éléphants, ils les appelèrent *bœufs de Lucanie*. De même des tribus sauvages qui n'avaient jamais vu de chevaux appelaient les chevaux *gros cochons.* »
[*Lectures on M. Darwin's philosophy of language* by Max Müller, p. 48 (1873).]

J'en viens au mot *tem*, l'un des plus notables et l'un des premiers qu'elle ait prononcés. Tous les autres sont probablement des attributifs [1], et les assistants n'ont pas eu de peine à les comprendre ; celui-ci est probablement un démonstratif, et, comme ils n'avaient rien pour le traduire, il leur a fallu plusieurs semaines pour en démêler le sens.

D'abord et pendant plus de quinze jours, l'enfant a prononcé ce mot *tem* comme le mot *papa*, sans lui donner un sens précis, à la façon d'un simple ramage ; elle exerçait une articulation dentale terminée par une articulation labiale et s'en amusait. Peu à peu, ce mot s'est associé en elle à une intention distincte ; aujourd'hui, il signifie pour elle : *donne, prends, voilà, regarde;* en effet, elle le prononce très-nettement, plusieurs fois de suite, avec insistance, tantôt pour avoir un objet nouveau qu'elle voit, tantôt pour nous engager à le prendre, tantôt pour attirer sur lui notre attention. Tous ces sens sont réunis dans le mot *tem*. Peut-être vient-il du mot *tiens*, qu'on a employé souvent avec elle et dans un sens assez voisin. Mais il me semble plutôt que c'est un mot créé par elle et spontanément forgé, une articulation sympathique, qui d'elle-même s'est trouvée d'accord avec toute intention arrêtée et distincte, et qui, par suite, s'est associée à ses principales intentions arrêtées et distinctes, lesquelles sont aujourd'hui des envies de prendre, d'avoir, de faire prendre, de fixer son regard ou le regard d'autrui. En ce cas, c'est un geste vocal naturel,

---

1. Max Müller, *Lectures on the science of language*, 6ᵉ édit., t. I, lecture 7ᵒ, p. 309 : « Les racines d'une langue sont au nombre de 400 ou 500 et se divisent en deux groupes, les unes attributives, les autres démonstratives. »

non appris, à la fois impératif et démonstratif, puisqu'il exprime à la fois le commandement et la présence de l'objet sur lequel porte le commandement ; la dentale *t* et la labiale *m* réunies dans un son bref, sec, subitement étouffé, correspondent très-bien, sans convention et par leur seule nature, à ce sursaut d'attention, à ce jaillissement de volonté brusque et nette. — Ce qui rend cette origine probable, c'est que d'autres mots ultérieurs et dont on parlera tout à l'heure sont visiblement l'œuvre, non de l'imitation, mais de l'invention [1].

... *Du quinzième au dix-septième mois*. — Grands progrès. Elle a appris à marcher et même à courir, elle est ferme sur ses petites jambes. On voit qu'elle acquiert tous les jours des idées, et qu'elle comprend beaucoup de phrases, par exemple : « Apporte la balle. Va faire doudou à la dame (caresser de la main et tendre la joue). Viens dans les jambes de papa. Va là-bas. Viens ici, » etc. — Elle commence à distinguer le ton fâché du ton satisfait, elle cesse de faire ce qu'on lui interdit avec un visage et une voix sévères ; elle a spontanément et souvent l'envie d'être embrassée ; pour cela, elle tend le front et dit d'une voix câline : *papa*, ou *maman*. — Mais elle n'a appris ou inventé que très-peu de mots nouveaux. Les principaux sont *Pa* (Paul), *Babert* (Gilbert), *bébé* (enfant), *bééé* (la chèvre), *cola* (chocolat), *oua-oua* (chose bonne à

---

[1]. Le petit garçon d'un voisin, à vingt mois, avait un vocabulaire de sept mots, et parmi ceux-ci le mot *Ça y est*, assez analogue au mot *tem*, et intraduisible comme lui dans notre langage ; car il l'employait à tout propos, pour dire *voilà, je l'ai, c'est fait, il est venu*, etc., désignant par là tout achèvement d'action et d'effet.

manger), *ham* (manger, je veux manger). — Il y en a d'autres assez nombreux qu'elle comprend, mais ne prononce pas, par exemple : « Grand-père, grand'-mère » ; ses organes vocaux, trop peu exercés, ne reproduisent pas encore tous les sons qu'elle connaît et auxquels elle attache un sens.

Cola (chocolat) est une des premières friandises qu'on lui ait données ; c'est le bonbon qu'elle préfère. Tous les jours, elle allait chez sa grand'mère, qui lui donnait une pastille ; elle sait très-bien reconnaître la boîte, insister en la montrant du doigt pour qu'on l'ouvre. D'elle-même et sans nous, ou plutôt malgré nous, elle a étendu le sens de ce mot ; en ce moment, elle l'applique à toutes les friandises ; elle dit *cola* quand on lui donne du sucre, de la tarte, du raisin, une pêche, une figue [1]. On a déjà vu plusieurs exemples de cette généralisation spontanée ; ici, elle est aisée ; car la saveur du chocolat, celle du raisin, de la pêche, etc., coïncident en ceci qu'étant toutes agréables elles provoquent toutes le même désir, celui d'éprouver encore une fois la sensation agréable ; or un désir, une impulsion si distincte aboutit sans difficulté à un air de tête, à un geste de la main, à une expression, par suite à un nom.

Bébé. — On a vu la signification singulière qu'elle donnait d'abord à ce mot ; peu à peu, par l'effet de l'éducation, il s'est rapproché chez elle du sens

---

1. De même, le petit garçon de vingt mois cité plus haut dit *téterre* (pomme de terre) pour désigner les pommes de terre, la viande, les haricots, presque tout ce qui est bon à manger, sauf le lait, pour lequel il dit *lolo*. Peut-être pour lui *téterre* signifie tout ce qui, étant solide ou demi-solide, est bon à manger.

ordinaire. On lui a montré d'autres enfants en lui disant *bébé;* on l'a appelée elle-même de ce nom; à présent, elle y répond. De plus, en la mettant devant une glace très-basse et en lui montrant son visage réfléchi, on lui a dit : « *C'est bébé.* » Maintenant, elle va toute seule devant la glace, et dit *bébé*, en riant, quand elle s'y voit. — Partant de là, elle a étendu le sens du mot; elle appelle *bébés* toutes les figurines, par exemple les statues en plâtre de demi-grandeur qui sont dans l'escalier, les figures d'hommes et de femmes des petits tableaux et des estampes. — Cette fois encore, l'éducation produit un effet sur lequel on ne comptait pas; le caractère général saisi par l'enfant n'est pas celui que nous voulions lui faire saisir; nous lui avons enseigné le son, il en a inventé le sens.

Ham (manger, je veux manger). — Ici tout est créé, le son et le sens. Ce son est apparu au quatorzième mois; pendant plusieurs semaines, je ne l'ai considéré que comme un gazouillement. A la fin, j'ai vu qu'il se produisait, sans jamais manquer, en face de la nourriture. Maintenant, l'enfant ne manque jamais de le proférer quand elle a faim ou soif, d'autant plus qu'elle voit que nous le comprenons et que par cette articulation elle obtient à boire et à manger. Quand on l'écoute avec attention et quand on essaye de le reproduire soi-même, on s'aperçoit que c'est le geste vocal naturel de quelqu'un qui happe quelque chose; il commence par une aspirée gutturale voisine d'un aboiement et finit par l'occlusion des lèvres exécutée comme si l'aliment était saisi et englouti; un homme ne ferait pas autrement si parmi des sauvages, les mains liées, et n'ayant pour s'exprimer que ses organes vocaux, il voulait dire qu'il a envie de manger. —

Peu à peu, l'intensité et la singularité de la prononciation primitive se sont atténuées; nous lui avons répété son mot, mais en l'adoucissant; par suite, chez elle, la portion gutturale et labiale a cessé de prédominer; la voyelle intermédiaire a pris le dessus; au lieu de *hamm*, c'est *am;* et maintenant, à l'ordinaire, nous nous servons de ce mot comme elle; l'originalité, l'invention est si vive chez l'enfant, que, s'il apprend de nous notre langue, nous apprenons de lui la sienne.

Oua-oua. — Ce n'est guère que depuis trois semaines (fin du seizième mois) qu'elle prononce ce mot dans le sens de chose bonne à manger. Nous sommes restés quelque temps sans le comprendre, car elle l'employait depuis longtemps et l'emploie encore aussi dans le sens de chien. Pas un aboiement dans la rue qui n'évoque chez elle ce mot dans le sens de chien et avec le plaisir vif d'une découverte. — Dans le nouveau sens, le son a oscillé entre *vava* et *oua-oua*, pour se fixer maintenant à *oua-oua*. Probablement, le son que j'écris *oua-oua* est double pour elle, selon la signification double qu'elle y attache; mais mon oreille ne peut saisir cette différence; les sens des enfants, bien moins émoussés que les nôtres, perçoivent des nuances délicates que nous ne distinguons plus. Quoi qu'il en soit, à table, à la vue d'un mets dont elle a envie, elle dit plusieurs fois de suite *oua-oua;* elle dit aussi le même mot, quand, après en avoir mangé, elle veut en manger encore; mais c'est toujours en présence d'un mets et pour désigner quelque chose de mangeable. En cela, le mot se distingue de *am*, qu'elle n'emploie que pour désigner son envie de manger, sans spécifier la chose à manger. Ainsi, quand dans le jardin elle entend sonner la cloche du dîner, elle dit *am* et non *oua-oua;* au contraire, à table, devant une côtelette, elle dit *oua-oua* et bien moins souvent *am*.

D'autre part, le mot *tem* (donne, prends, regarde), dont j'ai parlé, est depuis deux mois tombé en désuétude; elle ne le dit plus, et je ne vois pas qu'elle l'ait remplacé par un autre. La cause en est sans doute que nous n'avons pas voulu l'apprendre; il ne correspondait à aucune de nos idées, parce qu'il en réunissait trois fort distinctes; nous ne nous en sommes pas servi avec elle; par suite, elle a cessé de s'en servir.

Si l'on résume les faits que je viens de raconter, on arrive aux conclusions suivantes; c'est aux observateurs à les contrôler par des observations faites sur d'autres enfants :

L'enfant crie et emploie son organe vocal à l'origine de la même façon que ses membres, spontanément et par action réflexe. — Spontanément, et par plaisir d'agir, il exerce ensuite son organe vocal de la même façon que ses membres, et il en acquiert l'usage complet par tâtonnements et sélection. — Des sons non articulés, il passe ainsi aux sons articulés. — La variété d'intonations qu'il acquiert indique chez lui une délicatesse d'impression et une délicatesse d'expression supérieures. Par cette délicatesse il est capable d'idées générales. — Nous ne faisons que l'aider à saisir ces idées en lui suggérant nos mots. — Il y accroche des idées sur lesquelles nous ne comptions pas, et généralise spontanément en dehors et au delà de nos cadres. — Parfois, il invente non-seulement le sens du mot, mais encore le mot lui-même. — Plusieurs vocabulaires peuvent se succéder dans son esprit, par l'oblitération d'anciens mots que de nouveaux mots

ACQUISITION DU LANGAGE PAR LES ENFANTS 371

remplacent. — Plusieurs significations peuvent se succéder pour lui autour du même mot qui reste fixe. — Plusieurs mots inventés par lui sont des gestes vocaux naturels. — Au total, il apprend la langue faite, comme un vrai musicien apprend le contre-point, comme un vrai poëte apprend la prosodie ; c'est un génie original qui s'adapte à une forme construite pièce à pièce par une succession de génies originaux ; si elle lui manquait, il la retrouverait peu à peu ou en découvrirait une autre équivalente.

...... L'observation a été interrompue par suite des calamités de l'année 1870. — Néanmoins les notes qui suivent peuvent servir à constater l'état mental d'un enfant. A beaucoup d'égards, c'est celui des peuples primitifs dans la période poétique et mythologique. Un jet d'eau qu'elle a vu pendant trois mois sous ses fenêtres la mettait tous les jours dans un transport de joie toujours nouvelle ; de même la rivière au-dessous d'un pont ; il était visible que l'eau luisante et mouvante lui semblait d'une beauté extraordinaire : « L'eau, l'eau ! » Ses exclamations ne finissaient pas (vingt mois). — Un peu plus tard (deux ans et demi), elle a été extrêmement frappée par la vue de la lune. Tous les soirs, elle voulait la voir ; quand elle l'apercevait à travers les vitres, c'étaient des cris de plaisir ; quand elle marchait, il lui semblait que la lune marchait aussi, et, pour elle, cette découverte était charmante. Comme la lune apparaissait selon les heures à divers endroits, tantôt devant la maison, tantôt par derrière, elle criait : « Encore une lune, une autre lune ! » — Un soir (trois ans), comme elle s'enquérait de la lune, on lui dit qu'elle est allée se coucher, et là-dessus elle reprend : « Où donc est la bonne de la lune? » — Tout ceci ressemble fort aux émotions et aux conjectures des peuples enfants, à leur admiration vive et profonde en face des grandes choses naturelles, à la puissance qu'exercent sur eux l'analogie, le langage et la métaphore pour les conduire aux mythes solaires ou lunaires. Admettez qu'un pareil état d'esprit soit universel à une époque; on devine tout de suite les cultes, les légendes qui se formeront. Ce sont celles des Védas, de l'Edda et même d'Homère.

Si on lui parle d'un objet un peu éloigné, mais qu'elle peut se représenter nettement parce qu'elle l'a vu ou qu'elle en a vu de semblables, sa première question est toujours : « Qu'est-ce qu'il dit? — Qu'est-ce qu'il dit, le lapin? — Qu'est-ce qu'il dit, l'oiseau? — Qu'est-ce qu'il dit, le cheval? — Qu'est-ce qu'il dit, le gros arbre? » Animal ou arbre, elle le traite tout de suite comme une personne; elle veut savoir sa pensée, sa parole; c'est là pour elle l'essentiel; par une induction spontanée, elle l'imagine d'après elle et d'après nous; elle l'humanise. — On retrouve cette disposition chez les peuples primitifs, et d'autant plus forte qu'ils sont plus primitifs; dans l'Edda, surtout dans le Mabinogion, les animaux ont aussi la parole; un aigle, un cerf, un saumon sont de sages vieillards expérimentés qui se souviennent des évènements anciens et instruisent l'homme [1].

Il faut bien du temps et bien des pas à un enfant pour arriver à des idées qui nous semblent simples. Quand ses poupées avaient la tête cassée, on lui disait qu'elles étaient mortes. Un jour, sa grand'mère lui

---

[1]. Pareillement elle dit : « Ma voiture ne *veut* pas marcher; elle est *méchante*. »

dit : « Je suis vieille, je ne serai pas toujours avec toi, je mourrai. — Alors, tu auras la tête cassée? » — Elle a répété cette idée à plusieurs reprises; maintenant encore (trois ans un mois), pour elle, être morte, c'est avoir la tête cassée. — Avant-hier, une pie tuée par le jardinier a été pendue par la patte au bout d'une perche, en guise d'épouvantail; on lui a dit que la pie était morte; elle a voulu la voir : « Qu'est-ce qu'elle fait, la pie? — Elle ne fait rien, elle ne remue plus, elle est morte. — Ah ! » — Pour la première fois, l'idée de l'immobilité finale vient d'entrer dans sa tête. Supposez qu'un peuple s'arrête à cette idée et ne définisse pas la mort autrement. L'*au delà* pour lui sera le *Schéol* des Hébreux, l'endroit où vivent d'une vie vague ou presque éteinte les morts immobiles. — *Hier* signifie pour elle *dans le passé*, et *demain, dans l'avenir;* aucun de ces deux mots ne désigne dans son esprit un jour précis par rapport à celui d'aujourd'hui, le précédent ou le suivant. — Voilà encore un exemple d'un sens trop vaste qu'il faudra rétrécir. — Il n'y a presque pas de mots employés par un enfant dont le sens ne doive subir cette opération. Comme les peuples primitifs, ils sont enclins aux idées générales et vastes; les linguistes nous disent que tel est le caractère des racines, et partant des conceptions premières telles qu'on les trouve dans les plus anciens documents, notamment dans le Rig-Véda.

En général, l'enfant présente à l'état passager des caractères mentaux qui se retrouvent à l'état fixe dans des civilisations primitives, à peu près comme l'embryon humain présente à l'état passager des caractères physiques qui se retrouvent à l'état fixe dans des classes d'animaux inférieurs.

II. Les observations précédentes ont été répétées et confirmées sur un autre enfant (garçon). Je noterai principalement les développements et les variantes que présente ce second exemple.

.... Les premiers objets que l'enfant ait reconnus sont ma figure, jointe au son de ma voix, et presque en même temps celle de la femme de chambre. Il devenait attentif en les revoyant, respirait plus vite, faisait une sorte de bruissement avec ses lèvres et, vers le troisième mois, souriait. — Ensuite il a reconnu les autres figures, celles de sa mère, de sa grand'mère, de sa petite sœur. — Vers la même époque, on voyait son attention se fixer sur le dos d'un fauteuil d'une couleur vive et tranchée, sur un rideau, sur le jour qui venait par la fenêtre, sur la lumière d'une lampe. Mais la première chose inanimée qu'on lui ait vu nettement reconnaître, c'est la porte de l'appartement sur l'escalier. De très-bonne heure, on l'avait promené au grand air; dans les premiers temps, sitôt qu'il était dehors, il dormait; puis il a moins dormi, et il a regardé. Probablement, le grand air et le kaléidoscope mouvant de la rue lui ont plu; car, vers le quatrième mois, il devenait pleurard et méchant quand le mauvais temps l'empêchait de sortir. Au cinquième mois, même mauvaise humeur; mais alors, sitôt que, sur les bras de sa bonne, il arrivait dans l'antichambre et apercevait la porte, il se taisait et redevenait content. — Voilà la première association nette que nous ayons constatée chez lui; car je ne compte pas celles qui sont presque innées et qui s'établissent tout de suite, par exemple entre l'envie de téter et le contact du sein présenté par la nourrice.

ACQUISITION DU LANGAGE PAR LES ENFANTS 375

Quant aux mouvements appris, les progrès se sont faits dans l'ordre suivant : 1º Tourner les yeux à volonté dans tel ou tel sens. 2º Les tourner du côté d'où vient la voix (quatre mois). 3º Gouverner les mouvements de son cou et de sa tête, et les tourner l'un et l'autre, en même temps que les yeux, du côté d'où vient la voix (cinquième et sixième mois). 4º Se servir de ses mains, commencer à palper, remarquer des sensations tactiles différentes, notamment la sensation nouvelle d'une des mains promenée par hasard sur l'autre main. C'est au quatrième mois qu'il a fait cette remarque : pendant un quart d'heure, il tâtait ses mains l'une par l'autre, lorsqu'on les avait mises au contact, et continuait ainsi d'un air aussi étonné qu'occupé. A présent (sixième et septième mois), il se plaît à essayer beaucoup de contacts, notamment celui d'un journal étendu qu'il foule et ploie. 5º Atteindre les objets qu'il aperçoit. Au sixième mois, il ne sait encore que lancer ses deux bras violemment et au hasard, par plusieurs fois, jusqu'à ce qu'enfin il atteigne ou, plus exactement, il rencontre l'objet. Au septième mois, il commence à dépasser ce procédé primitif, à diriger un peu ses mains d'après son regard, à les relever graduellement vers l'objet, à saisir, après quelques tâtonnements, une fleur, un hochet, une petite cuiller : alors il les garde longtemps, avec attention, comme pour étudier leur poids, leur forme, leur consistance et les diverses apparences optiques qu'ils présentent à mesure qu'ils remuent dans sa main vacillante.

Mêmes progrès graduels et spontanés pour les mouvements vocaux. De plus, comme dans le cas précédent, le développement de l'articulation a manifesté la délicatesse innée de l'organisation mentale et morale. — Pendant les six premières semaines, les sons qu'il a proférés n'étaient que des cris, et très-simples, cris de douleur, de malaise, de besoin, analogues à ceux qu'il jetait au moment même de sa naissance. Dans la septième semaine ont commencé des sons d'un tout autre caractère et que j'appellerais volontiers des sons intellectuels. En tout cas, ils annonçaient le premier éveil de l'intelligence : ils n'étaient plus aigus, prolongés, monotones; c'étaient, pour ainsi dire, les sons d'une langue nouvelle; cette langue, très-différente du cri primitif, ne traduisait plus seulement la douleur brute, le simple malaise ; quoique rudimentaire et bornée, elle manifestait des nuances de sentiment, des états variés et compliqués de l'esprit et surtout de l'âme. Les principaux sons qui la composaient étaient des voyelles, plus ou moins accompagnées de gargouillements du gosier : « *Ah, ah,* » puis des gutturales : « *Gue-e-e, gre-e, gle-e,* » d'abord très-barbouillées, puis de plus en plus distinctes. A l'âge de cinq mois, on le surnommait *Gre*, tant il avait l'habitude de proférer ce son, et, jusqu'à cinq mois, presque tous les sons qu'il émettait oscillaient entre *ah* et *gue*, *gre*. Dès la septième semaine, il fut clair pour moi que ces sons exprimaient des émotions intelligentes, l'étonnement, la curiosité, l'attente, et qu'ils étaient analogues aux exclamations qu'une personne expansive, un enfant de trois ans profère involontairement en pareilles circonstances. Présentement (septième mois), il émet ces sortes de sons (toujours avec *ah, gue, gre* comme fonds de son vocabulaire) pendant un quart d'heure de suite, avec une étonnante variété d'intonations. Cette langue s'est nuancée de plus en plus et traduit aujourd'hui tous les hauts, tous les bas, tous les degrés des idées et des émotions qui s'élèvent en lui. Depuis un mois, il y a ajouté une nouvelle articulation fondamentale : « Ata, ada, » et l'on distingue dans ses différentes manières de la prononcer quantité de véhémences et d'impétuosités très-curieuses.

.... *Du sixième au douzième mois.* — Pendant cette période, il a passé presque tout son temps à faire des expériences de physique, je veux dire des observations prolongées et des essais variés sur les objets extérieurs.

Ainsi, pendant plus de six semaines (fin du septième et huitième mois), assis sur un tapis entre des coussins, ayant pour s'amuser une cuiller à café, il ne se lassait jamais de la regarder, de la palper, de l'expérimenter, toujours avec la même attention et le même plaisir. Plusieurs fois par jour et chaque fois pendant une demi-heure ou même une heure entière, on le voyait toucher la cuiller, l'empoigner par un bout, par un autre, par le milieu, la lever en l'air pour la regarder à plusieurs distances et à plusieurs hauteurs, la frapper sur le plancher, éprouver ses diverses sonorités, ses rebonds, imprimer dans son esprit les diverses apparences qu'elle prenait selon ses diverses positions. Il n'est pas douteux pour moi que, grâce à ce travail, les innombrables sensations optiques, acoustiques, musculaires, tactiles, que faisait naître en lui la cuiller, s'agglutinaient et s'organisaient dans sa mémoire en un seul tout.

Après la cuiller, ç'a été un rond de serviette; aujourd'hui (treizième mois), il s'y intéresse encore, surtout quand on le fait tourner sur son axe, ce qui fait une sorte de brouillard sphérique. Il éprouve toujours un vif plaisir à le faire rouler, à lui communiquer cette série continue d'apparences changeantes qu'on nomme le mouvement.

De très-bonne heure, la connaissance incomplète a tendu à se compléter. Quand il avait acquis sur un objet un ordre de renseignements, il éprouvait le besoin d'acquérir un autre ordre de renseignements sur le même objet. Par exemple (neuvième mois), depuis dix ou onze semaines, assis sur son tapis, il voyait à deux pas de lui la grande table à manger; mais, ne sachant pas encore se traîner, il n'avait pu la toucher, il n'avait d'elle qu'une sensation visuelle, semblable à celle que nous avons de la lune ou des nuages. S'il nous poussait des ailes, nous tâcherions tout de suite d'aller toucher là-haut les corps aériens ou célestes. Pareillement, aussitôt qu'il a pu se mouvoir, il s'est mis à ramper vers la table, et, arrivé contre les pieds noirs, pendant trois ou quatre jours, il a passé une heure par jour à les palper, à joindre l'idée tactile à l'idée visuelle. Ainsi le pli est déjà pris; une famille de sensations conduit à une autre. — Même opération au jardin sur des fleurs et branches d'arbustes qu'il avait vues depuis longtemps, mais non touchées; aussitôt qu'il a pu diriger ses mains, on le soulevait à portée de l'arbuste, et il touchait, empoignait les fleurs et les branches, avec une attention et un intérêt très-visibles. Évidemment, il bouchait des trous dans sa connaissance.

Aujourd'hui (treizième mois), il n'entend et ne répète encore que deux mots : 1° « *Coucou* » (se cacher). On se cache la figure dans les mains en lui disant ce mot, et il rit; souvent alors, il le répète, en se cachant aussi le visage dans la poitrine de la personne qui le tient ou en détournant la tête et en fermant les yeux. — 2° *Avoua* (au revoir); on lui dit ce mot, et il le répète quand on le ramène dans la chambre des enfants et qu'on ferme la porte; il cesse alors de nous voir, et probablement ce mot signifie pour lui disparition de quelqu'un, disparition de certaines figures qu'il connaît. — Nul autre mot; il ne comprend pas les mots *papa, maman*, quoiqu'il les dise parfois en façon de ramage. Il n'a pas encore dépassé ni même atteint les limites de l'intelligence animale.

.... *Du douzième au vingtième mois*. — L'enfant a été tardif, ou du moins plus tardif que sa sœur. Du treizième au dix-septième mois, il n'a appris que des noms individuels, et encore lentement : *poupoule* (soupe), *cola* (chocolat), *caté* (café); mais je ne trouve pas qu'avec ces mots il ait généralisé à côté ni au delà du sens ordinaire. *Am* (manger, j'ai faim); il a trouvé et prononcé spontanément ce mot, comme avait fait sa sœur; mais, comme nous avions appris à le comprendre, nous l'avons employé tout de suite avec lui; voilà un second cas du même geste vocal. Les autres mots sont *Nien-Nien* (Geneviève) et *Toto* (surnom de sa sœur), *Néné* (Annette), *maman, papa*. Il dit *maman* de sa mère et de sa grand'mère, *papa* de son père et de son grand-père; pendant quelque temps, il a dit aussi ce mot à propos du troisième homme de la maison, mais jamais à propos des autres hommes qu'il y voyait par accident et pour quelques jours. Jusqu'au dix-septième mois, point de mots généraux et compris comme tels. — Ils n'ont apparu que du dix-septième au vingtième mois; toujours ils ont désigné d'abord un objet individuel et dans cet objet un caractère général : *Loulou* (nom du chien, l'enfant l'a très-vite appliqué aussi à d'autres chiens), *Minet* (appliqué tout de suite à plusieurs chats), *tuture* (voiture, appliqué à ses diverses petites voitures), *dada* (appliqué à tous les chevaux qui passent sur la route), *l'eau, l'eau* (appliqué également au lac et aux ruisseaux), *cocotte* (appliqué également aux oiseaux et aux papillons), *fleurs* (assez tardivement, et avec un certain embarras, une certaine peine pour reconnaître une similitude entre des couleurs et des formes si différentes). Parmi ces acquisitions, deux seulement sont à remarquer.

1° *Bête*. — C'est là une de ses premières généralisations faciles, promptes et nettes. On lui a fait regarder ou toucher des mouches, des fourmis, des scarabées qui marchaient devant lui sur le sable. Il les regardait avec un grand plaisir, puis les perdait de vue, puis les cherchait, les découvrait et criait : *Bête!* Par ce nom, il désignait d'abord de *petites choses en mouvement;* car, de lui-même, il donnait ce nom à de petites toupies formées d'un bouton et d'un bout d'allumette, que l'on faisait tourner devant lui. A présent, il ne les appelle plus ainsi; par contre, il donne ce nom à des mouches mortes, à des insectes immobiles. L'idée générale s'est restreinte et remplie autrement; dans ce groupe de caractères qui la constituaient, une particularité, celle d'être en mouvement, s'est oblitérée; peut-être l'enfant a-t-il distingué le mouvement véritablement spontané de l'animal et le mouvement simplement communiqué de la toupie. En tout cas, ce qui maintenant constitue une *bête* pour lui, c'est une forme beaucoup plus délicate et plus compliquée que celle de la toupie, savoir la forme commune aux insectes, un corps à plusieurs articles et paires d'appendices, tantôt immobile, tantôt en mouvement de soi-même et sans impulsion du dehors.

2° *Bédames* (belles dames). — D'abord on lui a montré, en prononçant ce nom, les trois Grâces en bronze de Germain Pilon, hautes d'une coudée, sur la cheminée, et il a fini par prononcer le nom, par le répéter de lui-même, en tournant les yeux vers elles. — Puis, de lui-même, il l'a appliqué à diverses figures humaines peintes ou dessinées dans des livres d'enfants ou dans des tableaux. — Ces jours-ci, il a découvert au bout d'une petite canne une tête d'enfant en cuivre, grosse comme le bout du doigt, et il l'a apportée triomphalement, en criant : *Bédames!* — Le lendemain, voyant sa silhouette et celle de sa grand'mère très-nettement dessinées devant lui par le soleil, il a crié encore : *Bédames!* — Aujourd'hui, il a fait sur mes bras le tour de mon cabinet, regardant dans les passe-partout quantité de figures encadrées, et, à l'aspect de ces gravures, il a répété *Bédames*, pendant une demi-heure, avec l'accent vif et heureux de la découverte. — Il vient de dire plusieurs fois et plusieurs jours de suite *Bédames*, en voyant sa propre image dans le globe en cuivre poli de la lampe. — Jamais il ne dit ce mot devant une personne vivante ni devant un simple paysage sans figures. Bien mieux, jamais il ne le dit à propos d'une poupée, probablement parce qu'il la touche et qu'il en a une impression tactile. Il désigne donc par ce mot le *semblant visible* d'une figure humaine. — Une pareille distinction est véritablement surprenante ; à cet âge, avec si peu de mots généraux et des notions si restreintes, distinguer l'apparence de la réalité, l'imitation visible de l'imitation tactile, la forme pure de la substance corporelle, cela est inattendu et donne la plus haute idée de la délicatesse et de la précocité de l'intelligence humaine.

Du douzième au dix-septième mois et jusqu'aujourd'hui (vingt et unième mois), il a continué à jacasser incessamment dans un langage qui est à lui, avec les inflexions les plus nuancées, et en nous regardant comme pour nous parler, absolument comme un étranger tombé d'une autre planète qui apporterait avec lui un langage complet et tâcherait de se faire entendre de nous. Il est manifeste que l'enfant a trouvé spontanément ce langage complet. Mais son idiome ne paraît point fixe. A plusieurs reprises, je l'ai mis dans la même position vis-à-vis du même objet, sans pouvoir rien découvrir de constant dans les sons et articulations que cet objet et cette position lui suggéraient. Probablement il improvise chaque fois une phrase nouvelle, comme un musicien de génie. — En effet, la fixité de la langue, la régularité et le retour exact des mêmes sons à propos de la même chose sont des raidissements, des appauvrissements et des décadences après l'exubérance, la variété, l'invention intarissable et toujours nouvelle des commencements.

Vers le vingtième mois paraissent les premières liaisons de mots : « Toto là-bas. Bateau là-bas. Bateau parti. Lune partie. » — Deux objets principaux attirent surtout son attention, et sa curiosité ne s'en lasse jamais : 1° *Bateau* (le bateau à vapeur, qu'il voit de loin passer sur le lac). Pendant des mois entiers, ç'a été pour lui un plaisir extrême et toujours neuf de reconnaître de loin et de nommer vingt fois de suite le bateau. 2° *Lune.* Comme sa sœur et aussi pendant des mois entiers, il était charmé de voir la lune sous toutes ses formes et à tous les points du ciel, de la reconnaître et de la nommer. Le sentiment de la forme, déjà manifesté par plusieurs traits, s'est encore révélé chez lui en cette circonstance. Deux fois ces jours-ci (vingt et unième mois), et chaque fois à plusieurs reprises, avec la joie d'une découverte, il a dit *lune* en voyant un O et un D majuscules dans le titre d'un journal. Une fois même, à ce propos, pour exprimer à la fois la similitude et la différence des deux objets, il a dit *lune-papier.* — L'aptitude aux idées générales est tout à fait développée, et en effet, pendant ce mois (le vingt et unième mois), il apprend, comprend, répète et même associe tout d'un coup quantité de mots nouveaux.

§ 2. — **Acquisition du langage par l'espèce humaine.**

Une pareille question ne pouvait être traitée avec compétence que par un philologue. Par bonheur, l'un des plus éminents linguistes de notre temps, M. Max Müller, vient d'en donner une solution à la fois trèssimple, très-ingénieuse et très-solidement fondée.

Sur tous les points essentiels, les conclusions auxquelles M. Max Müller arrive par la philologie sont celles auxquelles nous sommes arrivés par la psychologie. Selon lui, il y a deux sortes de langages, l'un qu'il appelle *émotionnel* et qui nous est commun avec les brutes, l'autre qu'il appelle *rationnel* et qui est propre à l'homme. Le langage *émotionnel* comprend les cris, les interjections, les sons imitatifs. « Si un chien aboie, c'est un signe qu'il est en colère, content ou surpris; tous les chiens parlent ce langage, tous les chiens l'entendent, et d'autres animaux aussi, les chats, les moutons, même les enfants apprennent à le comprendre. Un chat qui a été effrayé ou mordu une fois par un chien aboyant comprendra aisément le son et se sauvera, aussi bien que tout autre être qualifié de raisonnable [1]. » Seulement, s'il se sauve, c'est que, par association, l'aboiement évoque en lui l'image ou représentation sensible du chien qui s'élance et de la paire de crocs qui vont entrer dans sa peau. Le langage *rationnel* et spécialement humain est tout autre; considérés dans leur sens primitif, les mots qui le composent évoquent non des représentations sensibles, mais des concepts généraux; à ce titre, on l'appelle rationnel, parce que la raison est la faculté de « former et de manier ces concepts généraux ».

« Il n'y a pas de langue, même parmi les sauvages les plus dégradés, dans laquelle la très-grande majorité des mots ne soit rationnelle. Nous n'entendons pas, par langue rationnelle, une langue possédant des termes aussi abstraits que *blancheur, bonté, avoir, être*, mais toute langue dans laquelle les mots les plus concrets eux-mêmes sont fondés sur des concepts généraux, et dérivés de racines qui expriment des concepts généraux. Il y a dans toute langue une couche de mots qui peuvent être appelés purement *émotionnels :* cette couche est plus ou moins grande suivant le génie et l'histoire de chaque nation; elle n'est jamais cachée

---

[1]. *Lectures on Mr Darwin's Philosophy of language delivered at the Royal Institution* (mars et avril 1853, publiées ensuite dans *Fraser's Magazine*, mai 1873).

ACQUISITION DU LANGAGE PAR L'ESPÈCE HUMAINE

entièrement par les couches postérieures du langage rationnel ; la plupart des interjections, beaucoup de mots imitatifs appartiennent à cette classe ; leur caractère et leur origine sont parfaitement manifestes, et personne ne peut soutenir qu'ils reposent sur des concepts généraux. Mais, si nous défalquons cette couche inorganique, tout le reste de la langue, soit chez nous, soit chez les derniers des sauvages, peut être ramené à des *racines*, et chacune de ces racines est le signe d'un concept général. Telle est la plus importante découverte de la linguistique.... Ces racines, qui en réalité sont les plus vieux titres de notre droit à la qualité d'êtres raisonnables, fournissent encore aujourd'hui la sève vivante des millions de mots prononcés sur la surface du globe, tandis qu'on n'en a découvert aucune trace, ni aucune trace de quoi que ce soit d'analogue, parmi les plus avancés des singes catarrhins....

« Quoique le nombre des racines soit illimité, le nombre de celles qui subsistent et sont dans chaque langue les nourrices effectives du reste est d'environ 1000. Quelques-unes de celles-ci sont sans doute de formation secondaire ou tertiaire et peuvent être réduites à un nombre plus petit de formes primaires, en tout à peu près de 500 à 600 [1]. — Toutes ces racines expriment des concepts généraux et manifestent un mode de connaissance propre à l'homme. Car, de même qu'il y a deux langues, l'une *émotionnelle*, commune à l'homme et aux animaux, l'autre *ration-*

---

1. *Lectures on the science of language*, 67, Max Müller, 6ᵉ édit., I, 307. — 500 pour l'hébreu, 450 pour le chinois, environ 500 pour le sanscrit, 600 pour le gothique, 250 pour l'allemand moderne, 1605 pour les langues slaves.

nelle, particulière à l'homme, de même il y a deux modes de connaissance, l'un *intuitif*, commun à l'homme et aux animaux, l'autre *conceptuel* et particulier à l'homme. Quand un animal, ou un enfant qui ne sait pas encore parler, voit un chien ou un arbre, il en a l'intuition, il ne va pas au delà, il ne range pas cet objet dans une classe d'objets semblables. Quand un homme, voyant ce chien ou cet arbre, prononce en outre mentalement que l'un est un chien et l'autre un arbre, outre l'intuition et perception simple, il a un concept; il range l'objet dans une classe d'objets semblables. « Ces concepts sont formés par ce qu'on appelle la faculté d'abstraire, mot très-bon, qui désigne l'action de décomposer des intuitions sensibles en leurs parties constituantes, de dépouiller chaque partie de son caractère momentané et concret, » pour l'isoler et en former un caractère général.

« Comment s'exécute cette œuvre spéciale de l'intelligence humaine, je veux dire la formation et le maniement des concepts? Les concepts sont-ils possibles, ou du moins y a-t-il jamais des concepts effectués sans une forme extérieure et un corps? Je réponds décidément *non*. Si la linguistique a prouvé quelque chose, elle a prouvé qu'une pensée conceptuelle ou discursive ne peut se dérouler que par des mots. *Il n'y a pas de pensée sans mots, pas plus qu'il n'y a de mots sans pensée*. Nous pouvons, par abstraction, distinguer entre les mots et la pensée, comme faisaient les Grecs quand ils parlaient du discours (*logos*) intérieur et du discours extérieur, mais nous ne pouvons jamais séparer l'un de l'autre sans les détruire tous les deux. Si je puis expliquer ma pensée par un exemple familier, ils ressemblent à une orange avec sa peau. Nous ne pouvons peler l'orange, mettre la peau d'un côté et la chair de l'autre, et nous pouvons peler le langage et mettre les mots d'un côté, et la pensée ou le sens de l'autre ; mais nous ne trouverons jamais dans la nature une orange sans peau, ou une peau sans orange, et nous ne trouvons jamais dans la nature une pensée sans mots ou des mots sans pensée [1]. »

Ainsi, des racines et des concepts, voilà la production spéciale de l'intelligence humaine, et il n'est pas étonnant qu'on les y rencontre ensemble, puisqu'ils ne sont qu'une même production sous deux aspects. « Prenez n'importe quel mot dans toute langue qui a un passé, et, invariablement, vous trouverez qu'il est fondé sur un concept. Ainsi, dans le vieux nom aryen du cheval (*asva* en sanscrit, *equus* en latin, ἵππος en grec, *ehu* en vieux saxon), nous ne découvrons rien qui rappelle le hennissement d'un cheval, mais nous découvrons le concept de *rapidité* incorporé dans la racine *ak*, signifiant être aigu, être rapide, d'où nous avons aussi tiré des noms pour désigner la promptitude intellectuelle, par exemple *acutus*. Nous voyons donc, non par conjecture et théorie, mais par des faits et des preuves historiques, que le concept de *rapidité* existait, *avait été complètement élaboré au préalable*, et que par lui la connaissance conceptuelle du cheval, distincte de la connaissance intuitive du cheval, s'effectua. Ce nom, *le rapide*, aurait pu être appliqué

---

[1]. Nous avons expliqué (p. 44) pourquoi il n'y a pas de concept, ou idée générale, sans un signe. C'est qu'une idée générale n'est qu'un signe doué de sens, je veux dire capable d'être évoqué par une seule classe de perceptions, et capable d'évoquer une seule classe de souvenirs.

aussi à beaucoup d'autres animaux; mais, ayant été appliqué à maintes reprises aux chevaux, il devint pour cette raison impropre à tout autre usage. Les serpents par exemple sont assez rapides quand ils se jettent sur leur proie; mais leur nom fut formé par un autre concept, celui d'étouffer ou étrangler. Ils furent appelés *ahi* en sanscrit, ἔχις en grec, *anguis* en latin, de la racine *ah*, étouffer; ou *sarpa*, en latin *serpens*, de la racine *sarp*, ramper, aller. » De même *hamsas* (l'oie) signifie l'animal qui a la bouche béante; *varkas* (le loup), celui qui déchire; *sus* (le cochon), celui qui engendre, le plus prolifique des animaux domestiques. L'homme a trois noms : on l'appelle celui qui est fait de terre (*homo*), celui qui meurt (*marta*), celui qui pense (*manu*) [1]. La lune est « celle qui mesure », le soleil est « celui qui enfante », la terre est « celle qu'on laboure ». Les animaux (*pasu*, *pecus*) « sont ceux qui nourrissent ». — « Voilà comment nos concepts et nos noms, notre intelligence et notre langage se formèrent ensemble. Quelque trait détaché fut saisi comme la caractéristique d'un objet ou d'une classe d'objets; une racine se trouva là pour exprimer le trait; » une base pronominale s'y ajouta, puis des suffixes s'y accolèrent, y apportant la précision et les distinctions. « *Yudh*, combattre, donna *yudh-i* l'acte de combattre; *yudh-ma* un combattant, *â-yudh-a*, une arme. » Et peu à peu les racines bourgeonnantes fournirent l'immense végétation d'un vocabulaire complet.

Ainsi constituée, chaque langue a parcouru trois étapes. La première [2], qu'on peut appeler l'*époque des*

---

1. Max Müller, *Lectures on the science of language*, I, 34.
2. Max Müller, *Lectures on the science of language*, lecture 8, p. 331, 332, 375, 378.

racines, « est celle où chaque racine conserve son indépendance, où une racine et un mot ne présentent aucune distinction de forme. » Le meilleur exemple de cet état du langage est donné par l'ancien chinois ; là, une même racine, selon sa position dans la phrase, peut signifier grand, grandeur, grandement, être grand ; dans *y-cang* (avec un bâton, en latin *baculo*), *y* n'est pas une simple préposition comme en français, c'est une racine, qui, comme verbe, signifie *employer ;* ainsi en chinois *y-cang* signifie littéralement *employer bâton*. « Aussitôt que des mots comme *y* perdent leur sens étymologique et deviennent les signes d'une dérivation ou d'un cas, la langue entre dans la seconde époque. — Cette seconde époque, qu'on peut appeler l'étape des *terminaisons*, est celle où, « deux ou plus de deux racines se réunissant pour former un mot, la première racine garde son indépendance primitive, tandis que la seconde se réduit à n'être plus qu'une terminaison. Le meilleur représentant de cet état est la famille des langues touraniennes ; les langues qu'elle comprend ont, en général, été nommées *agglutinatives*, parce que la seconde racine altérée vient se coller à la première intacte. — La troisième étape, qu'on peut appeler celle des *inflexions*, a ses meilleurs représentants dans les familles aryenne et sémitique. Dans cette époque, les racines s'unissent en s'altérant toutes les deux, en sorte qu'aucune d'elles ne garde son indépendance substantive. » Toutes les langues rentrent dans l'une de ces trois catégories, et toute langue doit au préalable traverser la première pour arriver à la seconde, puis la seconde pour arriver à la troisième. « Ce qui est maintenant inflexion a été autrefois agglutination, et ce qui est maintenant agglutination a d'abord été racine. » Telle est l'histoire des mots; quelle que soit aujourd'hui leur altération, déformés, effacés, réduits à un mininum de matière et de sens, à une particularité d'orthographe, à une simple lettre terminale, presque vides et presque nuls, ils ont été d'abord des racines pleines, indépendantes, intactes, d'un sens complet et distinct, comme l'*y* chinois.

Reste à savoir comment ces racines se formèrent.

« Elles ne sont ni des imitations ni des interjections. Des interjections comme *peuh!* des imitations comme *oua-oua* (aboiement du chien) sont exactement le contraire d'une racine. *Leur son est vague et variable et leur sens spécial, tandis que dans les racines le son est défini et le sens général.* Néanmoins les interjections et les imitations sont les seuls matériaux possibles avec lesquels le langage humain ait pu se former, et par conséquent il s'agit de savoir comment, en partant des interjections et des imitations, nous pouvons arriver aux racines. Si nous rendons compte de ce passage, nous aurons fait tout ce que le sceptique le plus exigeant peut demander. Car d'une part l'analyse de toutes les langues connues nous ramène aux racines, et d'autre part l'expérience nous donne les interjections et les imitations comme le seul commencement imaginable de la parole humaine. Si ces deux termes peuvent être reliés, le problème est résolu.

« Remontons encore une fois aux premiers commencements de la connaissance conceptuelle; car c'est là que la clef doit se trouver, si elle est quelque part. Le plus simple concept est celui qui consiste à réunir deux choses en une seule ; ce concept peut être formé de deux manières, par combinaison ou par abstraction.

« Si nous avons un mot pour *père* et un mot pour *mère*, alors, pour exprimer le concept de *parents*, nous pouvons réunir les deux mots. En fait c'est ce que nous trouvons en sanscrit ; *pitar* y signifie père, *mātar* mère, *mātāpitarau* mère et père, c'est-à-dire parents. De même, en chinois, *fú* signifie père, *mú* mère, et *fú-mú* parents. Pareillement, en chinois, un bipède avec des plumes s'appelle *kin*, un quadrupède avec du poil *sheu*, et les animaux en général *kin-sheu*...

« Mais il est clair que cette addition de mots à la suite les uns des autres ne pourrait pas être prolongée à l'infini ; autrement la vie deviendrait trop courte pour achever une phrase. Nous pouvons nommer nos parents *nos père et mère, fúmú ;* mais comment nommerions-nous notre famille ? Ici, la faculté d'abstraire nous vient en aide. Un cas très-simple nous montrera comment le travail de la pensée et du langage pouvait être abrégé. Aussi longtemps que les hommes désignaient les moutons seulement comme des moutons, et les vaches seulement comme des vaches, ils pouvaient très-bien indiquer les premiers par *béé*, et les secondes par *mou-ou ;* mais, quand pour la première fois ils éprouvèrent le besoin de parler d'un troupeau, ni *béé* ni *mou-ou* ne pouvaient servir. Tant qu'il n'y eut dans le troupeau que des moutons et des vaches, la combinaison *béé-mou-ou* suffisait ; mais quand le troupeau renferma des animaux d'une autre espèce, les sons distincts qui les désignaient durent être évités avec un soin particulier, parce qu'ils auraient produit des méprises. — De même encore, il était assez facile d'imiter les cris du coucou et du coq, et les sons *coucou, coq* pouvaient être employés comme les signes phonétiques de ces deux oiseaux. Mais quand on eut besoin d'un signe phonétique pour indiquer le chant d'oiseaux plus nombreux, ou peut-être de tous les oiseaux possibles, toute imitation d'une note spéciale devint non-seulement inutile, mais dangereuse; et rien ne pouvait conduire au nouveau but, sauf un compromis entre tous ces sons imitatifs, une usure, un frottement, un effilement de tous leurs angles aigus et distinctifs. Ce frottement, qui ôte à chaque son imitatif sa spécialité, marche tout à fait parallèlement à la généralisation de nos impressions, et nous n'avons pas d'autre moyen de comprendre comment, après une longue lutte, les vagues imitations phonétiques d'impressions spéciales devinrent les représentations phonétiques définies de concepts généraux.

« Par exemple, il dut y avoir beaucoup d'imitations exprimant la chute d'une pierre, d'un arbre, d'une rivière, de la pluie, de la grêle; mais à la fin elles se combinèrent toutes dans la racine simple *pat*, exprimant le mouvement rapide, soit pour tomber, soit pour fuir, soit pour courir. En abandonnant tout ce qui pouvait rappeler à l'auditeur le son spécial de tel objet emporté par un mouvement rapide, la racine *pat* devint apte à signifier le concept général du mouvement rapide, et cette racine, par sa végétation, fournit ensuite une quantité de mots en sanscrit, en grec, en latin et dans les autres langues aryennes. En sanscrit, nous trouvons *patati*, il vole, il plane, il tombe; *patagas* et *patangas*, un oiseau et aussi une sauterelle; *patatram*, une aile, la feuille d'une fleur, une feuille de papier, une lettre; *pattrin*, un oiseau; *patas*, tomber, advenir, accident et aussi chute dans le sens de péché; — en grec, πέτομαι, je vole; πετηνός, ailé; ὠκυπέτης, qui vole ou court rapidement; ποτή, fuite; πτερόν et πτέρυξ, plume, aile; ποταμός, rivière; πίπτω, je tombe; ποτμός, chute, accident, destin; πτῶσις, chute, cas, d'abord dans le sens philosophique, puis dans le sens grammatical; — en latin, *peto*, tomber dessus, assaillir, chercher, demander, et ses nombreux dérivatifs : *impetus*, élan, assaut; *præpes*, qui vole rapidement; *penna*, plume, anciennement *pesna* pour *petna*, etc.

« Après ces développements, on comprendra comment les *racines* ou *types phonétiques* sont en réalité les derniers faits auxquels remonte l'analyse du langage, et comment, à un point de vue plus haut et philosophique, elles comportent néanmoins une explication parfaitement intelligible. Elles représentent les *noyaux* formés dans le chaos des sons imitatifs ou interjectionnels, les centres fixes qui se sont établis dans le tourbillon de la sélection naturelle. L'érudit commence et finit par ces types phonétiques; s'il les méconnaît, ou s'il veut ramener les mots aux cris des animaux ou aux interjections humaines, c'est à ses propres risques. Le philosophe va au delà et, dans la ligne qui sépare le langage émotionnel du langage rationnel, la connaissance intuitive de la connaissance conceptuelle, c'est-à-dire dans les racines de chaque langue, il découvre la véritable barrière qui sépare l'homme de la bête. »

D'après ce qui précède, et de l'aveu de M. Max Muller, cette barrière n'est pas une saillie abrupte et tranchée; des transitions y conduisent; avant la période des racines, il y a eu celle des interjections et des imitations, comme avant la période des haches en pierre polie il y a eu celle des haches en silex grossièrement taillé, comme avant la période de l'algèbre il y a eu celle de l'arithmétique. Par conséquent, ce qui distingue l'homme des animaux, c'est que, débutant comme les animaux par des interjections et des imitations, il arrive aux racines où les animaux n'arrivent pas. Or il n'y a là qu'une différence de degré, analogue à celle qui sépare une race bien douée, comme les Grecs d'Homère et les Aryens des Védas, d'une race mal douée, comme les Australiens et les Papous, analogue à celle qui sépare un homme de génie d'un lourdaud. En effet, un esprit naturellement borné ne peut suivre les abstractions d'un certain ordre; nous connaissons des gens qui, quoi qu'ils fassent et quoi qu'on fasse, n'entendront jamais la *Mécanique céleste* de Laplace ou la *Logique* de Hégel. A grand'peine, et par des efforts multipliés, ils parviendront à monter un ou deux des échelons; jamais ils n'arriveront à la moitié de l'échelle, à plus forte raison au sommet. De même un singe, un chien, un perroquet fait quelques pas dans le premier stade du langage; il comprend son nom, souvent le nom de son maître, parfois un ou deux autres mots, surtout d'après l'intonation avec laquelle on les prononce; mais il en reste là; il ne dépasse pas la période des interjections et imitations; il est même fort loin de la parcourir tout entière; à plus forte raison il n'entre point dans le second stade, celui des racines. Ainsi le singe est sur la même échelle que l'homme, mais à beaucoup d'échelons au-dessous, sans que jamais l'exemple ou l'éducation puisse le faire monter jusqu'à l'échelon où arrive un Australien, le dernier des hommes. Cet échelon se reconnaît à divers indices, à la possession d'un langage fondé sur des racines, à l'art d'allumer ou au moins d'entretenir le feu (un singe en est incapable), à l'invention de l'ornement (tatouage, peinture des sauvages, déformation volontaire du nez, des oreilles, des lèvres, etc.), à la fabrication des premiers outils (haches en silex, bâtons pointus, etc. ; un singe se sert d'une pierre ou d'un bâton, mais ne sait pas les transformer pour les approprier à un usage). Si l'on cherche la condition psychologique de cette supériorité, on la trouvera dans une plus grande aptitude aux idées générales. Si l'on en cherche la condition physiologique, on la trouvera dans un développement plus grand et dans une structure plus fine de l'encéphale. La preuve en est que, si cette double condition manque, l'homme ne peut plus acquérir le langage ni les talents distinctifs dont on a parlé. Il s'arrête au-dessous de l'échelon humain. C'est le cas pour les crétins, les idiots, et, en général, pour les encéphales enrayés dans le cours de leur développement ou dont le poids n'atteint pas mille grammes

NOTE II

SUR L'HALLUCINATION PROGRESSIVE AVEC INTÉGRITÉ DE LA RAISON

Je transcris l'observation suivante, qui m'est communiquée par un observateur très-habile et très-exact, M. A. M.... Il parle à la troisième personne, mais cet ami dont il parle est lui-même.

« Un de mes amis, n'ayant pas eu la rougeole dans son enfance, la prit à trente-deux ans. Son médecin ne le traita que par la diète (on était encore sous l'influence Broussais). Cette diète dura cinq jours. Le malade, qui du reste ne souffrait pas, commença dès la seconde nuit par avoir des rêves plus suivis, plus accentués que de coutume. La troisième nuit, ne dormant pas, il continuait à voir les images de ses rêves, même en ouvrant les yeux dans l'obscurité; mais à la lumière, elles disparaissaient. Le lendemain, vers le soir, il en vit apparaître dans sa chambre, étant éveillé, et avant que la nuit fût close. Le surlendemain matin, en s'éveillant, en pleine lumière du jour, il en vit qui allaient et venaient dans sa chambre, comme des êtres réels. Il savait pourtant que ce n'étaient là que des illusions, mais elles l'intéressaient et le distrayaient. Ces images d'êtres se mouvaient sans faire de bruit. Lorsqu'il tenait son regard fixé sur elles et que quelqu'un entrait dans la chambre, l'arrivant était momentanément caché par l'image et semblait passer derrière elle lorsqu'il arrivait au point où elle était; mais, si le regard se portait sur l'arrivant dès son entrée dans la pièce et demeurait attaché sur lui pendant sa marche, celui-ci paraissait passer devant l'image et la dérobait un instant à la vue du malade, lorsqu'il arrivait au point où elle se trouvait. — Jusqu'ici, la vue seule était hallucinée. La nuit suivante, l'ouïe se mit de la partie, et, ne dormant pas, il entendait ses images fredonner d'une voix lointaine, confuse, mélodieuse, de petites phrases musicales. Il y avait de la lumière, et il les voyait; et, à l'inverse de ce qui avait lieu au commencement, quand la lumière disparaissait, il ne les voyait plus, au moins de quelque temps. — Enfin, au matin du cinquième jour, un sens nouveau se mit de complicité avec les précédents, pour donner à l'illusion le dernier caractère de la réalité. Notre malade, fort bien du reste et ne se plaignant que de la faim, vit à son réveil une image gracieuse assise près de son lit, dans la pose du *tireur d'épine* (chevelure et épaules toutes semblables), mais dont la main droite était étendue vers le lit du patient ou de l'observateur (comme on voudra), et posée sur la couverture à 30 centimètres de ses yeux, c'est-à-dire tout près de sa figure et à portée des investigations les plus minutieuses du regard. Cette main était blanche, fuselée, potelée, d'un galbe ravissant, ayant aux articulations de petites fossettes sur les premières phalanges et sans qu'on y pût distinguer de duvet, revêtue vers le poignet d'une auréole très-mince de lumière blonde frisante qui la rendait vivante comme pas une. « Quel dommage, se disait l'halluciné, que ce ne soit là qu'une illusion ? » Et il évitait de bouger, craignant qu'un déplacement de la couverture ne fît disparaître la main. Il pensait que la disposition des plis du tissu se prêtait à la figurer, et il était persuadé que, s'il faisait le moindre mouvement, les modifications apportées aux plis de la couverture entraîneraient l'évanouissement de cette belle main. Cependant, au bout de quelques minutes, la voyant toujours si bien posée et modelée, il se dit : « Si je pouvais la toucher ? » Et le plus doucement possible, avec lenteur et circonspection, déplaçant sous le drap celui de ses bras qui se trouvait le plus éloigné de la figure imaginaire, il l'allongea avec précaution dans la direction opposée, afin de sortir sa main aussi loin que possible de celle qu'il contemplait et de revenir sur celle-ci par un détour fait en l'air, bien lentement, comme on fait quelquefois pour atteindre un papillon ; il s'attendait à voir la main s'envoler avant de l'avoir touchée ; mais pas du tout, les légers plis de la couverture qui se firent malgré ses soins pendant cette grande opération ne modifièrent en rien l'apparence de cette main charmante : voilà que la sienne en est tout près et va pouvoir la saisir. Mais alors il hésite, il se dit : « Je ne saisirai évidemment que les plis de ma couverture, et adieu l'illusion ! » Après un peu d'incertitude, il se décide pourtant. Son bras en suspens se rapproche ; du bout du doigt, il touche la main. O surprise ! il la sent bien telle qu'il la voit ; il étend tous ses doigts et les passe légèrement sur le dos de la main magique, dont les contours, la résistance flexible et ferme, la peau fine et tiède répondent fidèlement à l'illusion de la vue. Alors, de sa main dépliée, il embrasse pleinement cette main plus petite, il la sent dans la sienne, il palpe ces doigts, ce pouce, ces tendons, recouverts d'une peau souple, halitueuse et douce; il arrive au poignet, mince et bien pris ; il sent parfaitement la tête du radius et cherche le pouls; mais alors la figure à laquelle appartient cette main chimérique lui dit d'une voix fraîche, enfantine et souriante, mais sans relever la tête : « Je ne suis pas malade. » — L'alité allait lui demander : « Qui êtes-vous ? » lorsqu'on entra dans sa chambre, apportant un bouillon. Il le prit, sa diète était finie, et avec elle finirent les hallucinations; mais il pense que, s'il avait continué, ses agréables chimères auraient de plus en plus complètement répondu aux bonnes dispositions qu'il commençait à avoir pour elles, et que finalement il eût pu soutenir avec elles ces relations de tous ses sens réunis, sans être sûr pourtant que le contrôle impartial de son intelligence eût pu se maintenir. »

NOTE III

SUR L'ACCÉLÉRATION DU JEU DES CELLULES CORTICALES

De Quincey, *Confessions of an opium-eater*, p. 83 :
« Une proche parente me conta un jour que, dans son enfance, étant tombée dans une rivière et ayant manqué périr, elle revit en un moment sa vie entière déployée et rangée devant elle simultanément comme dans un miroir, et qu'elle se trouva la faculté également soudaine d'embrasser ensemble le tout et chaque partie. »

De Quincey et divers buveurs d'opium ont constaté sur eux-mêmes cette faculté de vivre mentalement, pendant un rêve de quelques minutes, une vie de plusieurs années et de plusieurs centaines d'années.

En 1815, M. de Lavalette, mis en prison et condamné à mort, se fit raconter tous les détails du supplice, la toilette, etc., afin d'user d'avance l'émotion et d'être plus ferme au dernier moment. Là-dessus, il eut le rêve suivant :

« Une nuit que j'étais endormi, la cloche du Palais, qui sonna minuit, me réveilla; j'entendis ouvrir la grille pour relever la sentinelle; mais je me rendormis à l'instant. Dans mon sommeil, j'eus un rêve. — Je me trouvais rue Saint-Honoré, près de la rue de l'Echelle; une obscurité lugubre s'étendait partout; tout était désert, et cependant une rumeur vague et sourde s'éleva bientôt. — Tout à coup parut dans le fond de la rue une troupe à cheval, mais d'hommes et de chevaux écorchés. Les cavaliers portaient des flambeaux, dont la flamme rouge éclairait des visages mis à nu que traversaient des muscles sanglants; leurs yeux enfoncés roulaient dans leurs orbites; leurs bouches s'ouvraient jusqu'aux oreilles, et des casques de chair pendante surmontaient leurs têtes hideuses. Les chevaux traînaient leurs peaux dans le ruisseau, qui débordait de sang jusqu'aux maisons. Des femmes pâles, échevelées, se montraient silencieuses aux fenêtres et disparaissaient; des gémissements sourds, inarticulés, remplissaient l'air, et j'étais seul dans la rue, seul, immobile de terreur, et sans force pour chercher mon salut dans la fuite. Cette effroyable cavalerie passait ainsi au grand galop, passait toujours, en lançant sur moi des regards épouvantables. Elle défila pendant plus de cinq heures; enfin la file se termina et fut suivie par une immense quantité de voitures d'artillerie chargées de cadavres déchirés, mais encore palpitants; une odeur infecte de sang et de bitume m'étouffait... quand tout à coup la grille se referma avec violence et je me réveillai. Je fis sonner ma montre : il n'était encore que minuit. Ainsi cette affreuse fantasmagorie n'avait duré que deux ou trois minutes, le temps de relever la sentinelle et de refermer la grille. Le froid était vif, la consigne très-courte, et le geôlier confirma le lendemain mon calcul. Cependant je ne me rappelle pas un seul évènement de ma vie dont j'aie pu apprécier la durée avec plus de certitude, dont les détails soient mieux gravés dans ma mémoire, et dont j'aie la conscience mieux affermie. »

Une troisième observation du même genre m'est communiquée par M. A. M....

« 10 *juin* 1829. — Au lieu de sortir ce matin, après le déjeuner, je me mis à ciseler mon *ziegenhain* (corne de bois très-dur où les étudiants gravaient alors les noms de leurs amis). J'y passai bien deux heures. Enfin, me sentant la tête lourde (probablement par sympathie de l'estomac, que la flexion du torse sur ce travail de ciselure avait dû comprimer en gênant la digestion), j'entrai dans la chambre voisine, où j'entendais le bruit d'une conversation animée tenue par quelques condisciples. Ils étaient quatre ou cinq en effet, discutant debout, non loin de la fenêtre. J'entrai sans que personne se dérangeât, m'approchai du groupe sans savoir encore de quoi il était question, et me glissai dans l'embrasure de la fenêtre, pour me mettre au courant de la conversation avant d'y prendre part. Là, ma main se porta sur l'espagnolette de la croisée, et mon front alourdi s'appuya sur ma main. — Il paraît qu'à l'instant même je tombai à la renverse sans en avoir conscience, que mes camarades me relevèrent aussitôt, et que je revins à moi presque immédiatement, car leur conversation fut à peine interrompue et continuait lorsque je sortis de la chambre au point où je l'avais trouvée en entrant. — Mais ce qu'il y a de curieux, c'est que pendant cette chute il me sembla que je faisais un voyage qui dura plusieurs jours. Et ce n'est point ici une impression vague et générale de déplacement, mais une succession de détails très-précis et tout aussi nets que ceux d'un voyage réel, sauf certaines lacunes d'idées par suite desquelles mes souvenirs passent d'une situation à l'autre sans avoir conscience de la transition. Ainsi je me trouvai d'abord dans une forêt, que je m'imaginai être celle dont parle le Dante au début de son poème. C'était une forêt de sapins dont les branches inférieures n'avaient presque pas de feuilles, étant à moitié desséchées, grisâtres, couvertes de poussière, d'où pendaient de ces lichens gris filamenteux qu'on nomme barbes de capucin, et entre lesquelles étaient tendues beaucoup de toiles d'araignée; j'y marchais, ayant conscience de suivre un guide que je ne voyais pas. Peu à peu, la forêt devint à la fois plus touffue et plus lumineuse; les hêtres et les érables avaient succédé aux sapins. Je vis pendre d'une roche à droite les belles grappes roses de la bugrane glutineuse, que j'avais souvent vue dans les Alpes. La lumière semblait venir d'en bas et éclairer le dessous des feuilles. Au détour de la roche, je vis s'ouvrir un petit col, dominant une vaste plaine, d'où venait en effet la lumière. — Ici, il y a une lacune, car, sans transition, je me trouve être à cheval au milieu de cette plaine, ayant encore conscience d'un guide qui marchait après moi, mais que je ne voyais pas. Le cheval était blanc et avait au bout des oreilles un bouquet de poils noirs, comme le loup cervier. — J'arrivai devant une rivière où il n'y avait pas de pont, mais une barque plate et large destinée à traverser bêtes et gens. Il y avait déjà du monde et des moutons. — Je m'y trouvai sans avoir conscience d'être descendu de cheval, mais derrière moi était le cheval, que tenait par la bride le guide que je vis alors et qui était vêtu d'une veste bleue. Au fond de la barque était un groupe de femmes auprès desquelles se tenait un bel enfant blond, dont je me rappelle fort bien le costume, la figure et surtout les cheveux bouclés. — Puis je me retrouvai à cheval de l'autre côté de l'eau. Le guide marchait près de moi, et je le voyais. La plaine n'avait pas de maisons ni de murailles, mais de vastes champs où s'élevaient de petits arbres arrondis, comme des mûriers chétifs. « Pourquoi ces arbres sont-ils de si petite taille? demandai-je à mon guide. — Parce qu'il fait quelquefois sur cette plaine des vents très-violents qui les empêchent de pousser, » me répondit-il. — Bref, nous arrivâmes le soir dans une hôtellerie; nous y passâmes la nuit. Nous repartîmes le lendemain; nous arrivâmes dans une ville, où nous allâmes au théâtre et où je passai, il me semble, plusieurs jours. Puis enfin, comme je flânais, en fumant un cigare, sous les arceaux d'une longue rue à arcades, comme la rue du Pô à Turin, j'entendis des voix éloignées qui prononçaient mon nom; je me retournai, restant un instant immobile et dans l'attente, et peu à peu je vis autour de moi les camarades qui venaient de me relever et me soutenaient encore de leurs mains. — Aucune impression douloureuse n'a été le résultat de cet accident, qui n'eut point de suite et ne s'est jamais renouvelé. »

TABLE DES MATIÈRES

PREMIÈRE PARTIE

LES ÉLÉMENTS DE LA CONNAISSANCE

	Pages
DÉDICACE..	1
PRÉFACE...	3

LIVRE PREMIER

LES SIGNES

CHAPITRE PREMIER

DES SIGNES EN GÉNÉRAL ET DE LA SUBSTITUTION

I. Divers exemples de signes. — Un signe est une expérience présente qui nous suggère l'idée d'une expérience possible.. 25

II. Les noms sont une espèce de signes. — Exemples. — Noms d'individus. — Un nom d'individu est une sensation ou image des yeux ou des oreilles, qui évoque en nous un groupe d'images plus ou moins expresses...... 27

III. Très-fréquemment, ce groupe n'est pas évoqué. — Exemples. — En ce cas, le nom devient le substitut du groupe 27

IV. Autres exemples de la substitution. — En arithmétique. — En algèbre. — Nature et importance de la substitution.. 30

CHAPITRE II

DES IDÉES GÉNÉRALES ET DE LA SUBSTITUTION SIMPLE.

I. Noms propres et noms communs. — Importance des noms communs ou généraux. — Ils sont le premier terme d'un couple. — Le second terme de ce couple est un caractère général et abstrait............................ 34

II. Conséquences. — L'expérience de ce second terme est impossible. — Raisons de cette impossibilité. — Divers exemples. — Différence entre l'image vague suscitée par le nom et le caractère précis désigné par le nom. — Différence de l'image sensible et de l'idée pure.................. 35

III. Formation actuelle d'une idée générale. — Ce qui se dégage en nous, après que nous avons vu une série d'objets semblables, c'est une tendance finale dont l'effet est une métaphore, un son ou un geste expressif. — Exemples contemporains. — Exemples anciens. — Nos noms généraux sont des résidus de sons expressifs. — Il n'y a en nous, quand nous pensons une qualité générale, qu'une tendance à nommer et un nom. — Ce nom est le substitut d'une expérience impossible...................... 38

IV. Une idée générale n'est qu'un nom pourvu de deux caractères. — Premier caractère, la propriété d'être évoqué par la perception de tout individu de la classe et de n'être évoqué que par cette perception. — Second caractère, la propriété d'évoquer en nous les images des individus de cette classe et de cette classe seulement. — Par ces deux propriétés, le nom général correspond exclusivement à la qualité générale et devient son représentant mental. — Utilité de cette substitution.................. 43

V. Formation des noms généraux chez les petits enfants. — La faculté du langage a pour fondement les tendances consécutives qui survivent à l'expérience d'individus semblables et qui correspondent à ce qu'il y a de commun entre ces individus. — Exemples de ces tendances chez les enfants. — Sens particuliers qu'ils donnent aux noms que nous leur enseignons. — Originalité et variété de leur invention. — Leurs tendances à nommer finissent par coïncider avec les nôtres. — Acquisition du langage. — Différence de l'intelligence humaine et de l'intelligence animale. 45

VI. Passage des noms abstraits aux noms collectifs. — Le nom qui désignait une qualité générale désigne un groupe de qualités générales. — Exemples. — Le nom devient alors le substitut de plusieurs autres noms et le représentant mental d'un groupe de qualités générales. — Ce sont ces substituts que nous appelons idées.......... 51

CHAPITRE III
DES IDÉES GÉNÉRALES ET DE LA SUBSTITUTION A PLUSIEURS DEGRÉS.

I. Certains caractères généraux ne produisent pas en nous une impression distincte. — Ils sont donc incapables de provoquer en nous une tendance distincte et un nom. — Procédé indirect par lequel nous parvenons à les penser. — Exemple dans les nombres. — Leur représentant mental est un nom de nombre. — Formation des noms de nombre. — Série de substitutions superposées. — Notre idée d'un nombre est un nom substitut d'un autre nom joint à l'unité.. 56

II. Exemples en géométrie. — Notre idée du cercle n'est pas la figure sensible que nous imaginons, mais un groupe de noms combinés, représentants mentaux de certains caractères abstraits. — Substitution de la formule à l'expérience impossible. — Nous pensons l'objet idéal par sa formule. — Emploi universel de la substitution en mathématiques.. 60

III. Exemples dans les séries infinies. — Le temps et l'espace. — Dans une série ou quantité infinie, nous ne pensons pas la totalité de ses termes, mais quelques-uns de ses termes et un de leurs caractères abstraits représenté en nous par un nom. — Substitution de la formule à l'expérience impossible. — Nous pensons la série ou quantité infinie par sa formule.. 63

IV. Résumé. — Nos idées générales sont des noms substituts d'expériences impossibles. — Illusion psychologique qui consiste à distinguer l'idée du nom. — Effets singuliers et cause générale de cette illusion. — Il est naturel que les signes cessent d'être remarqués et finissent par être considérés comme nuls. — Théories fausses sur l'esprit pur. — Le représentant mental que nous appelons idée pure n'est jamais qu'un nom prononcé, entendu ou imaginé. — Les noms sont une classe d'images. — Les lois des idées se ramènent aux lois des images............ 66

LIVRE DEUXIÈME

LES IMAGES

CHAPITRE PREMIER

NATURE ET RÉDUCTEURS DE L'IMAGE

I. Expérience. — Une image est une sensation spontanément renaissante, ordinairement moins énergique et moins précise que la sensation proprement dite. — Selon les individus et selon ses espèces, l'image est plus ou moins énergique et précise. — Exemples personnels. — Cas des enfants que l'on habitue à calculer de tête. — Mathématiciens précoces. — Cas des joueurs d'échecs qui jouent les yeux fermés. Peintres qui peuvent faire de mémoire un portrait ou une copie. — Cas des écoles de dessin où l'on exerce cette faculté. — Autres exemples de la résurrection volontaire des sensations visuelles. — Les sensations des autres sens ont aussi leurs images. — Images de sensations auditives. — Exemples...................... 76

II. Circonstances qui augmentent la précision et l'énergie de l'image. — En ce cas, elle ressemble de plus en plus à la sensation. — Cas où la sensation est récente. — Cas où la sensation est prochainement attendue. — Exemples pour les images qui correspondent à des sensations de la vue, de l'ouïe, du goût, du toucher. — Effets égaux et semblables de l'image et de la sensation correspondante. — En ce cas, l'image est prise, au moins pendant un instant, pour la sensation correspondante............... 85

*III. En quoi elle diffère encore de la sensation correspondante. — L'illusion qui l'accompagne est promptement rectifiée. — L'image comporte toujours une illusion plus ou moins longue. — Loi de Dugald Stewart. — Exemple d'un prédicateur américain. — Témoignage d'un romancier moderne. — Cas d'un peintre anglais. — Témoignage d'un joueur d'échecs. — Observations de Gœthe et de M. Maury. — Hallucinations volontaires. — Diverses circonstances où l'image devient hallucinatoire. — Ces cas extrêmes sont des indices de l'état normal. — Dans l'état normal, l'illusion est aussitôt défaite. — Elle est défaite par la présence d'un antagoniste ou réducteur........... 88

IV. Cas où la sensation antagoniste est trop faible ou annulée. — Hallucinations hypnagogiques. — Expériences de M. Maury. — Expériences personnelles. — Passage de l'image simple à l'image hallucinatoire, et de l'image hallucinatoire à l'image simple. — Autres cas où la sensation antagoniste est annulée. — Blessures sur le champ de bataille. — Hallucinations proprement dites. — Hallucinations de la vue après l'usage prolongé du microscope. — Restauration partielle de la sensation antagoniste. — Exemples pathologiques. — En ce cas, l'hallucination est détruite. — Histoire de Nicolaï. — Méthode générale pour détruire l'hallucination. — Cas où la sensation provoque l'illusion proprement dite. — Récit du Dr Lazarus. — En ce cas, on supprime la sensation provocatrice............ 95

V. Autres antagonistes. — Les souvenirs et les jugements généraux forment par leur cohésion un corps de réducteurs auxiliaires. — Leur influence est plus ou moins énergique et prompte. — Divers exemples. — Cas où leur influence ne suffit pas. — La sensation antagoniste, qui est le réducteur spécial, se trouve alors annulée. — Exemples dans l'intoxication et la maladie. — Le patient juge alors que son hallucination est une hallucination. — Cas où tous les réducteurs sont annulés, ou aliénation mentale complète. — Cas remarquable observé par le Dr Lhomme.. 115

VI. Vues générales sur l'être pensant. — L'esprit est un polypier d'images. — Vues générales sur l'état de veille raisonnable. — Équilibre mutuel des diverses images. — Répression constante de l'hallucination naissante par les réducteurs antagonistes. — Nécessité du sommeil. — Résumé sur l'image. — Ensemble de ses caractères et de ses rapports avec la sensation. — L'image est le substitut de la sensation... 123

CHAPITRE II

LOIS DE LA RENAISSANCE ET DE L'EFFACEMENT DES IMAGES.

I. L'image d'une sensation peut surgir après un long intervalle. — Exemples. — Elle peut surgir alors sans avoir surgi pendant tout cet intervalle. — Exemples. — Cas singuliers et maladifs d'images qui semblaient effacées et qui renaissent. — Souvenir d'une langue apprise dans l'enfance et ensuite oubliée. — Souvenir automatique d'une série de sons machinalement écoutés. — Il est probable que toute sensation éprouvée garde une aptitude indéfinie à renaître... 130

II. Les diverses sensations n'ont pas toutes cette aptitude au même degré. — Exemples. — Circonstances générales qui augmentent cette aptitude. — L'attention extrême, volontaire ou involontaire. — Par là s'explique la persistance des impressions d'enfance. — En quoi consiste l'attention. — Concurrence entre nos diverses images. — La loi de sélection naturelle s'applique aux évènements mentaux. — Autre circonstance qui augmente l'aptitude à renaître. — La répétition. — Exemples. — Pourquoi ces deux circonstances augmentent l'aptitude à renaître..... 134

III. Circonstances particulières qui évoquent à tel moment telle image plutôt que telle autre. — Exemple. —

Soit par contiguïté, soit par similitude, l'image qui renaît a déjà commencé à renaître. — Pourquoi la renaissance partielle provoque la renaissance totale.................. 140

IV. Absence des circonstances indiquées. — Manque d'attention. — Manque de répétition. — Nombre énorme des sensations qui perdent ainsi leur aptitude à renaître. — Cas où deux tendances se neutralisent. — La répétition et la variété de l'expérience émoussent les images. — Origine des noms généraux et des images vagues qui les accompagnent. — La plupart de nos sensations ne subsistent point en nous à l'état d'images expresses, mais à l'état de tendances sourdes et consécutives............. 145

V. Vues d'ensemble sur l'histoire des images et des idées. — Elles sont en conflit incessant de prépondérance. — Effet des lois internes et des incidents externes pour déterminer les prépondérantes. — Effacement temporaire, prolongé ou définitif de tout un groupe d'images. — Paralysies partielles ou totales de la mémoire, provoquées par la fatigue, par l'hémorrhagie, par un choc, par l'apoplexie. — Exemples. — Oubli des noms. — Oubli des noms prononcés, mais non du sens des noms écrits. — Restauration de facultés perdues. — Apparition de facultés nouvelles. — Exemples. — Les aptitudes et facultés sont liées à l'état organique. — Possibilité de deux états organiques tranchés et périodiquement successifs dans le même individu. — Cas d'une dame américaine. — Deux vies et deux états moraux peuvent se rencontrer dans la même personne. — Exemples. — En quoi consiste la personne morale. — Deux personnes morales pourraient se succéder dans le même individu. — Ce qui fait la continuité d'une personne morale distincte, c'est la renaissance continue d'un même groupe d'images distinctes.................. 150

LIVRE TROISIÈME

LES SENSATIONS

CHAPITRE PREMIER

LES SENSATIONS TOTALES DE L'OUÏE ET LEURS ÉLÉMENTS.

I. Réduction des idées à une classe d'images et des images à une classe de sensations. — Énumération des principales sortes de sensations. — Ce que signifie le mot sensation. — Distinction entre la propriété du corps extérieur qui provoque la sensation et la sensation elle-même. — Distinction entre la sensation brute et la position apparente que la conscience lui attribue. — Distinction entre la sensation et l'état du nerf ou des centres nerveux. Caractères propres et primitifs de la sensation............ 166

II. Classification des sensations d'après Gerdy, Mueller, Longet et Bain. — Sa commodité pratique et son insuffisance scientifique. — En quoi les sensations classées diffèrent des autres faits également classés. — Nous ne démêlons pas les éléments des sensations. — Les sciences physiques et physiologiques ne peuvent démêler ces éléments, mais seulement les conditions des sensations totales. — Les sensations semblent irréductibles à d'autres données plus simples. — La psychologie semble, par rapport à elles, comme la chimie est par rapport aux corps simples... 169

III. La psychologie est, par rapport à elles, comme la chimie était par rapport aux composés chimiques avant la découverte des corps simples. — Analyse des sensations de son. — Diverses sortes de sons. — En apparence, elles sont irréductibles l'une à l'autre. — Roue de Savart et sirène d'Helmholtz. — Son musical. — La sensation continue se compose alors de sensations élémentaires successives. — Cas des sons très-graves. — Nous pouvons alors démêler les sensations élémentaires successives. — Chacune d'elles a une durée et passe d'un minimum à un maximum d'intensité. — Cas des sons musicaux quelconques. — Expérience de Savart. — Nombre énorme des sensations élémentaires qui se succèdent en une seconde pour former la sensation totale d'un son aigu. — Ce nombre croît à mesure que le son devient plus aigu. — En ce cas, les sensations élémentaires cessent d'être démêlées par la conscience. — Aspect que doit prendre la sensation totale. — Elle le prend en effet. — Les caractères de grave, d'aigu, de haut, de bas, de large, d'effilé, d'uni, de vibrant, que nous trouvons dans la sensation totale, s'expliquent par l'arrangement des sensations élémentaires... 175

IV. Suite de l'analyse des sensations de son. — Explication de la sensation d'intensité. — Explication de la sensation de timbre. — Découverte d'Helmholtz. — Explication de la sensation de bruit. — Construction de toutes les sensations totales de son au moyen des sensations élémentaires de son. — Analyse de la sensation élémentaire de son. — Elle se compose d'un minimum, d'un maximum et d'une infinité d'intermédiaires.............. 182

CHAPITRE II

LES SENSATIONS TOTALES DE LA VUE, DE L'ODORAT, DU GOUT, DU TOUCHER ET LEURS ÉLÉMENTS.

I. Les sensations totales de la vue. — Le spectre. — Nombre infini des sensations totales de couleur. — Il y a au moins trois sensations élémentaires de couleur. — Il suffit d'en admettre trois. — Théorie de Young et d'Helmholtz. — Confirmation expérimentale de la théorie. — Paralysie partielle de l'aptitude à éprouver les sensations de couleur. — Expériences qui portent au maximum la sensation du violet et du rouge. — Les trois sensations élémentaires sont celles du rouge, du violet et probablement du vert....................................... 191

II. Construction des diverses sensations de couleur spectrale par les combinaisons de ces sensations élémentaires. — Sensation du blanc. — Couleurs complémentaires. — Loi qui régit le mélange des couleurs spectrales. — Leur saturation et leur proximité du blanc. — Sensation du noir ou manque de la sensation rétinienne. — Elle fournit un nouvel élément pour composer les diverses sensations totales de couleur. — Divers exemples. — Résumé. — Nous ne pouvons démêler par la conscience les éléments des sensations élémentaires de couleur. — Pourquoi. — Analogie de ces sensations élémentaires et des sensations élémentaires du son. — Preuve qu'il y a des éléments dans les unes comme dans les autres. — Expérience de Wheatstone. — Nombre énorme des éléments successifs qui composent une sensation élémentaire de couleur. — Indices et conjectures sur les derniers de ces éléments. — La conscience n'aperçoit que des totaux. 196

III. Les sensations totales de l'odorat et du goût. — Difficultés plus grandes. — Raison de ces difficultés. — Distinctions préalables. — L'odorat. — Des sensations d'odeur proprement dites, il faut séparer celles du toucher nasal. — Exemples. — Et aussi celles des nerfs du canal alimentaire. — Exemples. — Et aussi celles des nerfs des voies respiratoires. — Exemples. — On isole ainsi les sensations de pure odeur. — Leurs types. — Le goût. — Des sensations de saveur proprement dites, il faut séparer les autres sensations adjointes. — Sensations adjointes d'odeur et de contact nasal. — Sensations adjointes de température et de contact dans la bouche. — Les sensations de saveur proprement dites sont diverses selon les diverses parties de la bouche. — Expériences de Guyot et Admyrault. — Complication extrême des sensations de saveur ordinaire et même des sensations de saveur pure. — Leurs types. — L'action des nerfs olfactifs et gustatifs a probablement pour antécédent immédiat une combinaison chimique, c'est-à-dire un système de déplacements moléculaires. — Analogie de cet antécédent et de la vibration éthérée qui provoque l'action de la rétine. — Indices sur le mode d'action des nerfs olfactifs et gustatifs. — Très-probablement il consiste en une succession d'actions semblables et très-courtes qui excitent chacune une sensation élémentaire d'odeur ou de saveur. — Théorie des quatre sens spéciaux. — Chacun d'eux est un idiome spécial construit pour représenter un seul ordre de faits. — Théorie générale des sens. — Tous sont des idiomes. — Le sens du toucher est un idiome général.......................... 202

IV. Sensations totales du toucher. — Difficultés croissantes. — Raison de ces difficultés. — Distinctions préalables. — Premier groupe des sensations du toucher, les sensations musculaires. — Paralysies où elles manquent. — Cas pathologiques. — Second groupe des sensations du toucher, les sensations de la peau. — Paralysies où elles manquent. — Observations de Landry. — Les deux groupes de nerfs sont distincts. — Les deux groupes de sensations sont semblables. — Trois espèces de sensations pour tous les nerfs du toucher. — Sensation de contact, sensation de température, sensation de plaisir et de douleur. — Chacune de ces espèces peut être conservée ou abolie isolément. — Observations sur les malades. — Conditions connues de chaque espèce. — Expériences et observations. — Opinion de Weber. — Ces conditions sont des types distincts d'action pour le même nerf. — Expériences de Fick. — Les caractères différents que nous trouvons dans les sensations totales de contact, de température, de plaisir et de douleur, s'expliquent par l'arrangement différent des mêmes sensations élémentaires... 215

V. Résumé. — Lacunes de la théorie. — Recherches qui pourront les combler. — L'action nerveuse qui provoque une sensation n'est jamais qu'un déplacement de molécules nerveuses. — A ce déplacement élémentaire correspond une sensation élémentaire. — Les différences des sensations totales ont toutes pour cause les diversités du groupement des mêmes sensations élémentaires. — Procédé général et voie économique que suit la nature dans la construction de l'esprit... 230

LIVRE QUATRIÈME

LES CONDITIONS PHYSIQUES DES ÉVÈNEMENTS MORAUX

CHAPITRE PREMIER

LES FONCTIONS DES CENTRES NERVEUX.

I. Fin de l'analyse psychologique. — Commencement de l'analyse physiologique... 241

II. L'évènement physique extérieur est une condition accessoire et lointaine de la sensation. — Il ne provoque la sensation que par un intermédiaire, l'excitation du nerf. — Diverses espèces de nerfs sensitifs. — Chacune d'elles a son jeu propre. — Le jeu de chacune d'elles est différent. — Chaque nerf peut jouer spontanément. — Sensations subjectives et consécutives. — Sensations altérées. — Expériences et observations des physiologistes... 243

III. Le nerf est un conducteur. — L'action moléculaire doit se propager depuis son bout terminal jusqu'à son bout central. — Quel que soit le point de son trajet d'où parte l'action moléculaire, la sensation est la même. — Illusion des amputés. — L'action du nerf ne provoque la sensation que par un intermédiaire, l'action des centres nerveux. — En quoi consiste le mouvement moléculaire qui se propage dans le nerf. — Il peut se propager dans les deux sens. — Expériences de Bert et de Vulpian. — Si tel nerf excité provoque telle sensation, c'est parce que son bout central est en rapport avec telle portion des centres nerveux. — La simple excitation des centres nerveux suffit pour provoquer la sensation. — Preuve par les hallucinations. — Cas observés par les aliénistes. — Hallucinations qui suivent l'usage prolongé du microscope. — Observations de M. Robin. — La condition suffisante et nécessaire de la sensation est une action des centres nerveux... 247

IV. Les diverses portions de l'encéphale. — Le bulbe rachidien. — S'il est seul conservé, il n'y a plus de sensations proprement dites. — Expériences de Vulpian. — Distinction du cri réflexe et du cri douloureux. — La protubérance annulaire. — Expériences de Longet et de Vulpian. — L'action de la protubérance est la condition suffisante et nécessaire des sensations tactiles, auditives et gustatives. — Les tubercules bijumeaux ou quadrijumeaux. — Expériences de Flourens, Longet et Vulpian. — L'action de ces tubercules est la condition suffisante et nécessaire des sensations visuelles. — Existence probable d'un autre centre dont l'action est la condition suffisante et nécessaire des sensations olfactives.................... 255

V. L'action de ces centres est la condition suffisante et nécessaire des sensations brutes. — Concordance des conclusions de la physiologie et de la psychologie. — Structure de l'encéphale. — Les lobes ou hémisphères cérébraux. — Leur substance grise. — Rapport de l'intelligence avec leur volume et avec l'étendue de cette substance grise. — L'action des lobes cérébraux est la condition suffisante et nécessaire des images ou sensations réviviscentes, et par suite de toutes les opérations mentales qui dépassent la sensation brute. — Expériences de Flourens et Vulpian. — Concordance des observations pathologiques... 260

VI. Structure interne des lobes cérébraux. — Leur substance blanche n'est que conductrice. — Fonctions de leur substance grise. — Preuves physiologiques et pathologiques. — Lacunes de la physiologie. — Les divers départements de la substance grise remplissent les mêmes fonctions et sont un groupe d'organes répétiteurs et multiplicateurs. — Preuves pathologiques et physiologiques. — Un hémisphère supplée l'autre. — Une portion des hémisphères, pourvu qu'elle soit assez grande, supplée le reste. — Application des données psychologiques. — Un élément des hémisphères répète l'action des centres sensitifs et la transmet aux autres éléments. — Pourquoi la grandeur des hémisphères et le développement de leur couche corticale accroissent l'étendue de l'intelligence. — Mécanisme de la formation, de la survivance et de la répétition indéfinie des images. — Causes physiologiques du conflit, de la prépondérance et de la succession des images. — Images affaiblies et latentes. — Coexistence de plusieurs groupes d'images mentales et d'actions corticales. — En quoi consiste la prépondérance d'une image. — Le premier plan dans la conscience et dans l'écorce cérébrale. — La contraction musculaire pensée confine à la contraction musculaire effectuée. — Abouchement du courant intellectuel et du courant moteur. — Découverte du point d'abouchement. — La troisième circonvolution de Broca. — Les centres psycho-moteurs de Ferrier.—Une image atteint son maximum d'énergie et d'éclat quand elle arrive au point de l'écorce où elle se transforme en impulsion motrice. 263

VII. Résumé. — Au-dessous des totaux observables à la conscience sont leurs éléments invisibles à la conscience. — Caractères et signes des évènements moraux élémentaires. — Phénomènes réflexes.—Expériences de Vulpian, Landry, Dugès, Claude Bernard. — Indices d'évènements moraux dans les centres nerveux inférieurs et secondaires. — Les segments de la moelle. — Analogie probable de ces évènements et des sensations élémentaires. — Degrés successifs et correspondance constante du mouvement moléculaire d'un centre nerveux et de l'évènement moral. 282

VIII. Géographie et mécanique des centres nerveux. — Difficulté des recherches. — Éléments d'un centre nerveux. — Type simplifié. — Type réel. — Dispositions anatomiques préétablies. — Adaptations physiologiques acquises. — Hiérarchie des centres nerveux. — Centres supérieurs, la moelle allongée, les ganglions de la base, les lobes cérébraux et le cervelet. — Les quatre circuits de plus en plus longs du courant nerveux. — Le courant nerveux considéré en lui-même. — Points de vue mécanique, physique, chimique, physiologique et graphique. — Le jeu de la cellule comparé à une figure de danse. — Correspondance nécessaire de l'acte physiologique et de l'acte mental. — Conjectures sur les divers types de cellules sensitives. — Cinq types de danse diversifiés par la diversité des rhythmes d'impulsion. — Dispositions anatomiques requises pour que les cellules puissent communiquer. — Indices fournis par les vivisections. — Indices fournis par la psychologie. — Fibres ascendantes reliant les cellules du même type, et, par suite, prolongation de la sensation sous forme d'image. — Fibres transversales reliant des cellules de type différent, et, par suite, association des images d'espèce différente. — Les associations comparées à des clichés. — Mécanisme du clichage. — A quoi sert le nombre énorme des cellules et des fibres corticales. — Comment se réveille un souvenir lointain qui n'a point reparu pendant un long intervalle. — Travail ordinaire de l'écorce cérébrale. — Son œuvre est une combinaison incessante des impressions actuelles et des clichés anciens.................................. 291

CHAPITRE II

RAPPORTS DES FONCTIONS DES CENTRES NERVEUX ET DES ÉVÈNEMENTS MORAUX.

I. Distinction du physique et du moral. — Le second ordre de faits est lié au premier. — Cette liaison semble inexplicable. — Utilité des réductions précédentes et de la théorie des sensations élémentaires.................... 318

II. Position de la difficulté. — Idée du mouvement moléculaire dans les cellules et les fibres des centres nerveux. — Même en le supposant tout à fait défini, on trouve que son idée et l'idée d'une sensation sont irréductibles l'une à l'autre.. 321

III. Autre méthode d'investigation. — Les deux idées peuvent être irréductibles entre elles, sans que les deux ordres de faits soient irréductibles entre eux. — Deux objets nous semblent différents quand les voies par lesquelles nous acquérons leurs idées sont différentes. — Exemples. — La loi générale s'applique au cas dont il s'agit. — Différence absolue entre le procédé par lequel nous acquérons l'idée d'une sensation et le procédé par lequel nous acquérons l'idée des centres nerveux et de leurs mouvements moléculaires. — Les deux idées doivent être irréductibles entre elles. — Il est possible que leurs deux objets soient un seul et même objet.......... 32.

IV. Autre série de raisons. — L'aspect de la sensation et celui de ses éléments derniers doivent différer du tout au tout. — Hypothèse de deux évènements hétérogènes. — Hypothèse d'un seul et même évènement connu sous deux aspects. — Conséquences de la première. — Elle est anti-scientifique. — Probabilité de la seconde. — Des deux points de vue, celui de la conscience est direct et celui de la perception extérieure indirect. — Le mouvement moléculaire n'est qu'un signe de l'évènement moral. — Confirmation directe et notable de la seconde hypothèse. La sensation et ses éléments sont les seuls évènements réels de la nature. — Sensations rudimentaires et infinitésimales. — Le système nerveux n'est qu'un appareil de complication et de perfectionnement. — Présence des évènements moraux élémentaires dans tout le monde organique. — Leur présence probable au delà. — Double échelle et échelons correspondants du monde physique et du monde moral................................. 327

V. Les deux faces de la nature. — Portions claires ou obscures de la face physique. — Portions obscures ou claires de la face morale. — Aux portions claires de l'une correspondent les portions obscures de l'autre, et réciproquement. — Chacune d'elles par ses clartés éclaire les obscurités de l'autre. — Comparaison des deux faces à un texte incomplet accompagné d'une traduction incomplète... 333

CHAPITRE III

LA PERSONNE HUMAINE ET L'INDIVIDU PHYSIOLOGIQUE.

I. Opinion commune sur la personne humaine et sur ses acultés. — Sens du mot faculté ou pouvoir. — Forces mécaniques. — Force de la volonté. — Ces mots ne désignent aucun être occulte. — Ils ne désignent qu'un caractère d'un évènement, à savoir, la particularité qu'il a d'être suivi constamment par un autre. — Illusion métaphysique qui érige les forces en essences distinctes................ 338

II. Illusion métaphysique qui fait du moi une substance distincte. — Sens du verbe *être*. — Nos évènements successifs sont les composants successifs de notre moi. — En quoi consistent les facultés du moi. — Exemples..... 342

III. Ruine progressive des entités scolastiques. — Idée scientifique des forces et des êtres. — Application au moi et à la matière. — Idée mathématique des atomes. — Une substance réelle n'est qu'une série distincte d'évènements. — Une force n'est que la propriété pour un de ces évènements d'être suivi par un autre de la même série ou d'une autre série. — Idée de la nature......................... 348

IV. La série qui constitue le moi est un fragment dans l'ensemble des fonctions animales. — Point de vue physiologique. — Ordre des centres nerveux et des actions nerveuses. — Les ganglions, les segments de la moelle, les étages de l'encéphale. — Point de vue psychologique. — Ordre et complication croissante des évènements moraux indiqués ou constatés dans les divers centres. — A mesure que l'animal descend dans l'échelle zoologique, les divers centres deviennent de plus en plus indépendants. — Expériences et observations de Dugès, Landry, Vulpian. — Pluralité foncière de l'animal. — L'individu animal ou humain n'est qu'un système........................ 350

TABLE DES MATIÈRES

Note I. — Sur l'acquisition du langage chez les enfants et dans l'espèce humaine.................................. 357

Note II. — Sur l'hallucination progressive avec intégrité de la raison 396

Note III. — Sur l'accélération du jeu des cellules corticales 400

FIN DE LA TABLE DU PREMIER VOLUME.

Coulommiers. — Typ. Paul BRODARD.